中国水利统计年鉴2012

中华人民共和国水利部 编

中国水利水电出版社
www.waterpub.com.cn

图书在版编目（CIP）数据

中国水利统计年鉴. 2012 / 中华人民共和国水利部编. -- 北京 : 中国水利水电出版社, 2012.12
ISBN 978-7-5170-0491-2

Ⅰ. ①中… Ⅱ. ①中… Ⅲ. ①水利建设－统计资料－中国－2012－年鉴 Ⅳ. ①F426.9-54

中国版本图书馆CIP数据核字(2012)第315758号

责任编辑 王 丽 谢 维

书 名	**中国水利统计年鉴 2012**
作 者	中华人民共和国水利部 编
出版发行	中国水利水电出版社 (北京市海淀区玉渊潭南路 1 号 D 座 100038) 网址：www.waterpub.com.cn E-mail：sales@waterpub.com.cn 电话：(010) 68367658 (发行部)
经 售	北京科水图书销售中心 (零售) 电话：(010) 88383994、63202643、68545874 全国各地新华书店和相关出版物销售网点
排 版	中国水利水电出版社微机排版中心
印 刷	北京佳信达欣艺术印刷有限公司
规 格	210mm×297mm 16 开本 16.75 印张 567 千字
版 次	2012 年 12 月第 1 版 2012 年 12 月第 1 次印刷
印 数	0001—1500 册
定 价	**139.00** 元

《中国水利统计年鉴 2012》

编委会和编写人员名单

编　委　会

主　　任：矫　勇

副 主 任：周学文

委　　员：（以姓氏笔画为序）

邢援越　乔世珊　刘冬顺　杨晓东　杨得瑞　李仰斌　李　鹰　束庆鹏

金　旸　张学俭　赵　卫　段　虹　祖雷鸣　顾洪波　顾斌杰　高　军

陈茂山　董安建　程晓冰　蔡建元

编　写　人　员

主　　编：周学文

副 主 编：吴　强　黄　河

执行编辑：杜国志　王　瑜　乔根平

编辑人员：（以姓氏笔画为序）

王国新　王　瑜　卢　琼　叶莉莉　田庆奇　田　琦　倪　鹏　巩劲标

曲　鹏　乔根平　乔殿新　齐兵强　刘金梅　张　范　阮本清　杜国志

杜崇玲　杨志军　李春明　张　岚　张象明　张淑娜　殷海波　赵海宏

徐　岩　郭慧滨　韩　涛　潘云生

英文翻译：谷丽雅　侯小虎　盛晓莉　王　玎

《China Water Statistical Yearbook 2012》

Editorial Board and Editorial Staff

编者说明

一、《中国水利统计年鉴2012》系统收录了全国和各省、自治区、直辖市2011年水资源、水环境、水利建设投资、水利工程设施、水电等各方面的统计数据，以及新中国成立以来的全国主要水利统计数据，是一部全面反映中华人民共和国水利发展情况的资料性年刊。

二、本年鉴正文内容分为9个篇章，即：江河湖泊及水资源、江河治理、农业灌溉、供用水、水土保持、水利建设投资、农村水电、水文站网、从业人员情况。为方便读者使用，各篇章前均设有简要说明，概述本篇章的主要内容、数据来源、统计范围、统计方法以及历史变动情况。篇末附有主要统计指标解释。

三、本年鉴的全国性统计数据，如未作特殊说明均不包括香港特别行政区、澳门特别行政区和台湾省数据。

四、本年鉴在编辑上采用了以下方法。

（1）部分统计资料从1949年至2011年均被记录，但一些年份指标数据由于历史记录不详没有收录。

（2）分省统计资料均按当年各省的行政区域范围收集，行政区域范围变化后没有调整统计资料。例如：四川省的资料，在重庆市划出前，包括在内。

（3）部分统计资料按流域或水资源一级分区分组。

（4）历史数据基本保持原貌，未作改动。

（5）部分指标未单列新疆生产建设兵团数据，其数据含在“新疆”的数据中。

五、所使用的计量单位，大部分采用国际统一法定标准计量单位，小部分沿用水利统计惯用单位。

六、部分数据合计数量由于数字位数取舍而产生的计算误差，均未作机械调整。

七、凡带有续表的资料，有关注释均列在第一张表的下方。

八、符号使用说明：各表中的“空格”表示该项统计指标数据不足本表最小单位数、数据不详或无该项数据；“#”表示其中主要项；“*”或数字标示（如①等）表示本表下有注解。

EDITOR'S NOTES

A. *China Water Statistical Yearbook 2012*, as an annual reference book that introduces water resources development of the People's Republic of China, has systematically collected a wide range of statistical data of water resources, water environment, water investments in fixed assets, water projects and infrastructures, hydropower development etc. of the whole country and of each province, autonomous region and municipality directly under the administration of Central Government in 2011. In addition, the Yearbook provides main statistical data of water sector since the founding of the People's Republic of China in 1949.

B. The contents of the Yearbook include nine chapters:

1. Rivers, lakes and water resources
2. Control of rivers
3. Agricultural irrigation
4. Water supply and water use
5. Soil and water conservation
6. Investments in water development
7. Rural hydropower development
8. Hydrological network
9. Employees

To help readers clearly understand the statistical data, a brief introduction is placed before each chapter, to make a briefing on main contents, data sources, statistical scope and method, and historical changes. Moreover, explanation of main statistical indices is given at the end of each chapter.

C. In the Yearbook, if not have special explanation, the national statistics excludes those of Hong Kong Special Administrative Region, Macao Special Administrative Region and Taiwan Province.

D. Following methods are adopted when statistical data are produced and the Yearbook is edited:

1. Some statistical data from 1949 to 2011 are recorded, however some yearly data are excluded because the historical record is incomplete.

2. Statistical data of each year are collected on the basis of scope of administrative region of each province, and no adjustment is made after the changes of division of administrative region. For example, the data of Chongqing are covered by Sichuan Province before Chongqing changed to the Municipality.

3. Some statistical data are grouped based on river basins or grade-Ⅰ water resources regions.

4. Historical data are kept unchanged.

5. Statistical data of Xinjiang cover that of the Xinjiang Production and Construction Corps.

E. Metric System is commonly applied for most of the data in the Yearbook as the unit of measurements, but in a few circumstances, units that widely used locally are adopted.

F. No automatic adjustment is made for calculation error of some total figures herein as a result of the dropping of a certain digit.

G. Where statistical data has continued table, the relevant annotations is listed at the bottom of the first table continued.

H. Notes on symbol-use: the space in tables of the Yearbook means that index data are less than the required minimum, or not quite clear or not available; # represents the main item; * or ① means that there are annotations at the bottom of the table.

目　录

CONTENTS

2 江河治理
Control of Rivers

3 农业灌溉
Agricultural Irrigation

4 供用水
Water Supply and Water Use

5 水土保持
Soil and Water Conservation

6 水利建设投资
Investments in Water Development

7 农村水电
Rural Hydropower Development

8 水文站网
Hydrological Network

9 从业人员情况
Employees

1 江河湖泊及水资源

Rivers，Lakes and Water Resources

简要说明

江河湖泊及水资源统计资料包括主要江河、湖泊、自然资源与水资源的状况、降水量、水资源量、水旱灾害及水质等。

1. 自然状况包括国土、气候等资料，国土和气候资料来源于《中国统计年鉴 2011》和《中国统计年鉴 2012》。

2. 降水量资料，按照水资源一级分区和地区整理。

3. 水资源量资料汇总了 1997 年以来的数据，按水资源一级分区和地区整理。

4. 主要河流、内陆水域、湖泊资料，按照主要河流水系整理。

5. 河流水质、湖泊水质资料按水资源一级分区整理。

6. 主要江河年径流量为 50 年平均值。

Brief Introduction

Statistical data of rivers, lakes and water resources includes main rivers and lakes, conditions of natural resources and water resources, precipitation, volume of water resources, flood or drought disasters, water quality, etc.

1. Condition of natural resources covers the summary of land and meteorological data, which comes from *China Statistical Yearbook 2011* and *China Statistical Yearbook 2012*.

2. Data of precipitation is sorted according to grade-Ⅰ water resources regions and regions.

3. Data of volume of water resources is collected from 1997 until present, and classified according to regions and grade-Ⅰ water resources regions.

4. Data of main rivers, inland water bodies and lakes is classified according to main watersheds.

5. Data of water quality in rivers and water quality in lakes is classified according to grade-Ⅰ water resources regions.

6. Data of mean annual runoff of main rivers are accumulated data of past 50 years.

1-1 中国主要河流水系表
Water System of Major Rivers in China

河 名	River	河长（千米）Length (km)	注 入 Running into
长 江	Yangtze River	6300	东海 East China Sea
黄 河	Yellow River	5464	渤海 Bo Hai
松花江	Songhua River	2308	黑龙江 Heilong River
珠 江	Pearl River	2214	南海 South China Sea
辽 河	Liaohe River	1390	渤海湾 Gulf of Bo Hai
海 河	Haihe River	1090	渤海湾 Gulf of Bo Hai
淮 河	Huaihe River	1000	长江 Yangtze River
滦 河	Luanhe River	877	渤海湾 Gulf of Bo Hai
闽 江	Minjiang River	541	东海 East China Sea
钱塘江	Qiantang River	428	东海 East China Sea
南渡江	Nandu River	311	琼州海峡 Qiongzhou Strait
浊水溪	Zhuoshuixi River	186	台湾海峡 Taiwan Strait

1-2 七大江河基本情况

Basic Conditions of Seven Major Rivers

河名 River	流域面积（平方千米）Drainage Area (km^2)	年径流量（亿立方米）Annual Runoff (10^8m^3)	多年平均[①] Average[①] 径流量（亿立方米）Mean Annual Runoff (10^8m^3)	人口（亿人）Population (10^8 persons)	耕地（千公顷）Cultivated Land (10^3hm^2)	人均占有年径流量（立方米每人）Annual Runoff per Capita (m^3/person)	耕地亩均占有年径流量（立方米）Annual Runoff per mu of Farmland (m^3)	粮食总产量（万吨）Total Yield of Grain Production (10^4t)	播种面积平均亩产（千克）Average Yield per mu of Cultivated Land(kg)
长　江 Yangtze River	1808500	9513	9280	3.79	23467	2449	2636	14334.42	279
黄　河 Yellow River	752443	661	628	0.92	12133	683	345	2757.98	160
松花江 Songhua River	557180	762	733	0.51	10467	1437	467	2920.97	224
辽　河 Liaohe River	228960	148	126	0.34	4400	371	191	1770.64	308
珠　江 Pearl River	453690	3338	3360	0.82	4667	1098	4800	2195.58	236
海　河 Haihe River	263631	228	288	1.10	11333	262	169	3731.24	221
淮　河 Huaihe River	269283	622	611	1.42	12333	430	330	6122.13	247

注　①是指50年平均值。

Note　① means the average of 50 years.

1-3 主要江河年径流量

Annual Runoff of Major Rivers

水系 Water System	河名 River	集水面积（平方千米） Catchment Area (km^2)	河长（千米） Length of River (km)	多年平均[1] Average[1] 年径流量（亿立方米） Annual Runoff (10^8m^3)	年径流深（毫米） Depth of Annual Runoff (mm)	年均流量（立方米每秒） Mean Annual Runoff (m^3/s)
黑龙江 Heilong River	松花江 Songhua River	557180	2308	733	134	2320
	嫩江 Nenjiang River	282748	1369	225	80	713
	第二松花江 Second Songhua River	78723	799	165	210	517
	牡丹江 Mudan River	37023	726	84	228	267
辽河 Liaohe River	辽河 Liaohe River	228960	1390	126	55	400
	浑河 Hunhe River	11481	415	29	248	90
	太子河 Taizi River	13883	413	36	264	114
辽宁沿海 Coastal Rivers of Liaoning Province	大凌河 Daling River	23549	397	21	89	66
海滦河 Hai-Luan Rivers	滦河 Luanhe River	44750	877	48	109	152
	海河 Haihe River	263631	1090	228	87	723
	潮白河 Chaobai River	19559	467	19	109	61
	永定河 Yongding River	50830	681	20	45	65
	大清河 Daqing River	39244	483	44	113	140
	子牙河 Ziya River	46300	751	44	95	139
	漳卫南运河 Zhangweinan Canal	37200	959	42	128	133
黄河 Yellow River	黄河 Yellow River	752443	5464	628	84	1990
	洮河 Taohe River	25527	673	53	2080	168
	湟水 Huangshui River	32863	374	50	153	159
	无定河 Wuding River	30261	491	15	48	46
	汾河 Fenhe River	39471	694	27	67	84

注 ① 根据河口控制站1956～1979年资料推算。

Note ① The data is calculated based on the data of 1956-1979 of control stations in river mouthes.

1-3 续表 continued

水 系 Water System	河 名 River	集水面积（平方千米） Catchment Area (km^2)	河长（千米） Length of River (km)	多年平均[①] Average[①] 年径流量（亿立方米） Annual Runoff (10^8m^3)	年径流深（毫米） Depth of Annual Runoff (mm)	年均流量（立方米每秒） Mean Annual Runoff (m^3/s)
黄河 Yellow River	渭河 Weihe River	134766	818	104	77	330
	伊洛河 Yiluo River	18881	447	35	184	110
	沁河 Qinhe River	13532	485	18	136	58
淮河 Huaihe River	淮河 Huaihe River	269283	1000	611	231	1940
	淮河水系 Huaihe River Water System	188497	1000	443	235	1400
	颍河 Yinghe River	39890	557	59	149	188
	史河 Shihe River	6850	211	35	511	111
	淠河 Pihe River	6450	248	39	601	123
	沂河 Yihe River	10315	220	34	331	108
	沭河 Shuhe River	6161	206	19	300	59
长江 Yangtze River	长江 Yangtze River	1808500	6300	9280	513	29460
	金沙江 Jinsha River	473242	2920	1520	321	4820
	雅砻江 Yalong River	128444	1190	586	456	1860
	岷江 Minjiang River	135868	711	921	678	2918
	嘉陵江 Jialing River	157928	1120	696	441	2210
	乌江 Wujiang River	87241	1020	530	608	1680
	湘江 Xiangjiang River	94660	856	759	802	2405
	资水 Zishui River	81422	653	239	849	759
	沅江 Yuanjiang River	89164	1033	667	748	2114
	澧水 Lishui River	18496	388	165	892	523
	汉江 Hanjiang River	159000	1565	557	350	1761
	赣江 Ganjiang River	80948	744	664	820	2105
	抚河 Fuhe River	15811	276	147	930	465

1-3 续表 continued

水 系 Water System	河 名 River	集水面积（平方千米） Catchment Area (km^2)	河长（千米） Length of River (km)	多年平均[1] Average[1] 年径流量（亿立方米） Annual Runoff ($10^8 m^3$)	年径流深（毫米） Depth of Annual Runoff (mm)	年均流量（立方米每秒） Mean Annual Runoff (m^3/s)
珠江 Pearl River	柳江 Liujiang River	58270	775	527	904	1670
	北江 Beijiang River	46710	468	510	1092	1620
	东江 Dongjiang River	27010	520	257	950	815
韩江 Hanjiang River	韩江 Hanjiang River	30100	470	261	867	828
海南岛诸河 Rivers in Hainan Island	南渡河 Nandu River	7176	311	70	977	222
浙闽诸河 Rivers in Zhejiang and Fujian	钱塘江 Qiantang River	12156	428	364	874	1160
	瓯江 Oujiang River	17859	388	189	1058	599
	闽江 Minjiang River	60992	541	586	961	1870
河西内陆河 Inland Rivers of Hexi	昌马河 Changma River	13405	320	10	74	32
	黑河 Heihe River	10009	303	16	155	49
新疆内陆河 Inland Rivers of Xinjiang	乌伦古河 Wulungu River	32040	821	11	33	34
青海内陆河 Inland Rivers of Qinghai	格尔木河 Golmud River	18648	227	8	40	24

1-4 河 流 流 域 面 积

Drainage Area of Rivers

流 域 名 称	River	流域面积（平方千米）Drainage Area (km^2)	占外流河、内陆河流域面积合计（%）Percentage to Total (%)
合计	**Total**	**9559370**	**100.00**
外流河	**Out-Flowing Rivers**	**6114728**	**63.97**
黑龙江及绥芬河	Heilong River and Suifen River	875342	9.16
辽河、鸭绿江及沿海诸河	Liaohe River, Yalu River and Coastal Rivers	345207	3.61
海滦河	Hai-Luan Rivers	318161	3.33
黄河	Yellow River	752443	7.87
淮河及山东沿海诸河	Huaihe River and Coastal Rivers in Shandong	329211	3.44
长江	Yangtze River	1808500	18.92
浙闽台诸河	Rivers in Zhejiang, Fujian and Taiwan	239803	2.51
珠江及沿海诸河	Pearl River and Coastal Rivers	580640	6.07
元江及澜沧江	Yuanjiang River and Lancang River	240652	2.52
怒江及滇西诸河	Nujiang River and Rivers in West Yunnan	157156	1.64
雅鲁藏布江及藏南诸河	Yarlung Zangbo River and Rivers in South Tibet	396258	4.15
藏西诸河	Rivers in West Tibet	57340	0.60
额尔齐斯河	Irtysh River	50000	0.52
内陆河	**Inland Rivers**	**3408659**	**35.66**
内蒙内陆河	Inland Rivers in Inner Mongolia	300067	3.14
河西内陆河	Inland Rivers in Hexi	488301	5.11
准噶尔内陆河	Inland Rivers in Junggar Basin	316530	3.31
中亚细亚内陆河	Inland Rivers in Central Asia	93130	0.97
塔里木内陆河	Inland Rivers in Tarim Basin	1074810	11.24
青海内陆河	Inland Rivers in Qinghai	316285	3.31
羌唐内陆河	Inland Rivers in Qiangtang	721182	7.54
松花江、黄河、藏南闭流区	Closed-Drainage Area of Songhua River, Yellow River and Rivers in Southern Tibet	90353	0.95

注　本表数据来源于《中国统计年鉴 2012》。

Note　Figures in the table come from *China Statistical Yearbook 2012*.

1-5 内 陆 水 域 面 积

Inland Water Area

单位：千公顷 unit: 10^3hm^2

水 域	Water Area	总水面面积 Total Water Area	#可养殖水面面积 Cultivatable Water Area	已养殖水面面积 Cultivated Water Area	尚可利用水面面积 Utilizable Water Area
合 计	**Total**	**17471**	**6749**	**4669**	**2080**
河 沟	Brook	5278	766	347	419
水 库	Reservoir	2302	1884	1516	368
湖 泊	Lake	7524	2151	824	1327
池 塘	Pool	1922	1922	1858	64
其 他	Others	445	26	124	

注 本表数据来源于《中国统计年鉴2011》。

Note Figures in the table come from *China Statistical Yearbook 2011*.

1-6 全国主要湖泊

Main Lakes in China

湖　名 Lake	主 要 所 在 地 Main Location	湖泊面积（平方千米） Area (km^2)	湖水贮量（亿立方米） Storage (10^8m^3)
青海湖 Qinghai Lake	青海 Qinghai	4200	742
鄱阳湖 Poyang Lake	江西 Jiangxi	3960	259
洞庭湖 Dongting Lake	湖南 Hunan	2740	178
太湖 Taihu Lake	江苏 Jiangsu	2338	44
呼伦湖 Hulun Lake	内蒙古 Inner Mongolia	2000	111
纳木错 Namtso Lake	西藏 Tibet	1961	768
洪泽湖 Hongze Lake	江苏 Jiangsu	1851	24
色林错 Selincuo Lake	西藏 Tibet	1628	492
南四湖 Nansi Lake	山东 Shandong	1225	19
扎日南木错 Zharinanmucuo Lake	西藏 Tibet	996	60
博斯腾湖 Bostan Lake	新疆 Xinjiang	960	77
当惹雍错 Dangreyongcuo Lake	西藏 Tibet	835	209
巢湖 Chaohu Lake	安徽 Anhui	753	18
布伦托海 Buluntuohai Lake	新疆 Xinjiang	730	59
高邮湖 Gaoyou Lake	江苏 Jiangsu	650	9
羊卓雍错 Yamdrok Lake	西藏 Tibet	638	146
鄂陵湖 Eling Lake	青海 Qinghai	610	108
哈拉湖 Hala Lake	青海 Qinghai	538	161
阿雅格库木湖 Ayakkum Lake	新疆 Xinjiang	570	55
扎陵湖 Gyaring Lake	青海 Qinghai	526	47
艾比湖 Aibi Lake	新疆 Xinjiang	522	9
昂拉仁错 Anglarencuo Lake	西藏 Tibet	513	102
塔若错 Taruocuo Lake	西藏 Tibet	487	97
格仁错 Gerencuo Lake	西藏 Tibet	476	71
赛里木湖 Sayram Lake	新疆 Xinjiang	454	210
松花湖 Songhua Lake	吉林 Jilin	425	108
班公错 Palgon Lake	西藏 Tibet	412	74
玛旁雍错 Manasarovar Lake	西藏 Tibet	412	202
洪湖 Honghu Lake	湖北 Hubei	402	8
阿次克湖 Acike Lake	新疆 Xinjiang	345	34
滇池 Dianchi Lake	云南 Yunnan	298	12
拉昂错 Raksas Tal Lake	西藏 Tibet	268	40
梁子湖 Liangzi Lake	湖北 Hubei	256	7
洱海 Erhai Lake	云南 Yunnan	253	26
龙感湖 Longgan Lake	安徽 Anhui	243	4
骆马湖 Luoma Lake	江苏 Jiangsu	235	3
达里诺尔 Dalinuoer Lake	内蒙古 Inner Mongolia	210	22
抚仙湖 Fuxian Lake	云南 Yunnan	211	19
泊湖 Pohu	安徽 Anhui	209	3
石臼湖 Shijiu Lake	江苏 Jiangsu	208	4
月亮泡 Yueliangpao Lake	吉林 Jilin	206	5
岱海 Daihai Lake	内蒙古 Inner Mongolia	140	13
波特港湖 Botegang Lake	新疆 Xinjiang	160	13
镜泊湖 Jingpo Lake	黑龙江 Heilongjiang	95	16

1-6 续表 continued

湖 名 Lake	所在流域 River Basin 内陆湖区 Inland Lake Area	外流湖区 Out-Flowing Lake Area	水 型 Type of Lake
青海湖 Qinghai Lake	柴达木区 Qaidam		咸水湖 Saltwater Lake
鄱阳湖 Poyang Lake		长江流域 Yangtze River Basin	淡水湖 Freshwater Lake
洞庭湖 Dongting Lake		长江流域 Yangtze River Basin	淡水湖 Freshwater Lake
太湖 Taihu Lake		长江流域 Yangtze River Basin	淡水湖 Freshwater Lake
呼伦湖 Hulun Lake	内蒙古区 Inner Mongolia		咸水湖 Saltwater Lake
纳木错 Namtso Lake	藏北区 North Tibet		咸水湖 Saltwater Lake
洪泽湖 Hongze Lake		淮河流域 Huaihe River Basin	淡水湖 Freshwater Lake
色林错 Selincuo Lake	藏北区 North Tibet		咸水湖 Saltwater Lake
南四湖 Nansi Lake		淮河流域 Huaihe River Basin	淡水湖 Freshwater Lake
扎日南木错 Zharinanmucuo Lake	藏北区 North Tibet		咸水湖 Saltwater Lake
博斯腾湖 Bostan Lake	甘新区 Gansu-Xinjiang Region		咸水湖 Saltwater Lake
当惹雍错 Dangreyongcuo Lake	藏北区 North Tibet		咸水湖 Saltwater Lake
巢湖 Chaohu Lake		长江流域 Yangtze River Basin	淡水湖 Freshwater Lake
布伦托海 Buluntuohai Lake	甘新区 Gansu-Xinjiang Region		咸水湖 Saltwater Lake
高邮湖 Gaoyou Lake		淮河流域 Huaihe River Basin	淡水湖 Freshwater Lake
羊卓雍错 Yamdrok Lake	藏北区 North Tibet		咸水湖 Saltwater Lake
鄂陵湖 Eling Lake		黄河流域 Yellow River Basin	淡水湖 Freshwater Lake
哈拉湖 Hala Lake	柴达木区 Qaidam		咸水湖 Saltwater Lake
阿雅格库木湖 Ayakkum Lake	藏北区 North Tibet		咸水湖 Saltwater Lake
扎陵湖 Gyaring Lake		黄河流域 Yellow River Basin	淡水湖 Freshwater Lake
艾比湖 Aibi Lake	甘新区 Gansu-Xinjiang Region		咸水湖 Saltwater Lake
昂拉仁错 Anglarencuo Lake	藏北区 North Tibet		咸水湖 Saltwater Lake
塔若错 Taruocuo Lake	藏北区 North Tibet		咸水湖 Saltwater Lake
格仁错 Gerencuo Lake	藏北区 North Tibet		淡水湖 Freshwater Lake
赛里木湖 Sayram Lake	甘新区 Gansu-Xinjiang Region		咸水湖 Saltwater Lake
松花湖 Songhua Lake		黑龙江流域 Heilong River Basin	淡水湖 Freshwater Lake
班公错 Palgon Lake	藏北区 North Tibet		东淡西咸 Freshwater in the East and Saltwater in the West
玛旁雍错 Manasarovar Lake	藏南区 South Tibet		淡水湖 Freshwater Lake
洪湖 Honghu Lake		长江流域 Yangtze River Basin	淡水湖 Freshwater Lake
阿次克湖 Acike Lake	藏北区 North Tibet		咸水湖 Saltwater Lake
滇池 Dianchi Lake		长江流域 Yangtze River Basin	淡水湖 Freshwater Lake
拉昂错 Raksas Tal Lake	藏南区 South Tibet		淡水湖 Freshwater Lake
梁子湖 Liangzi Lake		长江流域 Yangtze River Basin	淡水湖 Freshwater Lake
洱海 Erhai Lake		西南诸河 Southwest Region	淡水湖 Freshwater Lake
龙感湖 Longgan Lake		长江流域 Yangtze River Basin	淡水湖 Freshwater Lake
骆马湖 Luoma Lake		淮河流域 Huaihe River Basin	淡水湖 Freshwater Lake
达里诺尔 Dalinuoer Lake	内蒙古区 Inner Mongolia		咸水湖 Saltwater Lake
抚仙湖 Fuxian Lake		珠江流域 Pearl River Basin	淡水湖 Freshwater Lake
泊湖 Pohu		长江流域 Yangtze River Basin	淡水湖 Freshwater Lake
石臼湖 Shijiu Lake		长江流域 Yangtze River Basin	淡水湖 Freshwater Lake
月亮泡 Yueliangpao Lake		黑龙江流域 Heilong River Basin	淡水湖 Freshwater Lake
岱海 Daihai Lake	内蒙古区 Inner Mongolia		咸水湖 Saltwater Lake
波特港湖 Botegang Lake	甘新区 Gansu-Xinjiang Region		淡水湖 Freshwater Lake
镜泊湖 Jingpo Lake		黑龙江流域 Heilong River Basin	淡水湖 Freshwater Lake

1-7 湖 泊 面 积
Area of Lakes

湖 区	Area of Lakes	湖水面积（平方千米）Area of Lakes (km^2)	湖水贮量（亿立方米）Reserve of Lakes (10^8m^3)	#淡水贮量 Reserve of Fresh Water	占湖泊淡水总贮量（%）As Percentage of Total Lake Reserve of Fresh Water (%)
合 计	**Total**	**75610**	**7510**	**2150**	**100.0**
青藏高原	Tibet Plateau	36560	5460	880	40.9
东部平原	Eastern Plain	23430	820	820	38.1
蒙新高原	Mongolia and Xinjiang Plateau	8670	760	20	0.9
东北平原	Northeast Plain	4340	200	160	7.4
云南高原	Yunnan Plateau	1100	240	240	11.2
其 他	Others	1510	30	30	1.4

注 本表数据来源于《中国统计年鉴 2011》。

Note Figures in the table come from *China Statistical Yearbook 2011*.

1-8 各地区湖泊面积和贮水量[1]

Area and Storage of Lakes by Regions[1]

地区	Region	湖泊数量（个）Number of Lake (unit)			湖泊面积（平方千米）Lake Area (km^2)			湖水贮量（亿立方米）Reserve of Lakes (10^8m^3)	外流湖区		内陆湖区	
			外流湖区 Out-flowing Lake	内陆湖区 Inland Lake		外流湖区 Out-Flowing Lake	内陆湖区 Inland Lake		Out-Flowing Lake	#淡水贮量 Reserve of Fresh Water	Inland Lake	#淡水贮量 Reserve of Fresh Water
合　计	**Total**	**2305**	**1097**	**1208**	**71787**	**30650**	**41137**	**7043**	**2145**	**1806**	**4943**	**455.5**
河　北	Hebei	16	6	10	187	92	95	5	2	2	3	
内蒙古	Inner Mongolia	258		258	4244		4244	174			174	0.5
辽　宁	Liaoning	3	3		70	70		2	2	2		
吉　林	Jilin	43	43		679	679		133	133	133		
黑龙江	Heilongjiang	57	57		1617	1617		55	55	54		
上　海[2]	Shanghai	7	7		75	75		2	2	2		
江　苏	Jiangsu	106	106		6385	6385		97	97	97		
浙　江	Zhejiang	36	36		88	88		3	3	3		
安　徽	Anhui	92	92		2976	2976		65	65	65		
江　西	Jiangxi	71	71		4411	4411		270	270	270		
山　东	Shandong	2	2		1326	1326		22	22	22		
湖　北	Hubei	182	182		2417	2417		44	44	44		
湖　南	Hunan	185	185		3871	3871		206	206	206		
云　南[3]	Yunnan	30	30		1108	1108		288	288	288		
西　藏	Tibet	778	103	675	25111	2876	22235	3427	630	326	2842	300
青　海	Qinghai	241	132	109	11778	2401	9377	1710	300	269	1410	140
新　疆	Xinjiang	137	2	135	5072	54	5018	520	8	8	512	15
其　他[4]	Others	61	40	21	372	204	168	20	18	15	2	

注　① 面积大于或等于 $1km^2$，不包括时令湖。

② 淀山湖跨上海市、江苏省，面积统计在上海市内。

③ 草海系贵州省湖泊，已统计在云南省内。

④ 指四川、甘肃、宁夏、山西、陕西、广东、广西、河南、台湾。

Note　① Area larger or equal to 1 km^2, excluding seasonal lakes.

② Dianshan Lake covers both Shanghai Municipality and Jiangsu Province; its data is included in the data of Shanghai.

③ Caohai is a lake placed in Guizhou Province, but its data is included in Yunnan Province.

④ It refers to Sichuan, Gansu, Ningxia, Shanxi, Shaanxi, Guangdong, Guangxi, Henan and Taiwan.

1-9 海区海域及渔场面积

Sea Area and Areas of Fishing Ground

名 称	Sea	海域总面积（千公顷） Sea Area (10^3hm^2)	大陆架渔场面积（千公顷） Area of Fishing Ground of Continental Shelf (10^3hm^2)	深度（米） Depth (m)	
				平均 Average	最大 Maximum
合 计	**Total**	**472700**	**280000**		
渤 海	Bo Hai	7700	7700	18	70
黄 海	Yellow Sea	38000	35300	44	140
东 海	East China Sea	77000	54900	370	2719
南 海	South China Sea	350000	182100	1212	5559

注　本表数据来源于《中国统计年鉴2011》。

Note　Figures in the table come from *China Statistical Yearbook 2011*.

1-10 民族自治地方自然资源

Natural Resources in Ethnic Minority Autonomous Regions

项 目	Item	2010	占全国百分数（%） Percentage in National Total (%)
总面积(万平方千米)	**Total Area (10^4km^2)**	**611.73**	**63.72**
牧区、半农半牧区草原面积 (万公顷)	Area of Grasslands in Pastoral and Semi-pastoral Areas (10^4hm^2)	30000.00	75.00
森林面积(万公顷)	Area of Forest (10^4hm^2)	5648.00	42.20
森林蓄积量(亿立方米)	Stock Volume of Forests (10^8m^3)	52.49	51.80
水力资源蕴藏量(亿千瓦)	Hydropower Resources (10^8kW)	4.46	66.00

注 1. 本表数据来源于《中国统计年鉴 2011》。

2. 除总面积外，其他资源为以前清查数，有待进一步勘测。

Note 1. Figures in the table come from *China Statistical Yearbook 2011*.

2. The figures of resources, except total area, were obtained from surveys in previous years, and are subject to further verification.

1-11 2011年自然状况及水资源

Natural Conditions and Water Resources in 2011

项　　目	Item	2011
国土	**Territory**	
国土面积 (万平方千米)	Area of Territory ($10^4 km^2$)	960
海域面积 (万平方千米)	Area of Sea ($10^4 km^2$)	473
海洋平均深度 (米)	Average Depth of Sea (m)	961
海洋最大深度 (米)	Maximum Depth of Sea (m)	5377
岸线总长度 (千米)	Length of Coastline (km)	32000
大陆岸线长度	Mainland Shore	18000
岛屿岸线长度	Island Shore	14000
气候	**Climate**	
热量分布(积温≥0℃)	Distribution of Heat (Accumulated Temperature≥0℃)	
黑龙江北部及青藏高原	Northern Heilongjiang and Tibet Plateau	2000～2500
东北平原	Northeast Plain	3000～4000
华北平原	North China Plain	4000～5000
长江流域及以南地区	Yangtze River Drainage Area and the Area to the South of it	5800～6000
南岭以南地区	Area to the South of Nanling Mountain	7000～8000
降水量(毫米)	**Precipitation (mm)**	
台湾中部山区	Mid-Taiwan Mountainous Region	≥4000
华南沿海	Coastal Region in South China	1600～2000
长江流域	Yangtze River Basin	1000～1500
华北、东北	North and Northeast China	400～800
西北内陆	Northwest Inland Area	100～200
塔里木盆地、吐鲁番盆地和柴达木盆地	Tarim Basin, Turpan Basin and Qaidam Basin	≤25
气候带面积比例(国土面积=100)	**Percentage of Climatic Zones to Total Arca of Territory**	
湿润地区(干燥度<1.0)	Humid Zone(aridity<1.0)	32
半湿润地区(干燥度=1.0～1.5)	Semi-Humid Zone (aridity 1.0-1.5)	15
半干旱地区(干燥度=1.5～2.0)	Semi-Arid Zone (aridity 1.5-2.0)	22
干旱地区(干燥度>2.0)	Arid Zone (aridity>2.0)	31
水资源总量(亿立方米)	**Total Water Availability ($10^8 m^3$)**	**23256.7**
地表水资源量	Surface Water	22213.6
地下水资源量	Groundwater	7214.5
地表水与地下水资源重复量	Duplicated Measurement between Surface Water and Groundwater	6171.4
降水总量(亿立方米)	**Total Precipitation($10^8 m^3$)**	**55132.9**

注　1. 气候资料为多年平均值。
　　2. 岛屿面积未包括香港、澳门特别行政区和台湾省。
　　3. 本表部分数据来源于《中国统计年鉴2011》。

Note　1. Climate data is the average of many years.
　　2. Island area does not include that of Hong Kong Special Administrative Region, Macao Special Administrative Region and Taiwan Province.
　　3. Part of figures in the table come from *China Statistical Yearbook 2011*.

1-12 2011年各地区降水量与2010年和常年值比较

Comparison of Precipitation of 2011 with 2010 and Normal Year by Regions

地区	Region	降水量（毫米）Precipitation (mm)	与2010年比较 增减（%）Increase or Decrease Comparing to 2010(%)	与常年值比较 增减（%）Increase or Decrease Comparing to Normal Year(%)
合 计	**Total**	**582.3**	**−16.3**	**−9.4**
北 京	Beijing	552.3	5.5	−7.7
天 津	Tianjin	593.1	26.1	3.2
河 北	Hebei	493.3	−6.2	−7.2
山 西	Shanxi	602.1	25.1	18.3
内蒙古	Inner Mongolia	237.0	−9.1	−16.0
辽 宁	Liaoning	597.0	−39.3	−12.0
吉 林	Jilin	501.2	−37.3	−17.7
黑龙江	Heilongjiang	455.7	−18.7	−14.6
上 海	Shanghai	882.4	−24.7	−19.0
江 苏	Jiangsu	1012.1	2.3	1.8
浙 江	Zhejiang	1416.8	−29.9	−11.7
安 徽	Anhui	1064.4	−18.7	−9.3
福 建	Fujian	1356.7	−34.9	−19.1
江 西	Jiangxi	1303.6	−37.5	−20.4
山 东	Shandong	747.9	7.4	10.1
河 南	Henan	736.2	−12.5	−4.6
湖 北	Hubei	988.2	−22.8	−16.3
湖 南	Hunan	1051.3	−35.9	−27.5
广 东	Guangdong	1461.0	−24.2	−17.5
广 西	Guangxi	1268.8	−19.7	−17.5
海 南	Hainan	2273.2	0.9	30.0
重 庆	Chongqing	1091.8	3.2	−7.8
四 川	Sichuan	890.9	−5.6	−9.0
贵 州	Guizhou	820.6	−25.8	−30.4
云 南	Yunnan	985.2	−16.9	−23.0
西 藏	Tibet	588.0	−2.2	2.8
陕 西	Shaanxi	850.7	16.6	29.6
甘 肃	Gansu	300.3	4.4	−0.3
青 海	Qinghai	338.4	−1.5	16.5
宁 夏	Ningxia	283.6	−3.2	−1.7
新 疆	Xinjiang	167.0	−26.4	7.9

1-13 2011年各水资源一级区降水量与2010年和常年值比较

Comparison of Precipitation of 2011 with 2010 and Normal Year in Grade-Ⅰ Water Resources Regions

水资源一级区	Grade-Ⅰ Water Resources Region	降水量（毫米）Precipitation (mm)	与2010年比较增减（%）Increase or Decrease Comparing to 2010 (%)	与常年值比较增减（%）Increase or Decrease Comparing to Normal Year (%)
合　计	**Total**	**582.3**	**−16.3**	**−9.4**
松花江区	Songhua River	435.4	−17.7	−13.7
辽河区	Liaohe River	471.4	−34.5	−13.5
海河区	Haihe River	518.9	−2.8	−3.1
黄河区	Yellow River	489.1	8.9	9.7
淮河区	Huaihe River	810.0	−3.0	−3.4
长江区	Yangtze River	931.3	−19.7	−14.3
其中：太湖区	Among Which: Taihu Lake	1118.2	−8.5	−5.1
东南诸河区	Rivers in Southeast	1396.0	−33.4	−16.0
珠江区	Pearl River	1284.1	−20.9	−17.1
西南诸河区	Rivers in Southwest	1028.6	−6.3	−5.5
西北诸河区	Rivers in Northwest	170.9	−16.9	6.0

1-14 2011年主要城市降水量

Monthly Precipitation of Major Cities in 2011

单位：毫米 unit: mm

城 市	City	1月 Jan.	2月 Feb.	3月 Mar.	4月 Apr.	5月 May	6月 June	7月 July	8月 Aug.	9月 Sept.	10月 Oct.	11月 Nov.	12月 Dec.	全年 Total of the Year
北 京	Beijing		12.3		15.3	21.8	117.4	265.7	171.3	64.0	28.7	21.2	2.9	720.6
天 津	Tianjin		9.6		27.3	45.9	37.5	180.4	87.8	61.2	18.2	17.5	0.4	485.8
石家庄	Shijiazhuang		13.5	0.2	6.4	36.1	63.2	157.7	230.2	113.2	14.6	36.6	2.5	674.2
太 原	Taiyuan	1.9	6.9	1.1	7.6	31.0	41.9	126.3	98.1	99.8	37.0	44.5	0.5	496.6
呼和浩特	Hohhot	0.8	16.3		1.4	5.4	18.1	40.7	18.4	14.7	5.3	54.2	1.8	177.1
沈 阳	Shenyang	0.4	2.1	5.5	35.6	40.4	68.3	87.2	152.3	14.9	34.9	37.1	1.0	479.7
长 春	Changchun	2.6	5.2	3.3	11.5	61.1	82.3	194.3	69.1	10.0	16.2	12.7	0.1	468.4
哈尔滨	Harbin	3.3	4.4	5.7	26.9	79.4	41.3	143.3	80.9	29.3	24.8	11.9	0.8	452.0
上 海	Shanghai	11.4	17.8	39.4	29.7	44.6	319.1	104.8	302.5	27.0	45.9	38.6	28.3	1009.1
南 京	Nanjing	10.8	17.2	43.2	11.6	40.6	312.9	278.0	284.3	12.6	28.7	21.3	15.8	1077.0
杭 州	Hangzhou	68.0	19.6	43.8	55.4	71.1	541.4	129.9	222.4	60.4	51.5	55.8	40.6	1359.9
合 肥	Hefei	13.3	18.1	43.8	10.0	47.5	249.4	235.5	238.5	26.8	43.5	61.8	12.3	1000.5
福 州	Fuzhou	19.7	51.5	38.1	34.8	251.0	99.0	258.5	228.3	40.9	45.4	155.0	22.7	1244.9
南 昌	Nanchang	39.7	59.8	76.9	88.4	44.5	465.9	99.8	88.7	4.4	93.8	25.4	21.3	1108.6
济 南	Ji'nan	0.4	16.2	2.1	20.3	55.8	14.9	119.1	227.5	119.8	14.3	67.8	8.9	667.1
郑 州	Zhengzhou		27.1	2.8	15.5	35.7	3.6	69.2	137.0	253.4	39.2	117.2	5.8	706.5
武 汉	Wuhan	15.6	19.2	32.1	36.2	76.8	433.9	89.4	133.8	59.4	51.5	33.8	5.5	987.2
长 沙	Changsha	54.9	22.0	83.0	83.3	57.9	342.9	40.8	37.9	36.6	109.5	43.8	20.2	932.8
广 州	Guangzhou	26.6	45.2	49.3	27.9	185.3	493.8	363.5	37.4	183.9	154.7	64.6	0.1	1632.3
南 宁	Nanning	13.5	32.3	97.8	78.1	56.1	242.8	102.9	109.3	186.2	312.8	1.4	19.7	1252.9
海 口	Haikou	15.8	28.2	44.9	15.2	126.2	336.8	175.1	70.4	307.2	745.8	97.2	39.3	2002.1
重 庆（沙坪坝）	Chongqing(Shapingba)	20.7	9.6	40.2	95.7	100.1	144.3	58.8	35.7	52.9	151.3	79.6	48.9	837.8
成都（温江）	Chengdu(Wenjiang)	16.0	7.7	36.8	8.2	233.8	71.3	292.3	114.6	152.1	43.7	20.1	6.6	1003.2
贵 阳	Guiyang	24.7	6.5	22.8	30.8	58.9	183.5	31.3	57.7	56.0	169.7	71.1	22.2	735.2
昆 明	Kunming	22.2		18.6	31.2	29.1	130.3	102.7	57.2	212.9	21.0	19.7	14.1	659.0
拉 萨	Lhasa			1.0	2.2	37.1	98.3	198.6	71.2	11.0	1.8	4.2		425.4
西 安	Xi' an	0.6	14.8	8.8	17.3	81.5	32.7	78.0	84.3	284.3	43.4	65.2	6.9	717.8
兰 州（皋兰）	Lanzhou(Gaolan)	0.8	0.4	0.3	3.3	17.5	44.8	51.1	21.6	29.7	11.2	0.3		181.0
西 宁	Xining	1.0	0.4	2.1	7.1	49.5	63.4	54.5	85.6	93.1	21.1	11.5	1.1	390.4
银 川	Yinchuan	0.6	0.3		1.6	23.8	0.3	18.1	43.1	37.1	16.0	24.8	0.5	166.2
乌鲁木齐	Urumqi	11.0	17.2	20.1	46.6	43.5	22.4	64.9	55.4	1.7	36.9	12.7	12.1	344.5

注 本表数据来源于《中国统计年鉴2012》。

Note Figures in the table come from *China Statistical Yearbook 2012*.

1-15 各流域片年平均降水量、径流量

Mean Annual Precipitation and Runoff of River Basin

各流域片	River Basin	计算面积（平方千米） Calculated Area (km^2)	多年平均* Average* 年降水量（毫米） Annual Precipitation (mm)	年径流深（毫米） Annual Runoff (mm)	年降水总量（亿立方米） Annual Precipitation (10^8m^3)	年径流量（亿立方米） Annual Runoff (10^8m^3)
合计	**Total**	**9545322**	**648**	**284**	**61889**	**27115**
一、黑龙江流域片	Ⅰ. Heilong River Basin	903418	496	129	4476	1166
1. 嫩江	1. Nenjiang River	267817	450	94	1205	251
2. 第二松花江	2. Second Songhua River	78723	666	210	524	165
3. 松花江干流	3. Mainstream of Songhua River	210640	573	164	1206	346
松花江流域	Songhua River Basin	557180	527	137	2935	762
二、辽河流域片	Ⅱ. Liaohe River Basin	345027	551	141	1901	487
4. 辽河流域	4. Liaohe River Basin	228960	473	65	1082	148
5. 辽宁沿海诸河	5. Coastal Rivers of Liaoning Province	60740	639	207	388	126
三、海滦河流域片	Ⅲ. Hai-Luan Rivers Basin	318161	560	91	1781	288
6. 滦河(含冀东沿海诸河)	6. Luanhe River (Including Coastal Rivers in the East of Hebei Province)	54530	565	110	308	60
7. 海河北系	7. North System of Haihe River	83119	507	80	421	67
8. 海河南系	8. South System of Haihe River	148669	580	98	862	145
9. 徒骇马颊河	9. Tuhaimajia River	31843	597	52	190	17
海河流域	Haihe River Basin	263631	559	87	1473	228
四、黄河流域片	Ⅳ. Yellow River Basin	794712	464	83	3691	661
10. 湟水	10. Huangshui River	32863	502	153	165	50
11. 洮河	11. Taohe River	25527	603	208	154	53
12. 兰州以上干流区间	12. Mainstream above Lanzhou	164161	473	149	777	244
13. 兰州—河口镇	13. Lanzhou-Hekou Town	163415	271	9	443	14
黄河上游	Upper Reaches of Yellow River	385966	399	94	1539	362
14. 河口镇—龙门	14. Hekou Town-Longmen	111595	460	54	513	60
15. 汾河	15. Fenhe River	39471	530	67	209	27
16. 泾河	16. Jinghe River	45421	539	46	245	21
17. 洛河	17. Luohe River	26905	550	37	148	10
18. 渭河	18. Weihe River	62440	629	117	393	73
19. 龙门—三门峡干流区间	19. Mainstream of Longmen-Sanmenxia	16623	573	73	95	12

注 “*”是指1956～1979年数据平均。

Note “*” refers to average data in 1956-1979.

1-15 续表 continued

各 流 域 片	River Basin	计算面积（平方千米）Calculated Area (km^2)	多年平均* Average*			
			年降水量（毫米）Annual Precipitation (mm)	年径流深（毫米）Annual Runoff (mm)	年降水总量（亿立方米）Annual Precipitation (10^8m^3)	年径流量（亿立方米）Annual Runoff (10^8m^3)
20. 伊洛河	20. Yiluo River	18881	694	184	131	35
21. 沁河	21. Qinhe River	13532	642	136	87	18
22. 三门峡—花园口干流区间	22. Mainstream of Sanmenxia-Huayuankou	9202	648	133	60	12
黄河中游	Middle Reaches of Yellow River	344070	547	78	1881	267
23. 黄河下游	23. Lower Reaches of Yellow River	22407	674	130	151	29
黄河流域	Yellow River Basin	752443	475	88	3571	658
24. 鄂尔多斯内流区	24. Internal Flow Area of Erdos River	42269	284	8	120	3
五、淮河流域片	Ⅴ. Huaihe River Basin	329211	860	225	2830	741
25. 淮河上中游	25. Upper and Middle Reaches of Huaihe River	160837	889	234	1430	376
26. 淮河下游	26. Lower Reaches of Huaihe River	30337	1015	258	308	78
27. 沂沭泗河	27. Yi-Shu-Si Rivers	78109	836	215	653	168
淮河流域	Huaihe River Basin	269283	889	231	2390	622
28. 山东沿海诸河	28. Coastal Rivers of Shandong Province	59928	733	199	439	119
六、长江流域片	Ⅵ. Yangtze River Basin	1808500	1071	526	19360	9513
29. 金沙江	29. Jinsha River	490650	706	313	3466	1535
30. 岷沱江	30. Min-Tuo Rivers	164766	1083	627	1785	1033
31. 嘉陵江	31. Jialing River	158776	965	443	1532	704
32. 乌江	32. Wujiang River	86976	1164	620	1012	539
33. 长江上游干流区间	33. Mainstream of Upper Reaches of Yangtze River	100504	1169	653	1175	656
长江上游	Upper Reaches of Yangtze River	1001672	896	446	8570	4467
34. 洞庭湖水系	34. Water System of Dongting Lake	262344	1414	767	3709	2012
35. 汉江	35. Hanjiang River	155204	900	361	1396	560
36. 鄱阳湖水系	36. Water System of Poyang Lake	162274	1598	853	2593	1384
37. 长江中游干流区间	37. Mainstream of Middle Reaches of Yangtze River	57069	1243	550	1207	534
长江中游	Middle Reaches of Yangtze River	676891	1316	663	8905	4490
38. 太湖水系	38. Water System of Taihu Lake	37464	1105	366	414	137
39. 长江下游干流区间	39. Mainstream of Lower Reaches of Yangtze River	92473	1158	453	1071	419
长江下游	Lower Reaches of Yangtze River	129937	1143	428	1485	556
七、珠江流域片	Ⅶ. Pearl River Basin	580641	1544	807	8967	4685
40. 南北盘江	40. South and North Panjiang River	82480	1122	467	925	385
41. 红水河与柳黔江	41. Hongshui River and Liuqian River	115525	1480	782	1710	903
42. 北江	42. Beijiang River	44725	1757	1096	786	490

1-15 续表 continued

各 流 域 片	River Basin	计算面积（平方千米）Calculated Area (km^2)	多年平均* Average*			
			年降水量（毫米）Annual Precipitation (mm)	年径流深（毫米）Annual Runoff (mm)	年降水总量（亿立方米）Annual Precipitation (10^8m^3)	年径流量（亿立方米）Annual Runoff (10^8m^3)
43. 东江	43. Dongjiang River	28191	1788	993	504	280
44. 珠江三角洲	44. Pearl River Delta	31443	1791	996	563	313
珠江流域	Pearl River Basin	444304	1469	751	6528	3338
45. 韩江	45. Hanjiang River	32457	1630	881	529	286
46. 粤东沿海诸河	46. Coastal Rivers of East Guangdong	13653	2058	1260	281	172
47. 桂南粤西沿海诸河	47. Coastal Rivers of South Gaungxi and West Guangdong	56093	1836	1032	1030	579
48. 海南岛和南海诸岛	48. Hainan Island and South China Sea Islands	34134	1755	908	599	310
八、浙闽诸河片	Ⅷ. Rivers in Zhejiang and Fujian	239803	1758	1066	4216	2557
49. 钱塘江(含浦阳江)	49. Qiantang River (Including Puyang River)	42156	1587	875	669	369
50. 浙东诸河	50. Rivers in East Zhejiang	18592	1442	715	268	133
51. 浙南诸河	51. Rivers in South Zhejiang	32775	1718	1062	563	348
52. 闽江	52. Minjiang River	60992	1710	961	1043	586
53. 闽东沿海诸河	53. Coastal Rivers of East Fujian	15394	1747	1156	269	178
54. 闽南诸河	54. Rivers in South Fujian	33913	1563	902	530	306
九、西南诸河片	Ⅸ. Rivers in Southwest	851406	1098	688	9346	5853
55. 藏南诸河	55. Rivers in South Tibet	155778	1689	1253	2631	1952
56. 藏西诸河	56. Rivers in West Tibet	57340	129	35	74	20
十、内陆诸河片	Ⅹ. Inland Rivers	3321713	154	32	5113	1064
57. 内蒙古内陆河	57. Inland Rivers in Inner Mongolia	308067	254	4	783	12
58. 河西内陆河	58. Inland Rivers in Hexi	488708	123	14	599	69
59. 准噶尔内陆河	59. Inland Rivers of Junggar	316530	168	40	532	125
60. 中亚细亚内陆河	60. Inland Rivers in Central Asia	93130	468	207	436	193
61. 青海内陆河	61. Inland Rivers in Qinghai	319286	138	23	441	72
62. 羌塘内陆河	62. Inland Rivers in Qiangtang	721182	170	34	1226	246

1-16 历 年 水 资 源 量

Water Resources by Years

年份 Year	水资源总量（亿立方米） Total Available Water Resources (10^8m^3)	地表水资源量（亿立方米） Surface Water Resources (10^8m^3)	地下水资源量（亿立方米） Groundwater Resources (10^8m^3)	地表水与地下水资源重复量（亿立方米） Duplicated Measurement between Surface Water and Groundwater (10^8m^3)	降水总量（亿立方米） Total Precipitation (10^8m^3)	人均水资源量（立方米每人） Per Capita Water Resources (m^3/person)
1997	27855	26835	6942	5923	58169	2253
1998	34017	32726	9400	8109	67631	2723
1999	28196	27204	8387	7395	59702	2219
2000	27701	26562	8502	7363	60092	2194
2001	26868	25933	8390	7456	58122	2112
2002	28261	27243	8697	7679	62610	2207
2003	27460	26251	8299	7090	60416	2131
2004	24130	23126	7436	6433	56876	1856
2005	28053	26982	8091	7020	61010	2152
2006	25330	24358	7643	6671	57840	1932
2007	25255	24242	7617	6604	57763	1916
2008	27434	26377	8122	7065	62000	2071
2009	24180	23125	7267	6212	55966	1812
2010	30906	29798	8417	7308	65850	2310
2011	23257	22214	7215	6171	55133	1726

1-17 多年平均水资源量（按地区分）

Mean Annual Water Resources (by Regions)

地区	Region	平均年水资源总量（亿立方米）Mean Annual Total Available Water Resources (10^8m^3)	平均年地表水资源量（亿立方米）Mean Annual Surface Water Resources (10^8m^3)	平均年地下水资源量（亿立方米）Mean Annual Groundwater Resources (10^8m^3)	平均年地表水与地下水资源重复量（亿立方米）Duplicated Measurement between Surface Water and Groundwater (10^8m^3)	平均年产水模数（万立方米每平方千米）Mean Annual Water Generation Model ($10^4m^3/km^2$)
合 计	**Total**	**27460.3**	**26478.2**	**8149.0**	**7166.9**	**29.5**
北 京	Beijing	40.8	25.3	26.2	10.7	24.3
天 津	Tianjin	14.6	10.8	5.8	2.0	12.9
河 北	Hebei	236.9	167.0	145.8	75.9	12.6
山 西	Shanxi	143.5	115.0	94.6	66.1	9.2
内蒙古	Inner Mongolia	506.7	371.0	248.3	112.6	4.4
辽 宁	Liaoning	363.2	325.0	105.5	67.3	25.0
吉 林	Jilin	390.0	345.0	110.1	65.1	20.7
黑龙江	Heilongjiang	775.8	647.0	269.3	140.5	16.6
上 海	Shanghai	26.9	18.6	12.0	3.7	43.5
江 苏	Jiangsu	325.4	249.0	115.3	38.9	31.9
浙 江	Zhejiang	897.1	885.0	213.3	201.2	88.1
安 徽	Anhui	676.8	617.0	166.6	106.8	48.5
福 建	Fujian	1168.7	1168.0	306.4	305.7	96.3
江 西	Jiangxi	1422.4	1416.0	322.6	316.2	85.1
山 东	Shandong	335.0	264.0	154.2	83.2	21.9
河 南	Henan	407.7	311.0	198.9	102.2	24.4
湖 北	Hubei	981.2	946.0	291.3	256.1	52.8
湖 南	Hunan	1626.6	1620.0	374.8	368.2	76.8
广 东	Guangdong	2134.1	2111.0	545.9	522.8	100.7
广 西	Guangxi	1880.0	1880.0	397.7	397.7	79.1
四 川	Sichuan	3133.8	3131.0	801.6	798.8	55.2
贵 州	Guizhou	1035.0	1035.0	258.9	258.9	58.8
云 南	Yunnan	2221.0	2221.0	738.0	738.0	57.9
西 藏	Tibet	4482.0	4482.0	1094.3	1094.3	37.3
陕 西	Shaanxi	441.9	420.0	165.1	143.2	21.5
甘 肃	Gansu	274.3	273.0	132.7	131.4	6.9
青 海	Qinghai	626.2	623.0	258.1	254.9	8.7
宁 夏	Ningxia	9.9	8.5	16.2	14.8	1.9
新 疆	Xinjiang	882.8	793.0	579.5	489.7	5.4

注 本表数据来源于《中国水资源评价》。

Note Figures in the table come from *China Water Resources Evaluation Report*.

1-18 2011 年水资源量（按地区分）

Water Resources in 2011 (by Regions)

地区	Region	水资源总量（亿立方米）Total Available Water Resources (10^8m^3)	地表水资源量（亿立方米）Surface Water Resources (10^8m^3)	地下水资源量（亿立方米）Groundwater Resources (10^8m^3)	地表水与地下水资源重复量（亿立方米）Duplicated Measurement between Surface Water and Groundwater (10^8m^3)	降水总量（亿立方米）Total Precipitation (10^8m^3)	人均水资源量（立方米每人）Per Capita Water Resources (m^3/person)
合 计	**Total**	**23256.7**	**22213.6**	**7214.5**	**6171.4**	**55132.9**	**1730.4**
北 京	Beijing	26.8	9.2	21.2	3.5	90.6	134.7
天 津	Tianjin	15.4	10.9	5.2	0.7	70.7	116.0
河 北	Hebei	157.2	69.8	126.2	38.9	925.9	217.7
山 西	Shanxi	124.3	76.6	95.0	47.3	940.9	347.0
内蒙古	Inner Mongolia	419.0	298.2	213.4	92.5	2741.2	1691.6
辽 宁	Liaoning	294.8	260.5	111.9	77.6	868.7	673.2
吉 林	Jilin	315.9	262.9	112.9	59.9	939.3	1149.5
黑龙江	Heilongjiang	629.5	512.5	237.2	120.3	2072.5	1642.0
上 海	Shanghai	20.7	16.2	7.4	2.9	56.0	89.1
江 苏	Jiangsu	492.4	399.0	115.1	21.7	1031.7	624.6
浙 江	Zhejiang	745.0	733.3	184.2	172.5	1470.0	1365.7
安 徽	Anhui	602.1	544.2	143.5	85.6	1484.6	1010.1
福 建	Fujian	774.9	773.5	243.4	242.1	1680.2	2090.5
江 西	Jiangxi	1037.9	1018.9	315.2	296.3	2176.4	2319.1
山 东	Shandong	347.6	237.5	195.9	85.8	1171.8	361.6
河 南	Henan	328.0	222.5	191.8	86.3	1218.6	349.0
湖 北	Hubei	757.5	725.4	251.9	219.8	1837.0	1319.1
湖 南	Hunan	1126.9	1120.7	279.9	273.7	2226.9	1711.9
广 东	Guangdong	1471.3	1461.3	362.1	352.1	2594.5	1404.8
广 西	Guangxi	1350.0	1350.0	271.2	271.2	3002.7	2917.4
海 南	Hainan	484.1	478.8	111.6	106.3	776.4	5545.6
重 庆	Chongqing	514.6	514.6	98.3	98.3	899.7	1773.3
四 川	Sichuan	2239.5	2238.3	578.2	577.1	4314.1	2782.9
贵 州	Guizhou	624.3	624.3	216.4	216.4	1445.6	1802.1
云 南	Yunnan	1480.2	1480.2	548.1	548.1	3775.4	3206.5
西 藏	Tibet	4402.7	4402.7	990.9	990.9	7069.4	145779.8
陕 西	Shaanxi	604.4	575.5	164.3	135.4	1749.1	1616.6
甘 肃	Gansu	242.2	233.0	129.3	120.1	1193.9	945.4
青 海	Qinghai	733.1	715.1	331.1	313.1	2417.5	12956.8
宁 夏	Ningxia	8.8	6.9	21.6	19.7	146.9	137.7
新 疆	Xinjiang	885.7	841.0	540.2	495.5	2745.0	4031.3

1-19 2011 年水资源量（按水资源分区分）

Water Resources in 2011 (by Water Resources Regions)

单位：亿立方米 unit: $10^8 m^3$

水资源一级区	Grade-I Water Resources Region	水资源总量 Total Available Water Resources	地表水资源量 Surface Water Resources	地下水资源量 Groundwater Resources	地表水与地下水资源重复量 Duplicated Measurement between Surface Water and Groundwater	降水总量 Total Precipitation
合 计	**Total**	**23256.7**	**22213.6**	**7214.5**	**6171.4**	**55132.9**
松花江区	Songhua River	1177.4	987.3	420.5	230.3	4070.5
辽河区	Liaohe River	410.0	332.1	179.8	101.9	1481.0
海河区	Haihe River	297.9	135.9	237.3	75.4	1658.5
黄河区	Yellow River	739.4	620.9	411.2	292.7	3888.5
淮河区	Huaihe River	892.6	643.3	399.0	149.7	2672.8
长江区	Yangtze River	7837.6	7713.6	2138.0	2014.1	16603.3
其中：太湖区	Among Which: Taihu Lake	193.8	173.6	43.8	23.5	412.6
东南诸河区	Rivers in Southeast	1423.0	1414.7	392.6	384.2	2909.1
珠江区	Pearl River	3692.2	3676.8	862.7	847.4	7420.0
西南诸河区	Rivers in Southwest	5386.0	5386.0	1311.9	1311.9	8682.7
西北诸河区	Rivers in Northwest	1400.6	1303.0	861.4	763.8	5746.6

1-20　2011 年河流水质状况（按水资源分区分）

Water Quality of Rivers of 2011 (by Water Resources Regions)

水资源一级区	Grade-Ⅰ Water Resources Region	评价河长（千米）Assessed Length of River (km)	分类河长占评价河长百分比（%）Percentage of Classed River Length in the Total Assessed Length (%)					
			Ⅰ类 Class-Ⅰ	Ⅱ类 Class-Ⅱ	Ⅲ类 Class-Ⅲ	Ⅳ类 Class-Ⅳ	Ⅴ类 Class-Ⅴ	劣Ⅴ类 Inferior to Class-Ⅴ
合　计	**Total**	**189359**	**4.6**	**35.6**	**24.0**	**12.9**	**5.7**	**17.2**
松花江区	Songhua River	13562	0.8	17.4	39.3	22.1	3.1	17.3
辽河区	Liaohe River	4949	5.6	31.8	11.4	16.0	11.0	24.2
海河区	Haihe River	14089	1.5	19.3	15.4	5.8	7.0	51.0
黄河区	Yellow River	20509	2.2	31.4	15.8	14.1	8.0	28.5
淮河区	Huaihe River	24569	0.4	13.6	24.0	26.9	10.7	24.4
长江区	Yangtze River	56702	5.1	39.4	25.9	11.8	5.3	12.5
其中：太湖区	Among Which: Taihu Lake	5599	0.0	5.4	11.1	22.1	17.9	43.5
东南诸河区	Rivers in Southeast	6201	3.4	39.9	29.6	10.9	3.8	12.4
珠江区	Pearl River	19847	0.3	38.7	34.6	12.1	5.1	9.2
西南诸河区	Rivers in Southwest	18054	6.9	66.2	22.5	1.9	0.6	1.9
西北诸河区	Rivers in Northwest	10876	28.7	59.3	8.0	2.9	0.8	0.3

1-21 2011 年全国重点湖泊水质及富营养化状况

Water Quality and Eutrophication Condition of Lakes of 2011

湖泊名称 Lake	所属行政区 Region	总体水质类别 Water Quality			营养状况 Eutrophication Condition
		全年 Total of the Year	汛期 Flood Season	非汛期 Non-Flood Season	
昆明湖 Kunming Lake	北京 Beijing	II	II	II	中营养 Mesotropher
白洋淀 Baiyangdian Lake	河北 Hebei	劣V Inferior to Class-V	劣V Inferior to Class-V	劣V Inferior to Class-V	中度富营养 Middleeutropher
千顷洼 Qianqingwa Lake	河北 Hebei	劣V Inferior to Class-V	劣V Inferior to Class-V	劣V Inferior to Class-V	中度富营养 Middleeutropher
查干湖 Chagan Lake	吉林 Jilin	V	V	V	轻度富营养 Lighteutropher
淀山湖 Dianshan Lake	上海 Shanghai	劣V Inferior to Class-V	劣V Inferior to Class-V	劣V Inferior to Class-V	中度富营养 Middleeutropher
太湖（含五里湖） Taihu Lake(Including Wuli Lake)	江苏、浙江、上海 Jiangsu, Zhejiang, Shanghai	劣V Inferior to Class-V	劣V Inferior to Class-V	劣V Inferior to Class-V	中度富营养 Middleeutropher
西湖 Xihu Lake	浙江 Zhejiang	III	IV	III	轻度富营养 Lighteutropher
巢湖 Chaohu Lake	安徽 Anhui	劣V Inferior to Class-V	劣V Inferior to Class-V	劣V Inferior to Class-V	中度富营养 Middleeutropher
鄱阳湖 Poyang Lake	江西 Jiangxi	V	V	V	中营养 Mesotropher
南四湖 Nansihu Lakes	山东、江苏 Shandong，Jiangsu	IV	IV	IV	轻度富营养 Lighteutropher
大明湖 Daming Lake	山东 Shandong	IV	IV	IV	中度富营养 Middleeutropher
洪湖 Honghu Lake	湖北 Hubei	IV	IV	IV	轻度富营养 Lighteutropher
长湖 Changhu Lake	湖北 Hubei	IV	III	IV	中营养 Mesotropher
梁子湖 Liangzi Lake	湖北 Hubei	III	IV	III	轻度富营养 Lighteutropher
龙感湖 Longgan Lake	湖北 Hubei	III	III	III	轻度富营养 Lighteutropher
洞庭湖 Dongting Lake	湖南 Hunan	劣V Inferior to Class-V	劣V Inferior to Class-V	劣V Inferior to Class-V	轻度富营养 Lighteutropher
星湖 Xinghu Lake	广东 Guangdong	III	III	III	轻度富营养 Lighteutropher
湖光岩湖 Huguangyan Lake	广东 Guangdong	II	II	III	中营养 Mesotropher

1-21 续表 continued

湖泊名称 Lake	所属行政区 Region	总体水质类别 Water Quality			营养状况 Eutrophication Condition
		全年 Total of the Year	汛期 Flood Season	非汛期 Non-Flood Season	
邛海 Qionghai Lake	四川 Sichuan	III	III	III	中营养 Mesotropher
马湖 Mahu Lake	四川 Sichuan	II	II	II	中营养 Mesotropher
程海 Chenghai Lake	云南 Yunnan	劣V Inferior to Class-V	劣V Inferior to Class-V	劣V Inferior to Class-V	中营养 Mesotropher
泸沽湖 Lugu Lake	云南、四川 Yunnan, Sichuan	I	I	I	中营养 Mesotropher
滇池 Dianchi Lake	云南 Yunnan	劣V Inferior to Class-V	劣V Inferior to Class-V	劣V Inferior to Class-V	中度富营养 Middleeutropher
抚仙湖 Fuxian Lake	云南 Yunnan	II	II	II	中营养 Mesotropher
星云湖 Xingyun Lake	云南 Yunnan	劣V Inferior to Class-V	劣V Inferior to Class-V	劣V Inferior to Class-V	中度富营养 Middleeutropher
杞麓湖 Qilu Lake	云南 Yunnan	劣V Inferior to Class-V	劣V Inferior to Class-V	劣V Inferior to Class-V	中度富营养 Middleeutropher
异龙湖 Yilong Lake	云南 Yunnan	劣V Inferior to Class-V	劣V Inferior to Class-V	劣V Inferior to Class-V	中度富营养 Middleeutropher
洱海 Erhai Lake	云南 Yunnan	III	III	III	中营养 Mesotropher
纳木错 Namtso Lake	西藏 Tibet	劣V Inferior to Class-V	劣V Inferior to Class-V		中营养 Mesotropher
普莫雍错 Pumoyongcuo Lake	西藏 Tibet	II		II	中营养 Mesotropher
羊卓雍错 Yamdrok Lake	西藏 Tibet	II		II	中营养 Mesotropher
青海湖 Qinghai Lake	青海 Qinghai	II	II	II	中营养 Mesotropher
沙湖 Shahu Lake	宁夏 Ningxia	劣V Inferior to Class-V	劣V Inferior to Class-V	劣V Inferior to Class-V	中度富营养 Middleeutropher
乌伦古湖 Wulungu Lake	新疆 Xinjiang	劣V Inferior to Class-V	劣V Inferior to Class-V	劣V Inferior to Class-V	中营养 Mesotropher
赛里木湖 Sailimu Lake	新疆 Xinjiang	II	II	I	中营养 Mesotropher
博斯腾湖 Bostan Lake	新疆 Xinjiang	III	III	III	中营养 Mesotropher

主要统计指标解释

地表水资源量　河流、湖泊以及冰川等地表水体中可以逐年更新的动态水量，即天然河川径流量。

地下水资源量　地下饱和含水层逐年更新的动态水量，即降水和地表水入渗对地下水的补给量。

水资源总量　当地降水形成的地表和地下产水总量，即地表径流量与降水入渗补给量之和。

降水量　从天空降落到地面的液态或固态（经融化后）水，未经蒸发、渗透、流失而在地面上积聚的深度。其统计计算方法为：月降水量是将全月各日的降水量累加而得；年降水量是将12个月的月降水量累加而得。

径流量　在一定时段内通过河流某一过水断面的水量。计算公式为：径流量=降水量-蒸发量。

内陆水域面积　江、河、湖泊、坑塘、塘堰、水库等各种流水或蓄水的水面占地面积。

流域面积　每条河流都有自己的干流和支流，干支流共同组成这条河流的水系。每条河流都有自己的集水区域，这个集水区域就称为该河流的流域，流域面积是该流域区域的总面积。

水质等级　水质等级根据《地表水环境质量标准》（GB 3838—2002）确定。依据地表水水域环境功能和保护目标，按功能高低依次划分为五类：

Ⅰ类：主要适用于源头水、国家自然保护区；

Ⅱ类：主要适用于集中式生活饮用水地表水源地一级保护区、珍稀水生生物栖息地、鱼虾类产场、仔稚幼鱼的索饵场等；

Ⅲ类：主要适用于集中式生活饮用水地表水源地二级保护区、鱼虾类越冬场、洄游通道、水产养殖区等渔业水域及游泳区；

Ⅳ类：主要适用于一般工业用水区及人体非直接接触的娱乐用水区；

Ⅴ类：主要适用于农业用水区及一般景观要求水域。

Explanatory Notes of Main Statistical Indicators

Surface water resources Dynamic quantity of water that is renewable year by year in surface water bodies such as, river, lake or glacier; it also means the quantity of natural river runoff.

Groundwater resources Quantity of recharge of precipitation and surface water to the saturated rock and clay, including infiltration recharge of precipitation and surface water bodies namely river courses, lakes, reservoirs, canal system and irrigation field.

Total Available water resources Total available surface and underground water that is formed by local precipitation, i.e. the sum of surface runoff and underground water infiltrated by precipitation recharge.

Precipitation Accumulative depth of water in liquid or solid (after melting) states from the sky to the ground without evaporation, infiltration and running off. Its calculation methods: monthly precipitation is the total sum of everyday rainfall in a month; annual precipitation is the total sum of rainfalls of twelve months.

Amount of runoff Water quantity runs through a water carrying section of a river during a fixed period of time. The calculation formula: runoff = precipitation – evaporation.

Inland water area Total land area occupied by running or stored water, including river, lake, pond, weir or reservoir etc.

Drainage area Each river has its own mainstream and tributaries that jointly form the water system of the river. Each river has its own water catchment area, and this catchment is called the river basin of the river. Area of river basin is the total area of the catchment area.

Classification of water quality Classification of water quality is based on Standard of Surface Water Environment Quality (GB 3838—2002). Water quality is classified into five levels in sequence from high to low in line with the objectives of environment functions and protection of surface water bodies.

Class-Ⅰ: Water is suitable for source water and national nature reserves;

Class-Ⅱ: Water is suitable for grade-I surface water source for centralized domestic drinking water supply, habitat of rare and endemic aquatic life, spawning ground for fish and shrimp, and feeding ground of juvenile and young fish;

Class-Ⅲ: Water is suitable for grade-II surface water source for centralized domestic drinking water supply, wintering or migratory passage of fish and shrimp, water bodies used for fishery such as aquiculture and swimming;

Class-Ⅳ: Water is suitable for industrial water use and recreation without direct contact with human body;

Class-Ⅴ: Water is suitable for water demand of agricultural area and general landscape.

2 江河治理

Control of Rivers

简要说明

江河治理统计资料主要包括水库数量、水库总库容、堤防长度与等级划分、水闸数量与类型、除涝面积以及除涝标准。

江河治理资料按水资源一级分区和地区分组。水库、堤防、水闸、除涝等历史数据汇总 1974 年至今的数据。

1. 水库统计范围为已建成水库，包括水利、电力、城建等部门建设的水库。因 2007 年湖南省对小型水库数量进行调减，因此对 2000～2006 年水库数量与库容进行相应调减。

2. 堤防统计范围为已建成或基本建成的河堤、湖堤、海堤、江堤、分洪区和行洪区围堤等各种堤防，生产堤、渠堤、排涝堤不做统计。

3. 水闸统计范围为江河、湖泊上的防洪、分洪、节制、挡潮、排涝、引水灌溉等各种类型水闸，水库枢纽等建筑物上的水闸不包括在内。水闸流量不够 10 立方米每秒，不做统计。

4. 洪灾、旱灾及防治状况历史资料汇总 1949 年以来的数据，按地区整理。

Brief Introduction

Statistical data of rivers training and control mainly includes number of reservoirs, total storage capacity, embankment length and grade division, number and types of sluices and gates, drainage area and standard.

The data of river training and control is divided into group in accordance with regions and basins. Historical data of reservoir, embankment, water gates, waterlogging prevention area is collected from 1974 until present.

1. The statistical scope of reservoir also includes reservoirs which do not built by water related department, such as electricity and urban construction. Due to the reduction for the number of small reservoirs of Hunan Province in 2007, the number of reservoir and storage capacity in 2000-2006 were reduced accordingly.

2. The statistical scope of embankment covers various types such as river embankment and levee, lake embankment, sea dyke, embankment for flood retention and discharge basins, excluding embankment for production, canal and drainage purposes.

3. The statistical scope of sluice and gate covers various types of sluice and gate on river or lake, such as those for flood control and flood diversion, control gate and tidal gate, and gate for drainage and irrigation. The gates built on the reservoirs are not included. The gates with a flow lower than 10 m^3/s are not included.

4. Historical data of flood disaster and drought disasters, their prevention and control is collected from 1949 until present and classified according to regions.

2-1 主 要 指 标

Key Indicators

指标名称 Item	单位	unit	2005	2006	2007	2008	2009	2010	2011
水库 Reservoir	座	unit	84577	85249	85412	86353	87151	87873	88605
总库容 Total Storage	亿立方米	10^8m^3	5623	5841	6345	6924	7064	7162	7201
大型 Large Reservoir	座	unit	470	482	493	529	544	552	567
总库容 Total Storage	亿立方米	10^8m^3	4197	4379	4836	5386	5506	5594	5602
中型 Medium Reservoir	座	unit	2934	3000	3110	3181	3259	3269	3346
总库容 Total Storage	亿立方米	10^8m^3	826	852	883	910	921	930	954
小型 Small Reservoir	座	unit	81173	81767	81809	82643	83348	84052	84692
总库容 Total Storage	亿立方米	10^8m^3	601	610	625	628	636	638	645
堤防 Embankment and Dyke	千米	km	277450	280850	283770	286896	291420	294104	299911
保护耕地面积 Protected Cultivated Area	千公顷	10^3hm^2	44121	45486	45518	45712	46547	46831	42625
保护人口 Protected Population	万人	10^4person	54174	55403	56487	57289	58978	59853	57216
水闸 Water Gate	座	unit	39839	41209	41110	43829	42523	43300	44306
大型 Large Gate	座	unit	405	426	438	504	565	567	599
中型 Medium Gate	座	unit		3495	3531	4182	4661	4692	4767
小型 Small Gate	座	unit		37288	37141	39143	37297	38041	38942
除涝面积 Drainage Area	千公顷	10^3hm^2	21340	21376	21419	21425	21584	21692	21722

2-2 历年已建成水库数量、库容和有效灌溉面积

Completed Reservoirs by Years

年份 Year	已建成水库 Completed Reservoirs			大型水库 Large Reservoir			中型水库 Medium Reservoir			小型水库 Small Reservoir		
	座数（座） Number (unit)	总库容（亿立方米） Total Storage Capacity (10^8m^3)	有效灌溉面积（千公顷） Effective Irrigated Area (10^3hm^2)	座数（座） Number (unit)	总库容（亿立方米） Total Storage Capacity (10^8m^3)	有效灌溉面积（千公顷） Effective Irrigated Area (10^3hm^2)	座数（座） Number (unit)	总库容（亿立方米） Total Storage Capacity (10^8m^3)	有效灌溉面积（千公顷） Effective Irrigated Area (10^3hm^2)	座数（座） Number (unit)	总库容（亿立方米） Total Storage Capacity (10^8m^3)	有效灌溉面积（千公顷） Effective Irrigated Area (10^3hm^2)
1974	74712	3549	13516	290	2644	5621	1860	488	3559	72562	417	4337
1975	73650	3624	14160	300	2667	5784	1982	504	3545	71368	453	4831
1976	78473	3888	16007	304	2879	7055	2057	331	3810	76112	478	5155
1977	81501	3948	16210	308	2887	7115	2129	558	3895	79064	503	5199
1978	84585	4012	16418	311	2896	7075	2205	585	4058	82069	531	5285
1979	86132	4081	16806	319	2945	7159	2252	593	4164	83561	543	5483
1980	86822	4130	15989	326	2975	6255	2298	605	4213	84198	550	5522
1981	86881	4169	15806	328	2989	6080	2333	622	4253	84220	558	5473
1982	86900	4188	15943	331	2994	6217	2353	632	4318	84216	562	5408
1983	86567	4208	15671	335	3007	6081	2367	640	4251	83865	561	5339
1984	84998	4292	15833	338	3068	6280	2387	658	4232	82273	566	5321
1985	83219	4301	15760	340	3076	6407	2401	661	4206	80478	564	5147
1986	82716	4432	15749	350	3199	6408	2115	666	4189	79951	567	5153
1987	82870	4475	15902	353	3233	6449	2428	672	4257	80089	570	5196
1988	82937	4504	15801	355	3252	6399	2462	681	4201	80120	571	5201
1989	82848	4617	15826	358	3357	6409	2480	688	4254	80010	572	5163
1990	83387	4660	15809	366	3397	6431	2499	690	4205	80522	573	5173
1991	83799	4678		367	3400		2524	698		80908	579	
1992	84130	4688		369	3407		2538	700		81223	580	
1993	84614	4717		374	3425		2562	707		81678	583	
1994	84558	4751		381	3456		2572	713		81605	582	
1995	84775	4797		387	3493		2593	719		81795	585	
1996	84905	4571		394	3260		2618	724		81893	587	
1997	84837	4583		397	3267		2634	729		81806	587	
1998	84944	4930		403	3595		2653	736		81888	598	
1999	85119	4499		400	3164		2681	743		82039	593	
2000	83260	5183		420	3843		2704	746		80136	593	
2001	83542	5280		433	3927		2736	758		80373	595	
2002	83960	5594		445	4230		2781	768		80734	596	
2003	84091	5657		453	4279		2827	783		80811	596	
2004	84363	5541		460	4147		2869	796		81034	598	
2005	84577	5623		470	4197		2934	826		81173	601	
2006	85249	5841		482	4379		3000	852		81767	610	
2007	85412	6345		493	4836		3110	883		81809	625	
2008	86353	6924		529	5386		3181	910		82643	628	
2009	87151	7064		544	5506		3259	921		83348	636	
2010	87873	7162		552	5594		3269	930		84052	638	
2011	88605	7201		567	5602		3346	954		84692	645	

2-3 2011 年已建成水库数量和库容（按地区分）

Number and Storage Capacity of Completed Reservoirs in 2011 (by Regions)

地区	Region	已建成水库 Completed Reservoirs		大型水库 Large Reservoir		中型水库 Medium Reservoir		小型水库 Small Reservoir	
		座数（座） Number (unit)	总库容（万立方米） Total Storage Capacity (10^4m^3)	座数（座） Number (unit)	总库容（万立方米） Total Storage Capacity (10^4m^3)	座数（座） Number (unit)	总库容（万立方米） Total Storage Capacity (10^4m^3)	座数（座） Number (unit)	总库容（万立方米） Total Storage Capacity (10^4m^3)
合 计	**Total**	**88605**	**72005021**	**567**	**56015310**	**3346**	**9540301**	**84692**	**6449410**
北 京	Beijing	82	938716	4	880000	17	50388	61	8328
天 津	Tianjin	28	264516	3	223900	11	35135	14	5481
河 北	Hebei	1077	1611222	22	1387295	42	144073	1013	79854
山 西	Shanxi	752	677952	10	372503	67	207911	675	97539
内蒙古	Inner Mongolia	502	1738053	14	1357230	83	305331	405	75492
辽 宁	Liaoning	922	3582942	33	3268147	74	211879	815	102915
吉 林	Jilin	1646	3202477	17	2803461	98	264347	1531	134670
黑龙江	Heilongjiang	922	1786434	26	1295284	97	324802	799	166348
上 海	Shanghai								
江 苏	Jiangsu	907	1890762	8	1672671	42	119266	857	98825
浙 江	Zhejiang	4243	3989228	31	3270352	154	445012	4058	273864
安 徽	Anhui	4927	2855931	14	2260193	105	321092	4808	274646
福 建	Fujian	3355	1889711	21	1191060	170	450542	3164	248109
江 西	Jiangxi	9824	2941128	26	1741558	240	568190	9558	631380
山 东	Shandong	6291	2274374	37	1293994	214	617825	6040	362555
河 南	Henan	2478	4030608	23	3521310	108	307303	2347	201995
湖 北	Hubei	5866	9990003	64	8780211	258	749206	5544	460586
湖 南	Hunan	12251	4300615	31	2925312	295	744173	11925	631130
广 东	Guangdong	7475	4303749	34	2832578	308	866643	7133	604528
广 西	Guangxi	4349	3783933	38	2799688	186	539332	4125	444913
海 南	Hainan	996	1000175	7	673458	72	219048	917	107669
重 庆	Chongqing	2852	790742	10	428297	73	190472	2769	171973
四 川	Sichuan	6759	2150636	12	1479260	109	288124	6638	383252
贵 州	Guizhou	2087	3585800	17	3244322	65	184728	2005	156750
云 南	Yunnan	5593	1348316	12	505425	199	489566	5382	353325
西 藏	Tibet	75	128666	3	108600	6	15437	66	4629
陕 西	Shaanxi	1041	770063	9	434860	58	229141	974	106062
甘 肃	Gansu	318	1032069	8	839280	38	141967	272	50822
青 海	Qinghai	157	3419393	7	3380600	10	20594	140	18199
宁 夏	Ningxia	254	282780	1	73500	31	115710	222	93569
新 疆	Xinjiang	576	1444027	25	970961	116	373064	435	100002

2-4 2011 年已建成水库数量和库容（按水资源分区分）

Number and Storage Capacity of Completed Reservoirs in 2011 (by Water Resources Regions)

水资源一级区	Grade- I Water Resources Region	已建成水库 Completed Reservoirs		大型水库 Large Reservoir		中型水库 Medium Reservoir		小型水库 Small Reservoir	
		座数（座）Number (unit)	总库容（万立方米）Total Storage Capacity (10^4m^3)	座数（座）Number (unit)	总库容（万立方米）Total Storage Capacity (10^4m^3)	座数（座）Number (unit)	总库容（万立方米）Total Storage Capacity (10^4m^3)	座数（座）Number (unit)	总库容（万立方米）Total Storage Capacity (10^4m^3)
合　计	**Total**	**88605**	**72005021**	**567**	**56015310**	**3346**	**9540301**	**84692**	**6449410**
松花江区	Songhua River	2494	5845301	45	4954013	191	596146	2258	295143
辽河区	Liaohe River	1216	4246043	44	3745309	121	362051	1051	138682
海河区	Haihe River	2168	3242721	34	2629698	155	441890	1979	171133
黄河区	Yellow River	2850	8556455	31	7459950	195	697969	2624	398536
淮河区	Huaihe River	9013	6262671	58	4818453	293	892197	8662	552021
长江区	Yangtze River	45618	25097262	186	19142599	1197	3136149	44235	2818515
其中：太湖区	Among Which: Taihu Lake	493	153360	6	87211	13	40111	474	26038
东南诸河区	Rivers in Southeast	7412	5797522	49	4413381	316	870752	7047	513389
珠江区	Pearl River	15052	10600201	83	7454961	644	1852785	14325	1292454
西南诸河区	Rivers in Southwest	1986	668208	7	325805	85	206178	1894	136225
西北诸河区	Rivers in Northwest	796	1688637	30	1071141	149	484184	617	133312

2-5 2011 年已建成水库数量和库容（按水资源分区和地区分）

Number and Storage Capacity of Completed Reservoirs in 2011 (by Water Resources Regions and Regions)

地区	Region	已建成水库 Completed Reservoirs		大型水库 Large Reservoir		中型水库 Medium Reservoir		小型水库 Small Reservoir	
		座数（座） Number (unit)	总库容（万立方米） Total Storage Capacity (10^4m^3)	座数（座） Number (unit)	总库容（万立方米） Total Storage Capacity (10^4m^3)	座数（座） Number (unit)	总库容（万立方米） Total Storage Capacity (10^4m^3)	座数（座） Number (unit)	总库容（万立方米） Total Storage Capacity (10^4m^3)
松花江区	**Songhua River**	**2494**	**5845301**	**45**	**4954013**	**191**	**596146**	**2258**	**295143**
内蒙古	Inner Mongolia	48	1101620	4	1044529	13	50985	31	6106
吉　林	Jilin	1524	2957247	15	2614200	81	220359	1428	122688
黑龙江	Heilongjiang	922	1786434	26	1295284	97	324802	799	166348
辽河区	**Liaohe River**	**1216**	**4246043**	**44**	**3745309**	**121**	**362051**	**1051**	**138682**
内蒙古	Inner Mongolia	184	419057	9	287901	30	106184	145	24972
辽　宁	Liaoning	910	3581755	33	3268147	74	211879	803	101729
吉　林	Jilin	122	245230	2	189261	17	43988	103	11981
海河区	**Haihe River**	**2168**	**3242721**	**34**	**2629698**	**155**	**441890**	**1979**	**171133**
北　京	Beijing	82	938716	4	880000	17	50388	61	8328
天　津	Tianjin	28	264516	3	223900	11	35135	14	5481
河　北	Hebei	1077	1611222	22	1387295	42	144073	1013	79854
山　西	Shanxi	320	250278	4	127753	33	86321	283	36204
内蒙古	Inner Mongolia	23	23173			7	20602	16	2571
辽　宁	Liaoning	12	1186					12	1186
山　东	Shandong	393	76338			27	50405	366	25934
河　南	Henan	233	77290	1	10750	18	54966	214	11574
黄河区	**Yellow River**	**2850**	**8556455**	**31**	**7459950**	**195**	**697969**	**2624**	**398536**
山　西	Shanxi	432	427674	6	244750	34	121590	392	61334
内蒙古	Inner Mongolia	200	142002			24	108153	176	33849
山　东	Shandong	840	544000	3	430400	23	60773	814	52827
河　南	Henan	295	2578922	6	2509200	14	29480	275	40242
陕　西	Shaanxi	559	390724	5	109700	50	203395	504	77629
甘　肃	Gansu	130	806956	4	737300	12	45370	114	24286
青　海	Qinghai	140	3383398	6	3355100	7	13498	127	14800
宁　夏	Ningxia	254	282780	1	73500	31	115710	222	93569
淮河区	**Huaihe River**	**9013**	**6262671**	**58**	**4818453**	**293**	**892197**	**8662**	**552021**
江　苏	Jiangsu	411	1742685	5	1633491	18	60416	388	48778
安　徽	Anhui	2088	1754197	6	1475458	59	176490	2023	102249
山　东	Shandong	5058	1654036	34	863594	164	506647	4860	283795
河　南	Henan	1456	1111754	13	845910	52	148644	1391	117200

2-5 续表 continued

地区	Region	已建成水库 Completed Reservoirs		大型水库 Large Reservoir		中型水库 Medium Reservoir		小型水库 Small Reservoir	
		座数（座） Number (unit)	总库容（万立方米） Total Storage Capacity (10^4m^3)	座数（座） Number (unit)	总库容（万立方米） Total Storage Capacity (10^4m^3)	座数（座） Number (unit)	总库容（万立方米） Total Storage Capacity (10^4m^3)	座数（座） Number (unit)	总库容（万立方米） Total Storage Capacity (10^4m^3)
长江区	**Yangtze River**	**45618**	**25097262**	**186**	**19142599**	**1197**	**3136149**	**44235**	**2818515**
上海	Shanghai								
江苏	Jiangsu	496	148077	3	39180	24	58850	469	50047
浙江	Zhejiang	186	81417	3	48031	8	24802	175	8584
安徽	Anhui	2839	1101734	8	784735	46	144602	2785	172398
江西	Jiangxi	9824	2941128	26	1741558	240	568190	9558	631380
河南	Henan	494	262642	3	155450	24	74213	467	32979
湖北	Hubei	5866	9990003	64	8780211	258	749206	5544	460586
湖南	Hunan	11914	4256357	31	2925312	285	715180	11598	615865
广西	Guangxi	68	27217	1	10783	3	8745	64	7689
重庆	Chongqing	2852	790742	10	428297	73	190472	2769	171973
四川	Sichuan	6759	2150636	12	1479260	109	288124	6638	383252
贵州	Guizhou	1596	2445424	15	2198762	46	127627	1535	119035
云南	Yunnan	2210	453847	5	173760	68	148412	2137	131675
陕西	Shaanxi	482	379339	4	325160	8	25746	470	28433
甘肃	Gansu	32	68699	1	52100	5	11980	26	4619
青海	Qinghai								
东南诸河区	**Rivers in Southeast**	**7412**	**5797522**	**49**	**4413381**	**316**	**870752**	**7047**	**513389**
浙江	Zhejiang	4057	3907811	28	3222321	146	420210	3883	265280
安徽	Anhui								
福建	Fujian	3355	1889711	21	1191060	170	450542	3164	248109
珠江区	**Pearl River**	**15052**	**10600201**	**83**	**7454961**	**644**	**1852785**	**14325**	**1292454**
湖南	Hunan	337	44258			10	28993	327	15265
广东	Guangdong	7475	4303749	34	2832578	308	866643	7133	604528
广西	Guangxi	4281	3756716	37	2788905	183	530587	4061	437224
海南	Hainan	996	1000175	7	673458	72	219048	917	107669
贵州	Guizhou	491	1140375	2	1045560	19	57101	470	37714
云南	Yunnan	1472	354926	3	114460	52	150413	1417	90053
西南诸河区	**Rivers in Southwest**	**1986**	**668208**	**7**	**325805**	**85**	**206178**	**1894**	**136225**
云南	Yunnan	1911	539543	4	217205	79	190741.28	1828	131596
西藏	Tibet	75	128666	3	108600	6	15437	66	4629
青海	Qinghai								
西北诸河区	**Rivers in Northwest**	**796**	**1688637**	**30**	**1071141**	**149**	**484184**	**617**	**133312**
内蒙古	Inner Mongolia	47	52201	1	24800	9	19407	37	7994
甘肃	Gansu	156	156414	3	49880	21	84617	132	21917
青海	Qinghai	17	35995	1	25500	3	7096	13	3399
新疆	Xinjiang	576	1444026.7	25	970961	116	373064	435	100002

2-6 历年堤防长度、保护耕地、保护人口和达标长度

Length of Embankment and Dyke, Protected Farmland and Population, Conforming-to-Standard Embankment and Dyke by Years

年份 Year	长度（千米） Length (km)	保护耕地（千公顷） Protected Farmland (10^3hm^2)	保护人口（万人） Protected Population (10^4 person)	累计达标堤防长度（千米） Accumulated Conforming-to-Standard Embankment and Dyke (km)	#1、2级堤防 Grade-Ⅰ and Grade-Ⅱ Embankment and Dyke	新增达标堤防长度（千米） Increase of Conforming-to-Standard Embankment and Dyke (km)	主要堤防 Key Embankment & Dyke 长度（千米） Length (km)	主要堤防 Key Embankment & Dyke 保护面积（千公顷） Protected Farmland (10^3hm^2)	一般堤防 General Embankment & Dyke 长度（千米） Length (km)	一般堤防 General Embankment & Dyke 保护面积（千公顷） Protected Farmland (10^3hm^2)
1974	145447	28891					47112	21416	98335	7475
1975	149141	29245					46041	19931	103100	9315
1976	158285	32204					46370	22521	111915	9683
1977	165774	32197					43110	20990	122664	11207
1978	164585	31924					44024	21235	120561	10689
1979	168276	32086					43349	20374	124927	11712
1980	170645	33621					43257	22363	127388	11258
1981	170644	33621					43256	22363	127388	11258
1982	170645	33621					43256	22363	127389	11258
1983	175499	33882					46125	22335	129374	11547
1984	178958	35459					53046	22912	125912	12547
1985	177048	31060					53739	20714	123309	10346
1986	185045	31665					55706	21279	129339	10387
1987	200175	32205					56067	21131	144108	11073
1988	203709	32330					56267	21115	147442	11215
1989	216979	31966					56634	20785	160345	11180
1990	225770	31616					57499	20954	168271	10661
1991	237746	29507					59536	18257	178210	11251
1992	242246	29565					60112	18521	182134	11044
1993	245130	30885					61140	18639	183990	12246
1994	245876	30246					61803	18337	184073	11910
1995	246680	30609					63423	18777	183257	11833
1996	248243	32686					64706	21638	183537	11048
1997	250815	40476					65729	26982	185086	13493
1998	258600	36289					69879	24840	188721	11449
1999	266278	38575					74021	26014	192257	12561
2000	270364	39595	46586				76769	27458	193595	12137
2001	273401	40671	47939	76532	15875	8369				
2002	273786	42862	50049	82395	21181	11426				
2003	275171	43875	51304	88030	22854	5634				
2004	277305	43934	53065	94634	22679	6647				
2005	277450	44121	54174	98147	23240	3856				
2006	280850	45486	55403	106334	23609	5883				
2007	283770	45518	56487	109349	24347	4243				
2008	286896	45712	57289	112837	25309	5115				
2009	291420	46547	58978	116739	26256	4515				
2010	294104	46831	59853	121440	27865	4697				
2011	299911	42625	57216	128557	28419	7413				

2-7 2011年堤防长度、保护耕地、保护人口和达标长度（按地区分）

Length of Embankment and Dyke, Protected Farmland and Population, Conforming-to-Standard Embankment and Dyke in 2011 (by Regions)

地区	Region	长度（千米） Length (km)	保护耕地（千公顷） Protected Farmland (10^3hm^2)	保护人口（万人） Protected Population (10^4person)	累计达标堤防长度（千米） Accumulated Conforming-to-Standard Embankment and Dyke (km)	#1、2级堤防 Grade-Ⅰ and Grade-Ⅱ Embankment and Dyke	新增达标堤防长度（千米） Increase of Conforming-to-Standard Embankment and Dyke (km)	减少达标堤防长度（千米） Decrease of Conforming-to-Standard Embankment and Dyke (km)
合　计	**Total**	**299911**	**42625**	**57216**	**128557**	**28419**	**7413**	**1852**
北　京	Beijing	1004	161	318	974	364		
天　津	Tianjin	4233	391	972	992	492	5	
河　北	Hebei	22072	3301	3166	1209	833		
山　西	Shanxi	4579	408	537	1021	162	82	
内蒙古	Inner Mongolia	5852	1531	978	2267	817	64	
辽　宁	Liaoning	22271	1998	2067	9123	1386	707	143
吉　林	Jilin	8053	1299	1385	2749	1425	180	
黑龙江	Heilongjiang	12674	3054	1366	7340	303	122	27
上　海	Shanghai	3827	200	800	3827	1119	108	
江　苏	Jiangsu	52571	5688	7229	30520	5727	787	1042
浙　江	Zhejiang	14168	1697	3918	8028	1874	420	95
安　徽	Anhui	20632	2349	3571	7584	1633	447	52
福　建	Fujian	6094	331	1301	3328	258	210	55
江　西	Jiangxi	10239	772	1247	3013	487	473	
山　东	Shandong	15780	6150	6399	9800	2478	175	
河　南	Henan	17499	4597	5386	6932	1082	229	65
湖　北	Hubei	13065	1851	3179	5181	2263	360	7
湖　南	Hunan	6162	820	1975	3849	1949	250	14
广　东	Guangdong	17159	1120	3700	5958	2056	521	
广　西	Guangxi	2948	274	979	835	109	165	10
海　南	Hainan	534	41	181	242	28	21	
重　庆	Chongqing	1037	109	573	736	77	186	
四　川	Sichuan	4603	603	1613	2521	124	365	27
贵　州	Guizhou	1635	165	332	387	34	37	
云　南	Yunnan	8544	401	716	1429	29	158	4
西　藏	Tibet	868	77	183	868	128	161	
陕　西	Shaanxi	6391	524	897	1876	406	333	275
甘　肃	Gansu	4171	272	562	1938	43	457	4
青　海	Qinghai	829	126	99	311	76	142	
宁　夏	Ningxia	589	277	285	518	86	10	
新　疆	Xinjiang	9828	2039	1301	3200	571	239	33

2-8　2011 年堤防长度、保护耕地、保护人口和达标长度（按水资源分区分）

Length of Embankment and Dyke, Protected Farmland and Population, Conforming-to-Standard Embankment and Dyke in 2011 (by Water Resources Regions)

水资源一级区	Grade- Ⅰ Water Resources Region	长度（千米） Length (km)	保护耕地（千公顷） Protected Farmland (10^3hm^2)	保护人口（万人） Protected Population (10^4 person)	累计达标堤防长度（千米） Accumulated Conforming-to-Standard Embankment and Dyke (km)	#1、2 级堤防 Grade-Ⅰ and Grade-Ⅱ Embankment and Dyke	新增达标堤防长度（千米） Increase of Conforming-to-Standard Embankment and Dyke (km)	减少达标堤防长度（千米） Decrease of Conforming-to-Standard Embankment and Dyke (km)
合　计	**Total**	**299911**	**42625**	**57216**	**128557**	**28419**	**7413**	**1852**
松花江区	Songhua River	20837	4468	2949	10966	1719	325	27
辽河区	Liaohe River	26082	2649	2533	10311	2155	713	143
海河区	Haihe River	34402	8115	8465	7231	2727	32	
黄河区	Yellow River	16638	5942	6154	6018	1823	750	54
淮河区	Huaihe River	67948	12106	13563	32739	5876	786	827
长江区	Yangtze River	78140	6413	14168	38649	9613	2760	605
其中：太湖区	Among Which: Taihu Lake	17832	733	2117	14506	2530	701	93
东南诸河区	Rivers in Southeast	18157	1763	4794	9946	1563	587	150
珠江区	Pearl River	22808	1549	5164	7712	2203	789	10
西南诸河区	Rivers in Southwest	4382	248	467	1516	142	276	3
西北诸河区	Rivers in Northwest	10518	2165	1441	3469	600	394	33

2-9 2011年堤防长度、保护耕地、保护人口和达标长度（按水资源分区和地区分）

Length of Embankment and Dyke, Protected Farmland and Population, Conforming-to-Standard Embankment and Dyke in 2011 (by Water Resources Regions and Regions)

地区	Region	长度（千米）Length (km)	保护耕地（千公顷）Protected Farmland (10^3hm^2)	保护人口（万人）Protected Population (10^4person)	累计达标堤防长度（千米）Accumulated Conforming-to-Standard Embankment and Dyke (km)	#1、2级堤防 Grade-Ⅰ and Grade-Ⅱ Embankment and Dyke	新增达标堤防长度（千米）Increase of Conforming-to-Standard Embankment and Dyke (km)	减少达标堤防长度（千米）Decrease of Conforming-to-Standard Embankment and Dyke (km)
松花江区	**Songhua River**	**20837**	**4468**	**2949**	**10966**	**1719**	**325**	**27**
内蒙古	Inner Mongolia	1429	326	359	1009	118	23	
吉林	Jilin	6733	1089	1224	2617	1298	180	
黑龙江	Heilongjiang	12674	3054	1366	7340	303	122	27
辽河区	**Liaohe River**	**26082**	**2649**	**2533**	**10311**	**2155**	**713**	**143**
内蒙古	Inner Mongolia	2526	442	305	1067	642	6	
辽宁	Liaoning	22237	1997	2067	9111	1386	707	143
吉林	Jilin	1319	210	161	133	127		
海河区	**Haihe River**	**34402**	**8115**	**8465**	**7231**	**2727**	**32**	
北京	Beijing	1004	161	318	974	364		
天津	Tianjin	4233	3184	3453	992	492	5	
河北	Hebei	22072	3301	3166	1209	833		
山西	Shanxi	1366	142	200	288	85	27	
内蒙古	Inner Mongolia	11		7				
辽宁	Liaoning	35	0.08	0.09	12			
山东	Shandong	4019	1029	898	3321	699		
河南	Henan	1663	298	422	435	254		
黄河区	**Yellow River**	**16638**	**5942**	**6154**	**6018**	**1823**	**750**	**54**
山西	Shanxi	3214	266	337	734	77	55	
内蒙古	Inner Mongolia	1718	756	279	186	57	30	
山东	Shandong	1381	2313	2390	841	552	9	
河南	Henan	3846	1674	1751	809	578	33	
陕西	Shaanxi	2923	413	670	1307	387	221	52
甘肃	Gansu	2290	134	353	1371	10	292	2
青海	Qinghai	678	108	90	253	76	100	
宁夏	Ningxia	589	277	285	518	86	10	
淮河区	**Huaihe River**	**67948**	**12106**	**13563**	**32739**	**5876**	**786**	**827**
江苏	Jiangsu	37739	5014	5343	18199	3602	166	761
安徽	Anhui	8689	1765	2092	3248	797	261	
山东	Shandong	10380	2808	3111	5638	1228	167	
河南	Henan	11140	2520	3018	5654	249	192	65

2-9 续表 continued

地区	Region	长度（千米）Length (km)	保护耕地（千公顷）Protected Farmland (10^3hm^2)	保护人口（万人）Protected Population (10^4person)	累计达标堤防长度（千米）Accumulated Conforming-to-Standard Embankment and Dyke (km)	#1、2级堤防 Grade-I and Grade-II Embankment and Dyke	新增达标堤防长度（千米）Increase of Conforming-to-Standard Embankment and Dyke (km)	减少达标堤防长度（千米）Decrease of Conforming-to-Standard Embankment and Dyke (km)
长江区	**Yangtze River**	**78140**	**6413**	**14168**	**38649**	**9613**	**2760**	**605**
上海	Shanghai	3827	200	800	3827	1119	108	
江苏	Jiangsu	14832	674	1887	12321	2126	620	280
浙江	Zhejiang	2105	266	424	1410	569	42	
安徽	Anhui	11943	584	1479	4336	836	187	52
江西	Jiangxi	10239	772	1247	3013	487	473	
河南	Henan	850	105	195	33		4	
湖北	Hubei	13065	1851	3179	5181	2263	360	7
湖南	Hunan	6080	812	1954	3767	1940	195	14
广西	Guangxi	216	19	14	9		1	
重庆	Chongqing	1037	109	573	736	77	186	
四川	Sichuan	4603	603	1613	2521	124	365	27
贵州	Guizhou	1256	140	229	248	33	22	
云南	Yunnan	3111	130	239	317	16	30	1
陕西	Shaanxi	3468	111	227	569	19	112	223
甘肃	Gansu	1474	38	106	334	4	34	2
青海	Qinghai	34		0.4	25		21	
东南诸河区	**Rivers in Southeast**	**18157**	**1763**	**4794**	**9946**	**1563**	**587**	**150**
浙江	Zhejiang	12063	1432	3494	6618	1305	378	95
安徽	Anhui							
福建	Fujian	6094	331	1301	3328	258	210	55
珠江区	**Pearl River**	**22808**	**1549**	**5164**	**7712**	**2203**	**789**	**10**
湖南	Hunan	82	8	21	82	9	55	
广东	Guangdong	17159	1120	3700	5958	2056	521	
广西	Guangxi	2732	255	964	826	109	164	10
海南	Hainan	534	41	181	242	28	21	
贵州	Guizhou	379	26	103	139	1	15	
云南	Yunnan	1922	100	194	466		13	
西南诸河区	**Rivers in Southwest**	**4382**	**248**	**467**	**1516**	**142**	**276**	**3**
云南	Yunnan	3512	172	283	646	13	114	3
西藏	Tibet	868	77	183	868	128	161	
青海	Qinghai	1		0.1	1		1	
西北诸河区	**Rivers in Northwest**	**10518**	**2165**	**1441**	**3469**	**600**	**394**	**33**
内蒙古	Inner Mongolia	168	8	29	5		5	
甘肃	Gansu	407	100	102	233	29	131	
青海	Qinghai	116	18	9	32		20	
新疆	Xinjiang	9828	2039	1301	3200	571	239	33

2-10 历年水闸数量

Number of Water Gates by Years

单位：座 unit: unit

年份 Year	合计 Total	按过闸流量大小分 Classified According to Flow			按作用分 Classified According to Functions				
		大型 Large Gate	中型 Medium Gate	小型 Small Gate	分洪闸 Flood Diversion Gate	节制闸 Control Gate	排水闸 Drainage Gate	引水闸 Water Diversion Gate	挡潮闸 Tide Gate
1974	21541	196	1286	20059					
1975	20998	224	1433	19341					
1976	23036	249	1513	21274					
1977	27073	256	1607	25210					
1978	25909	266	1732	23911					
1979	25694	241	1802	23651					
1980	26656	250	1783	24623					
1981	26834	252	1837	24745					
1982	24906	253	1949	22704					
1983	24980	263	1912	22805					
1984	24862	290	1941	22631					
1985	24816	294	1957	22565					
1986	25315	299	2032	22984					
1987	26131	299	2060	23772					
1988	26319	300	2060	23959					
1989	26739	308	2086	24345					
1990	27649	316	2126	25207					
1991	29390	320	2228	26842					
1992	30571	322	2296	27953					
1993	30730	325	2676	27729					
1994	31097	320	2740	28037					
1995	31434	333	2794	28307					
1996	31427	333	2821	28273					
1997	31697	340	2836	28521					
1998	31742	353	2910	28479					
1999	32918	359	3025	29534					
2000	33702	402	3115	30185					
2001	36875	410							
2002	39144	431							
2003	39834	416							
2004	39313	413							
2005	39839	405							
2006	41209	426	3495	37288					
2007	41110	438	3531	37141	2656	11663	14288	7562	4941
2008	41626	504	4182	36940	2647	11904	14381	7686	5008
2009	42523	565	4661	37297	2672	12824	14488	7895	4644
2010	43300	567	4692	38041	2797	12951	14676	8182	4694
2011	44306	599	4767	38942	2878	13313	14937	8427	4751

2-11　2011 年水闸数量（按地区分）

Number of Water Gates in 2011 (by Regions)

单位：座　　　　unit: unit

地区	Region	合计 Total	按过闸流量大小分 Classified According to Flow			按作用分 Classified According to Functions				
			大型 Large Gate	中型 Medium Gate	小型 Small Gate	分洪闸 Flood Diversion Gate	节制闸 Control Gate	排水闸 Drainage Gate	引水闸 Water Diversion Gate	挡潮闸 Tide Gate
合 计	**Total**	**44306**	**599**	**4767**	**38942**	**2878**	**13313**	**14937**	**8427**	**4751**
北 京	Beijing	329	13	34	282	6	201	104	18	
天 津	Tianjin	467	16	45	406	20	142	163	132	10
河 北	Hebei	1602	12	206	1384	80	734	408	331	49
山 西	Shanxi	214	2	35	177	36	105	8	65	
内蒙古	Inner Mongolia	113	6	16	91	34	20	3	56	
辽 宁	Liaoning	1165	61	317	787	30	301	195	584	55
吉 林	Jilin	856	2	17	837	164	49	354	262	27
黑龙江	Heilongjiang	708	6	48	654	68	121	456	63	
上 海	Shanghai	415		63	352		364			51
江 苏	Jiangsu	3986	40	415	3531	197	2503	690	429	167
浙 江	Zhejiang	5322	13	285	5024	221	1483	1826	528	1264
安 徽	Anhui	2443	63	354	2026	287	931	1023	202	
福 建	Fujian	4029	24	215	3790	120	1039	1155	625	1090
江 西	Jiangxi	1209	30	271	908	132	330	405	342	
山 东	Shandong	1891	78	306	1507	118	1083	364	297	29
河 南	Henan	2748	28	292	2428	171	1106	1079	392	
湖 北	Hubei	3787	16	543	3228	324	634	1552	1277	
湖 南	Hunan	2331	9	74	2248	148	270	1376	537	
广 东	Guangdong	4594	91	558	3947	421	670	2404	596	503
广 西	Guangxi	2465	35	87	2343	78	41	660	188	1498
海 南	Hainan	237	2	18	217	1	39	107	82	8
重 庆	Chongqing	36	2	8	26	8	15	9	4	
四 川	Sichuan	167	9	22	136	17	67	52	31	
贵 州	Guizhou	1			1	1				
云 南	Yunnan	1542	5	158	1379	103	678	307	454	
西 藏	Tibet	82	2		80	1	3	10	68	
陕 西	Shaanxi	301	1	4	296	3	20	210	68	
甘 肃	Gansu	76	3	14	59		7	3	66	
青 海	Qinghai									
宁 夏	Ningxia	15		14	1		1		14	
新 疆	Xinjiang	1175	30	348	797	89	356	14	716	

2-12 2011 年水闸数量（按水资源分区分）

Number of Water Gates in 2011 (by Water Resources Regions)

单位：座 unit: unit

水资源一级区	Grade- Ⅰ Water Resources Region	合计 Total	按过闸流量大小分 Classified According to Flow			按作用分 Classified According to Functions				
			大型 Large Gate	中型 Medium Gate	小型 Small Gate	分洪闸 Flood Diversion Gate	节制闸 Control Gate	排水闸 Drainage Gate	引水闸 Water Diversion Gate	挡潮闸 Tide Gate
合计	**Total**	**44306**	**599**	**4767**	**38942**	**2878**	**13313**	**14937**	**8427**	**4751**
松花江区	Songhua River	1533	8	62	1463	219	166	813	308	27
辽河区	Liaohe River	1255	63	329	863	61	313	195	631	55
海河区	Haihe River	3217	62	370	2785	155	1515	776	704	67
黄河区	Yellow River	837	18	95	724	50	235	204	348	
淮河区	Huaihe River	7473	156	1037	6280	547	3527	2562	689	148
长江区	Yangtze River	12344	90	1285	10969	881	4091	4545	2735	92
其中：太湖区	Among Which: Taihu Lake	2557	5	137	2415	22	1706	630	130	69
东南诸河区	Rivers in Southeast	8176	35	476	7665	322	2001	2452	1048	2353
珠江区	Pearl River	7861	131	720	7012	525	931	3353	1043	2009
西南诸河区	Rivers in Southwest	363	3	27	333	14	168	23	158	
西北诸河区	Rivers in Northwest	1247	33	366	848	104	366	14	763	

2-13　2011年水闸数量（按水资源分区和地区分）

Number of Water Gates in 2011 (by Water Resources Regions and Regions)

单位：座　　unit: unit

地区	Region	合计 Total	按过闸流量大小分 Classified According to Flow 大型 Large Gate	中型 Medium Gate	小型 Small Gate	按作用分 Classified According to Functions 分洪闸 Flood Diversion Gate	节制闸 Control Gate	排水闸 Drainage Gate	引水闸 Water Diversion Gate	挡潮闸 Tide Gate
松花江区	**Songhua River**	**1533**	**8**	**62**	**1463**	**219**	**166**	**813**	**308**	27
内蒙古	Inner Mongolia	29		2	27	2	2	3	22	
吉　林	Jilin	796	2	12	782	149	43	354	223	27
黑龙江	Heilongjiang	708	6	48	654	68	121	456	63	
辽河区	**Liaohe River**	**1255**	**63**	**329**	**863**	**61**	**313**	**195**	**631**	**55**
内蒙古	Inner Mongolia	43	5	8	30	16	8		19	
辽　宁	Liaoning	1152	58	316	778	30	299	195	573	55
吉　林	Jilin	60		5	55	15	6		39	
海河区	**Haihe River**	**3217**	**62**	**370**	**2785**	**155**	**1515**	**776**	**704**	**67**
北　京	Beijing	329	13	34	282	6	201	104	18	
天　津	Tianjin	467	16	45	406	20	142	163	132	10
河　北	Hebei	1602	12	206	1384	80	734	408	331	49
山　西	Shanxi	63		5	58	13	11		39	
内蒙古	Inner Mongolia	5			5				5	
辽　宁	Liaoning	13	3	1	9		2		11	
山　东	Shandong	499	18	60	421	10	264	77	140	8
河　南	Henan	239		19	220	26	161	24	28	
黄河区	**Yellow River**	**837**	**18**	**95**	**724**	**50**	**235**	**204**	**348**	
山　西	Shanxi	151	2	30	119	23	94	8	26	
内蒙古	Inner Mongolia	4	1	2	1	1	2		1	
山　东	Shandong	123	12	9	102	16	4	43	60	
河　南	Henan	389	2	36	351	7	116	77	189	
陕　西	Shaanxi	130	1	4	125	3	13	73	41	
甘　肃	Gansu	25			25		5	3	17	
青　海	Qinghai									
宁　夏	Ningxia	15		14	1		1		14	
淮河区	**Huaihe River**	**7473**	**156**	**1037**	**6280**	**547**	**3527**	**2562**	**689**	**148**
江　苏	Jiangsu	2420	36	318	2066	184	1218	561	330	127
安　徽	Anhui	1669	46	245	1378	136	666	779	88	
山　东	Shandong	1269	48	237	984	92	815	244	97	21
河　南	Henan	2115	26	237	1852	135	828	978	174	

2-13 续表 continued

地区	Region	合计 Total	按过闸流量大小分 Classified According to Flow			按作用分 Classified According to Functions				
			大型 Large Gate	中型 Medium Gate	小型 Small Gate	分洪闸 Flood Diversion Gate	节制闸 Control Gate	排水闸 Drainage Gate	引水闸 Water Diversion Gate	挡潮闸 Tide Gate
长江区	**Yangtze River**	**12344**	**90**	**1285**	**10969**	**881**	**4091**	**4545**	**2735**	**92**
上 海	Shanghai	415		63	352		364			51
江 苏	Jiangsu	1566	4	97	1465	13	1285	129	99	40
浙 江	Zhejiang	1175	2	24	1149	19	521	529	105	1
安 徽	Anhui	774	17	109	648	151	265	244	114	
江 西	Jiangxi	1209	30	271	908	132	330	405	342	
河 南	Henan	5			5	3	1		1	
湖 北	Hubei	3787	16	543	3228	324	634	1552	1277	
湖 南	Hunan	2284	8	69	2207	148	270	1376	490	
广 西	Guangxi	34			34	8	10	13	3	
重 庆	Chongqing	36	2	8	26	8	15	9	4	
四 川	Sichuan	167	9	22	136	17	67	52	31	
贵 州	Guizhou									
云 南	Yunnan	710	2	79	629	58	322	99	231	
陕 西	Shaanxi	171			171		7	137	27	
甘 肃	Gansu	11			11				11	
青 海	Qinghai									
东南诸河区	**Rivers in Southeast**	**8176**	**35**	**476**	**7665**	**322**	**2001**	**2452**	**1048**	**2353**
浙 江	Zhejiang	4147	11	261	3875	202	962	1297	423	1263
安 徽	Anhui									
福 建	Fujian	4029	24	215	3790	120	1039	1155	625	1090
珠江区	**Pearl River**	**7861**	**131**	**720**	**7012**	**525**	**931**	**3353**	**1043**	**2009**
湖 南	Hunan	47	1	5	41				47	
广 东	Guangdong	4594	91	558	3947	421	670	2404	596	503
广 西	Guangxi	2431	35	87	2309	70	31	647	185	1498
海 南	Hainan	237	2	18	217	1	39	107	82	8
贵 州	Guizhou	1			1	1				
云 南	Yunnan	551	2	52	497	32	191	195	133	
西南诸河区	**Rivers in Southwest**	**363**	**3**	**27**	**333**	**14**	**168**	**23**	**158**	
云 南	Yunnan	281	1	27	253	13	165	13	90	
西 藏	Tibet	82	2		80	1	3	10	68	
青 海	Qinghai									
西北诸河区	**Rivers in Northwest**	**1247**	**33**	**366**	**848**	**104**	**366**	**14**	**763**	
内蒙古	Inner Mongolia	32		4	28	15	8		9	
甘 肃	Gansu	40	3	14	23		2		38	
青 海	Qinghai									
新 疆	Xinjiang	1175	30	348	797	89	356	14	716	

2-14 历 年 水 旱 灾 害

Flood and Drought Disasters by Years

年份 Year	洪灾 Flood Disasters							旱灾 Drought Disasters		
	受灾（千公顷） Disaster-Affected Area (10^3hm^2)	成灾（千公顷） Damaged Area (10^3hm^2)	成灾率（%） Percentage of Damaged Area (%)	受灾人口（万人） Affected Population (10^4person)	死亡人口（人） Death Toll (person)	直接经济总损失（亿元） Total Direct Economic Loss (10^8yuan)	水利设施经济损失（亿元） Economic Loss of Water Facilities (10^8yuan)	受灾（千公顷） Disaster-Affected Area (10^3hm^2)	成灾（千公顷） Damaged Area (10^3hm^2)	成灾率（%） Percentage of Damaged Area (%)
1949	9282								52	
1950	6559	4710	71.8		1982			2398	589	24.6
1951	4173	1476	35.4		7819			7829	2299	29.4
1952	2794	1547	55.4		4162			4236	2565	60.6
1953	7187	3285	45.7		3308			8616	1341	15.6
1954	16131	11305	70.1		42447			2988	560	18.7
1955	5247	3067	58.5		2718			13433	4024	30.0
1956	14377	10905	75.9		10676			3127	2051	65.6
1957	8083	6032	74.6		4415			17205	7400	43.0
1958	4279	1441	33.7		3642			22361	5031	22.5
1959	4813	1817	37.8		4540			33807	11173	33.1
1960	10155	4975	49.0		6033			38125	16177	42.4
1961	8910	5356	60.1		5074			37847	18654	49.3
1962	9810	6318	64.4		4350			20808	8691	41.8
1963	14071	10479	74.5		10441			16865	9021	53.5
1964	14933	10038	67.2		4288			4219	1423	33.7
1965	5587	2813	50.3		1906			13631	8107	59.5
1966	2508	950	37.9		1901			20015	8106	40.5
1967	2599	1407	54.1		1095			6764	3065	45.3
1968	2670	1659	62.1		1159			13294	7929	59.6
1969	5443	3265	60.0		4667			7624	3442	45.1
1970	3129	1234	39.4		2444			5723	1931	33.7
1971	3989	1481	37.1		2323			25049	5319	21.2
1972	4083	1259	30.8		1910			30699	13605	44.3
1973	6235	2577	41.3		3413			27202	3928	14.4
1974	6431	2737	42.6		1849			25553	2296	9.0
1975	6817	3467	50.9		29653			24832	5318	21.4
1976	4197	1329	31.7		1817			27492	7849	28.5
1977	9095	4989	54.9		3163			29852	7005	23.5
1978	2820	924	32.8		1796			40169	17969	44.7
1979	6775	2870	42.4		3446			24646	9316	37.8
1980	9146	5025	54.9		3705			26111	12485	47.8
1981	8625	3973	46.1		5832			25693	12134	47.2

2-14 续表 continued

年份 Year	洪灾 Flood Disasters							旱灾 Drought Disasters		
	受灾（千公顷）Disaster-Affected Area (10^3hm^2)	成灾（千公顷）Damaged Area (10^3hm^2)	成灾率（%）Percentage of Damaged Area (%)	受灾人口（万人）Affected Population (10^4person)	死亡人口（人）Death Toll (person)	直接经济总损失（亿元）Total Direct Economic Loss (10^8yuan)	水利设施经济损失（亿元）Economic Loss of Water Facilities (10^8yuan)	受灾（千公顷）Disaster-Affected Area (10^3hm^2)	成灾（千公顷）Damaged Area (10^3hm^2)	成灾率（%）Percentage of Damaged Area (%)
1982	8361	4463	53.4		5323			20697	9972	48.2
1983	12162	5747	47.3		7238			16089	7586	47.2
1984	10632	5361	50.4		3941			15819	7015	44.3
1985	14197	8949	63.0		3578			22989	10063	43.8
1986	9155	5601	61.2		2761			31042	14765	47.6
1987	8686	4104	47.2		3749			24920	13033	52.3
1988	11949	6128	51.3		4094			32904	15303	46.5
1989	11328	5917	52.2		3270			29358	15262	52.0
1990	11804	5605	47.5		3589	239		18175	7805	42.9
1991	24596	14614	59.4		5113	779		24914	10559	42.4
1992	9423	4464	47.4		3012	413		32980	17049	51.7
1993	16387	8610	52.5		3499	642		21098	8659	41.0
1994	18859	11490	60.9	21523	5340	1797		30282	17049	56.3
1995	14367	8001	55.7	20070	3852	1653		23455	10374	44.2
1996	20388	11823	58.0	25384	5840	2208		20151	6247	31.0
1997	13135	6515	49.6	18067	2799	930		33514	20010	59.7
1998	22292	13785	61.8	18655	4150	2551	287	14237	5068	35.6
1999	9605	5389	56.1	13013	1896	930	132	30153	16614	55.1
2000	9045	5396	59.7	12936	1942	712	103	40541	26777	66.0
2001	7138	4253	59.6	11087	1605	623	98	38480	23702	61.6
2002	12384	7439	60.1	15204	1819	838	166	22207	13247	59.7
2003	20366	13000	63.8	22572	1551	1301	173	24852	14470	58.2
2004	7782	4017	51.6	10673	1282	714	113	17255	7951	46.1
2005	14967	8217	54.9	20026	1660	1662	249	16028	8479	52.9
2006	10522	5592	53.2	13882	2276	1333	208	20738	13411	64.7
2007	12549	5969	47.6	17698	1230	1123	177	29386	16170	55.0
2008	8867	4537	51.2	14047	633	955	172	12137	6798	56.0
2009	8748	3796	43.4	11102	538	846	148	29259	13197	45.1
2010	17867	8728	48.9	21085	3222	3745	692	13259	8987	67.8
2011	7192	3393	47.2	8942	519	1301	210	16304	6599	40.4

2-15 2011 年水旱灾害（按地区分）

Flood and Drought Disasters in 2011 (by Regions)

地区	Region	洪灾 Flood Disasters						旱灾 Drought Disasters	
		受灾（千公顷）Disaster-Affected Area (10^3hm^2)	成灾（千公顷）Damaged Area (10^3hm^2)	受灾人口（万人）Affected Population (10^4person)	死亡人口（人）Death Toll (person)	直接经济总损失（亿元）Total Direct Economic Loss (10^8yuan)	水利设施经济损失（亿元）Economic Loss of Water Facilities (10^8yuan)	受灾（千公顷）Disaster-Affected Area (10^3hm^2)	成灾（千公顷）Damaged Area (10^3hm^2)
合 计	**Total**	**7191.5**	**3393.0**	**8941.7**	**519**	**1301.3**	**209.5**	**16304.2**	**6598.6**
北 京	Beijing	42.1	17.0	4.6	2	13.8	2.1	2.0	
天 津	Tianjin	3.8	3.8	1.1		0.8		2.8	1.7
河 北	Hebei	227.3	110.9	258.1	1	27.3	1.8	855.7	372.2
山 西	Shanxi	240.8	144.3	127.1	3	24.4	1.1	476.7	263.3
内蒙古	Inner Mongolia	387.4	221.0	133.6	18	41.9	5.1	1131.2	483.6
辽 宁	Liaoning	272.7	149.9	59.3		31.2	4.2	6.7	
吉 林	Jilin	58.1	40.1	28.7		5.5	0.7	252.0	139.6
黑龙江	Heilongjiang	234.8	155.5	53.4		7.4	0.3	703.4	291.4
上 海	Shanghai	24.2	9.2	0.4		3.5	0.1		
江 苏	Jiangsu	292.4	75.6	183.6	1	27.5	1.9	481.6	241.4
浙 江	Zhejiang	317.5	157.5	536.4	3	149.2	29.0	4.1	1.9
安 徽	Anhui	396.2	147.1	574.1	5	42.6	6.9	687.3	20.9
福 建	Fujian	58.8	32.0	107.7	16	22.0	7.5	55.6	22.6
江 西	Jiangxi	437.0	234.6	553.5	7	91.4	18.7	518.4	139.9
山 东	Shandong	335.4	171.7	355.9	10	47.5	5.9	1294.9	201.3
河 南	Henan	64.1	29.8	47.3	8	8.6	1.4	1020.4	211.3
湖 北	Hubei	891.1	253.3	1001.5	43	84.6	15.7	1205.4	408.1
湖 南	Hunan	502.7	226.2	844.6	52	57.1	13.7	1190.7	470.2
广 东	Guangdong	204.1	79.0	198.9	4	29.9	9.9	112.7	6.1
广 西	Guangxi	534.5	229.6	513.6	33	48.1	3.2	406.6	200.9
海 南	Hainan	236.6	109.7	409.4	3	77.0	6.2	33.3	8.0
重 庆	Chongqing	172.3	80.8	457.8	19	39.0	8.8	387.6	152.3
四 川	Sichuan	519.9	263.2	1498.3	89	244.5	31.6	552.8	300.2
贵 州	Guizhou	111.1	65.9	202.9	57	31.5	2.7	1822.5	1181.0
云 南	Yunnan	101.1	51.5	148.2	29	14.0	2.3	1230.5	592.3
西 藏	Tibet	4.0	1.4	11.8	5	2.4	0.4		
陕 西	Shaanxi	314.3	207.1	424.2	83	91.9	20.1	260.0	97.3
甘 肃	Gansu	102.0	74.0	152.7	11	21.2	2.9	915.6	572.6
青 海	Qinghai	20.6	0.0	12.7	3	2.5	0.7	184.7	19.1
宁 夏	Ningxia	21.8	8.7	14.9		0.9	0.4	366.7	124.0
新 疆	Xinjiang	62.6	42.8	25.6	14	12.3	4.6	142.3	75.4

2-16 历年除涝面积和治碱面积

Drainage and Saline Prevention Area by Years

单位：千公顷

unit: 10^3hm^2

年份 Year	易涝面积 Waterlogging Area	除涝面积 合计 Total Drainage Area	3～5年 3-5 Years	5年以上 More than 5 Years	盐碱耕地面积 Area of Saline and Alkaline Farmland	盐碱耕地改良面积 Improved Area of Saline and Alkaline Farmland
1974	23337.33	17370.00	7238.00	10132.00	6705.33	3652.67
1975	22080.67	16060.67	7042.67	9018.00	7062.00	3885.33
1976	22228.67	16688.67	7059.33	9629.33	7132.00	4186.00
1977	22277.33	16881.33	7219.33	9662.00	7262.00	4040.67
1978	22554.00	17281.33	7416.67	9864.67	7258.67	4131.33
1979	23218.00	17748.67	7539.33	10209.33	7302.00	4132.00
1980	23410.00	17847.33	7316.00	10531.33	7145.33	4235.33
1981	23776.67	17896.00	7174.00	10722.00	7243.33	4262.67
1982	23776.67	18092.67	7210.67	10882.00	7243.33	4265.33
1983	24066.00	18200.67	7194.67	11006.00	7357.33	4391.33
1984	24235.33	18399.33	7157.33	11242.00	7331.33	4474.00
1985	24086.67	18584.00	7217.33	11366.67	7692.00	4569.33
1986	24229.33	18760.67	7430.67	11330.00	7606.67	4623.33
1987	24337.33	18958.00	7521.33	11436.67	7636.00	4755.33
1988	24348.00	19064.00	7532.00	11532.00	7672.00	4830.00
1989	24425.33	19229.33	7566.00	11663.33	7538.67	4883.33
1990	24466.67	19336.66	7671.33	11665.33	7539.33	4995.09
1991	24424.00	19580.30	8004.00	11576.30	7617.83	5110.09
1992	24410.00	19769.76	7996.88	11772.88	7633.22	5210.21
1993		19883.48	8068.40	11815.08	7655.82	5304.62
1994		19678.55	8172.43	11506.12	7655.82	5350.83
1995		20055.64	8241.97	11813.67	7655.83	5433.91
1996		20278.74	8367.67	11911.07		5513.15
1997		20525.80	8540.54	11985.26		5612.25
1998		20680.73	8645.98	12034.75		5653.94
1999		20838.48	8878.23	11960.25		5736.82
2000		20989.70	8812.76	12176.94		5841.36
2001		21021.33	8841.33	12180.00		5750.67
2002		21097.11	8916.94	12180.17		5282.86
2003		21137.31	8918.54	12218.77		5864.59
2004		21198.00				5961.56
2005		21340.00	9272.60	12067.14		
2006		21376.31	9197.50	12178.80		
2007		21419.14	9208.24	12210.90		
2008		21424.55	9334.67	12089.87		
2009		21584.32	9370.59	12213.73		
2010		21691.74	9427.39	12264.35		
2011		21721.62	9505.51	12216.11		

2-17 2011 年除涝面积（按地区分）

Drainage Area in 2011 (by Regions)

单位：千公顷 unit: 10^3hm^2

地区	Region	除涝面积合计 Total Drainage Area				除涝面积 Drainage Area	
			3～5 年 3-5 Years	5～10 年 5-10 Years	10 年以上 More than 10 Years	新增 Newly-Increased	减少 Reduction
合 计	**Total**	**21721.62**	**9505.51**	**8398.50**	**3817.61**	**295.88**	**224.59**
北 京	Beijing	149.77			149.77		
天 津	Tianjin	376.75	107.18	206.98	62.59	0.10	0.57
河 北	Hebei	1649.72	803.60	760.33	85.79	1.08	
山 西	Shanxi	89.13	61.19	27.71	0.23		
内蒙古	Inner Mongolia	277.00	157.76	84.87	34.37		
辽 宁	Liaoning	989.12	74.77	193.75	720.60	4.93	1.06
吉 林	Jilin	1022.90	142.78	353.41	526.71	1.50	
黑龙江	Heilongjiang	3349.76	2394.94	889.70	65.12	38.23	23.37
上 海	Shanghai	56.82	9.37	8.28	39.17	1.47	
江 苏	Jiangsu	2778.25	872.06	1152.62	753.57	53.01	76.99
浙 江	Zhejiang	499.71	131.41	192.05	176.25	3.59	0.59
安 徽	Anhui	2283.40	931.81	1255.82	95.76	23.86	9.51
福 建	Fujian	134.58	84.64	41.20	8.73	6.37	1.38
江 西	Jiangxi	378.24	182.12	177.53	18.59	3.84	1.32
山 东	Shandong	2666.29	1194.37	1322.17	149.75	19.76	5.27
河 南	Henan	1973.30	1398.86	567.53	6.92	108.89	95.55
湖 北	Hubei	1219.48	253.99	521.58	443.90	6.73	6.43
湖 南	Hunan	448.83	138.26	240.71	69.86	6.41	1.80
广 东	Guangdong	519.08	58.22	93.63	367.23	4.79	0.20
广 西	Guangxi	211.40	121.65	88.65	1.10	1.82	
海 南	Hainan	20.20	16.25	1.17	2.78	2.69	
重 庆	Chongqing						
四 川	Sichuan	94.44	51.37	40.60	2.47	0.48	0.02
贵 州	Guizhou	54.81	25.97	18.06	10.77	0.81	
云 南	Yunnan	257.77	177.11	72.05	8.61	3.90	0.12
西 藏	Tibet	22.34	8.04	13.87	0.43		
陕 西	Shaanxi	131.97	75.08	51.63	5.26	1.57	0.41
甘 肃	Gansu	12.47	6.31	2.02	4.14		
青 海	Qinghai						
宁 夏	Ningxia	10.50	10.50				
新 疆	Xinjiang	43.61	15.90	20.57	7.14	0.05	

2-18 2011 年除涝面积（按水资源分区分）

Drainage Area in 2011 (by Water Resources Regions)

单位：千公顷 unit: 10^3hm^2

水资源一级区	Grade- Ⅰ Water Resources Region	除涝面积合计 Total Drainage Area	3~5 年 3-5 Years	5~10 年 5-10 Years	10 年以上 More than 10 Years	除涝面积 Drainage Area 新增 Newly-Increased	减少 Reduction
合　计	**Total**	**21721.62**	**9505.51**	**8398.50**	**3817.61**	**295.88**	**224.59**
松花江区	Songhua River	4301.31	2608.64	1167.97	524.70	39.73	23.37
辽河区	Liaohe River	1294.17	134.47	338.10	821.60	4.93	1.06
海河区	Haihe River	3222.78	1383.84	1492.44	346.50	10.25	6.23
黄河区	Yellow River	596.83	391.88	175.35	29.61	7.01	7.89
淮河区	Huaihe River	6776.55	3240.49	2981.61	554.45	140.71	137.14
长江区	Yangtze River	4131.04	1216.55	1814.37	1100.12	71.49	46.67
其中：太湖区	Among Which: Taihu Lake	548.53	56.00	150.92	341.61	11.88	9.34
东南诸河区	Rivers in Southeast	407.47	191.50	159.98	55.98	9.31	1.89
珠江区	Pearl River	837.40	244.81	217.13	375.46	9.92	0.22
西南诸河区	Rivers in Southwest	109.14	76.11	30.98	2.05	2.48	0.12
西北诸河区	Rivers in Northwest	44.94	17.23	20.57	7.14	0.05	

2-19　2011 年除涝面积（按水资源分区和地区分）

Drainage Area in 2011 (by Water Resources Regions and Regions)

单位：千公顷　　unit: 10^3hm^2

地区	Region	除涝面积合计 Total Drainage Area	3～5 年 3-5 Years	5～10 年 5-10 Years	10 年以上 More than 10 Years	除涝面积 Drainage Area 新增 Newly-Increased	除涝面积 Drainage Area 减少 Reduction
松花江区	**Songhua River**	**4301.31**	**2608.64**	**1167.97**	**524.70**	**39.73**	**23.37**
内蒙古	Inner Mongolia	106.86	89.85	17.01			
吉　林	Jilin	844.69	123.85	261.26	459.58	1.50	
黑龙江	Heilongjiang	3349.76	2394.94	889.70	65.12	38.23	23.37
辽河区	**Liaohe River**	**1294.17**	**134.47**	**338.10**	**821.60**	**4.93**	**1.06**
内蒙古	Inner Mongolia	126.84	40.77	52.20	33.87		
辽　宁	Liaoning	989.12	74.77	193.75	720.60	4.93	1.06
吉　林	Jilin	178.21	18.93	92.15	67.13		
海河区	**Haihe River**	**3222.78**	**1383.84**	**1492.44**	**346.50**	**10.25**	**6.23**
北　京	Beijing	149.77			149.77		
天　津	Tianjin	376.75	107.18	206.98	62.59	0.10	0.57
河　北	Hebei	1649.72	803.60	760.33	85.79	1.08	
山　西	Shanxi	32.48	22.68	9.57	0.23		
内蒙古	Inner Mongolia	0.91	0.91				
辽　宁	Liaoning						
山　东	Shandong	832.45	307.26	477.59	47.60	3.35	1.31
河　南	Henan	180.70	142.21	37.97	0.52	5.72	4.35
黄河区	**Yellow River**	**596.83**	**391.88**	**175.35**	**29.61**	**7.01**	**7.89**
山　西	Shanxi	56.65	38.51	18.14			
内蒙古	Inner Mongolia	42.39	26.23	15.66	0.50		
山　东	Shandong	85.42	26.29	39.24	19.89	0.44	
河　南	Henan	277.72	221.54	52.38	3.81	5.00	7.53
陕　西	Shaanxi	120.72	68.21	47.91	4.60	1.57	0.36
甘　肃	Gansu	3.43	0.60	2.02	0.81		
青　海	Qinghai						
宁　夏	Ningxia	10.50	10.50				
淮河区	**Huaihe River**	**6776.55**	**3240.49**	**2981.61**	**554.45**	**140.71**	**137.14**
江　苏	Jiangsu	1999.82	684.23	917.64	397.95	35.91	66.65
安　徽	Anhui	1737.98	810.10	856.23	71.65	8.62	1.06
山　东	Shandong	1748.42	860.82	805.34	82.26	15.97	3.96
河　南	Henan	1290.33	885.34	402.40	2.59	80.21	65.47

2-19 续表 continued

地区	Region	除涝面积合计 Total Drainage Area				除涝面积 Drainage Area	
			3～5年 3-5 Years	5～10年 5-10 Years	10年以上 More than 10 Years	新增 Newly-Increased	减少 Reduction
长江区	**Yangtze River**	**4131.04**	**1216.55**	**1814.37**	**1100.12**	**71.49**	**46.67**
上　海	Shanghai	56.82	9.37	8.28	39.17	1.47	
江　苏	Jiangsu	778.43	187.83	234.98	355.62	17.10	10.34
浙　江	Zhejiang	226.82	24.55	73.27	129.00	0.65	0.08
安　徽	Anhui	545.42	121.71	399.60	24.11	15.24	8.45
江　西	Jiangxi	378.24	182.12	177.53	18.59	3.84	1.32
河　南	Henan	224.55	149.77	74.78		17.96	18.20
湖　北	Hubei	1219.48	253.99	521.58	443.90	6.73	6.43
湖　南	Hunan	445.65	136.12	239.71	69.82	6.39	1.78
广　西	Guangxi	1.43	1.18	0.25			
重　庆	Chongqing						
四　川	Sichuan	94.44	51.37	40.60	2.47	0.48	0.02
贵　州	Guizhou	36.46	14.15	11.97	10.33	0.54	
云　南	Yunnan	104.35	73.13	28.10	3.12	1.09	
陕　西	Shaanxi	11.25	6.87	3.72	0.66		0.05
甘　肃	Gansu	7.71	4.38		3.33		
青　海	Qinghai						
东南诸河区	**Rivers in Southeast**	**407.47**	**191.50**	**159.98**	**55.98**	**9.31**	**1.89**
浙　江	Zhejiang	272.89	106.86	118.78	47.25	2.94	0.51
安　徽	Anhui						
福　建	Fujian	134.58	84.64	41.20	8.73	6.37	1.38
珠江区	**Pearl River**	**837.40**	**244.81**	**217.13**	**375.46**	**9.92**	**0.22**
湖　南	Hunan	3.18	2.14	1.00	0.04	0.02	0.02
广　东	Guangdong	519.08	58.22	93.63	367.23	4.79	0.20
广　西	Guangxi	209.97	120.47	88.40	1.10	1.82	
海　南	Hainan	20.20	16.25	1.17	2.78	2.69	
贵　州	Guizhou	18.35	11.82	6.09	0.44	0.27	
云　南	Yunnan	66.62	35.91	26.84	3.87	0.33	
西南诸河区	**Rivers in Southwest**	**109.14**	**76.11**	**30.98**	**2.05**	**2.48**	**0.12**
云　南	Yunnan	86.80	68.07	17.11	1.62	2.48	0.12
西　藏	Tibet	22.34	8.04	13.87	0.43		
青　海	Qinghai						
西北诸河区	**Rivers in Northwest**	**44.94**	**17.23**	**20.57**	**7.14**	**0.05**	
内蒙古	Inner Mongolia						
甘　肃	Gansu	1.33	1.33				
青　海	Qinghai						
新　疆	Xinjiang	43.61	15.9	20.57	7.14	0.05	

主要统计指标解释

已建成水库座数　在江河上筑坝（闸）所形成的能拦蓄水量、调节径流的蓄水区的数量。

大型水库：总库容在1亿立方米及以上。

中型水库：总库容在1000万（含1000万）～1亿立方米。

小型水库：库容在10万（含10万）～1000万立方米。

水库库容　从设计规模和统计角度规定如下。

（1）总库容：即校核水位以上的库容。包括死库容、兴利库容、防洪库容（减掉和兴利库容重复部分）之综合，称总库容。

（2）兴利库容：一般为正常高水位至死水位之间的库容。

（3）调洪库容或防洪库容：指校核洪水位与防洪限制水位（也叫汛期限制水位）之间的库容。防汛限制水位，是水库在汛期的下限水位，这个水位以上的库容在汛期专供滞蓄防洪标准内的洪水使用，洪水到来之前水库蓄水不允许超过此水位。

堤防长度　建成或基本建成的在江、河、湖、海岸边用于防洪、防潮的工程长度之总和，包括新中国成立前建成以及需要加固加高培厚的老堤防。但不包括单纯除涝河道的堤防和弃土形成的堤防，也不包括子埝和生产堤。所谓基本建成，是指按设计标准已经完成并能发挥设计效益，但还留有少量尾工的工程。

堤防保护人口　报告期堤防保护范围内的全部人口数。也就是假设河流在设计最大洪水通过时，如没有堤防或一旦堤防决口，所能淹及的最大范围内在报告期当年年末全部人口数。

堤防保护耕地面积　堤防保护范围内的耕地。即按设计最大洪水通过时，假设不修堤防的情况下，洪水所能淹及的最大范围内的耕地面积。

累计达标堤防长度　根据国家《防洪标准》（GB 50201—94）和江河防洪规划，已达到国家所认定的堤防等级的堤防长度。根据现行国家《防洪标准》规定，由于堤防保护的耕地面积和人口不同，以及城市、工矿企业、交通干线等防护对象的重要性程度不同，堤防工程的防洪标准不一样。达标堤防是指按国家标准堤防工程设计规范进行堤防工程标准设计，施工完成后达到设计规定要求的堤防。

堤防工程的级别　按防洪标准分为五个级别。堤防工程防护对象的防洪标准应按照现行国家标准《防洪标准》确定。

主要堤防　保护耕地面积在30万亩以上（包括30万亩）或保护重要工矿、企业、交通干线、国防设施、机场、主要城镇的河道堤防及海堤（海塘）。

水闸数量　水利工程中用以控制水流、水位、通航的水工建筑物的数量。关闭或开启闸门起到调节闸上、下游水位，控制泄流以达到防洪、引水、排水、通航、发电等作用。按流量划分：大型水闸指校核过闸流量1000立方米每秒及以上水闸；中型水闸指校核过闸流量100～1000立方米每秒的水闸；小型水闸指校核过闸流量10～100立方米每秒的水闸。流量不够10立方米每秒，不予统计。

分洪闸　为了保护河道下游堤防及重要城镇、工厂、矿区的安全，在河道遇到特大洪水时宣泄部分洪水进入湖泊、洼地等分洪区（或滞洪区）中，以消减洪峰，免除洪水泛滥所造成的灾害而在河岸边修的水闸。

节制闸　为控制河渠、湖泊水位，保证引水、供水要求而修建的水闸。这种闸一般是拦河、渠而修建的，又称拦河闸。

排水闸　为排除内涝积水在河道两岸修建的闸。或在分洪区（或滞洪闸）出口处设置的尾水闸、退水闸。

引水闸（渠首闸）　从河流、湖泊、水库中引水进行灌溉、发电等而在引水源口处设置的水闸，其功能主要是引水。

挡潮闸　在沿海河口附近修建的发挥排水、挡潮作用的水闸。

洪涝灾害　因降雨、融雪、冰凌、溃坝（堤）、风暴潮、热带气旋等造成的江河洪水、渍涝、山洪、滑坡和泥石流等，以及由其引发的次生灾害。

受灾面积　因洪涝灾害造成在田农作物产量损失一成（含一成）以上的播种面积（含成灾、绝收面积），同一地块的当季农作物遭受一次以上洪涝灾害时，只计其中最重的一次。

成灾面积　因洪涝灾害造成在田农作物受灾面积中，产量损失三成（含三成）以上的播种面积（含绝收面积）。

干旱灾害　因降水少、水资源短缺，对城乡居民生活、工农业生产造成直接影响的旱情，以及旱情发生后给工农业生产造成的旱灾损失。

作物受灾面积　在受旱面积中作物产量比正常年产量减产一成以上的面积。

作物成灾面积　在受旱面积中作物产量比正常年产量减产三成（含三成）以上的面积。

易涝面积　抗涝能力标准低的低洼涝耕地面积。

2003年年报开始只统计“十五”现状数，即2001年初的时点数，包括未治理的易涝耕地面积和排涝设施严重老化毁损的易涝面积。

除涝面积 通过水利工程如围埝、抽水等对易涝面积进行治理，使易涝耕地免除淹涝称除涝面积。按除涝的标准分为3～5年、5～10年和10年以上。易涝面积虽经过治理，但标准尚未达到3年一遇标准的，不作为除涝面积统计。

盐碱耕地面积 土壤中含有盐碱、影响农作物生长甚至接近不能耕种的面积。

盐碱耕地改良面积 在新、老盐碱耕地上进行水利、农业和土壤改良等措施，在正常年景使农作物出苗率达到70%以上的面积。

Explanatory Notes of Main Statistical Indicators

Number of Completed Reservoirs The number of storage area that is formed by constructing dams (gates) to detain and store water resources and regulate water flow.

Large reservoir: the total storage capacity is over 100 million m^3 (including 100 million m^3).

Medium reservoir: the total storage capacity is between 10 million m^3 (including 10 million m^3) to 100 million m^3.

Small reservoir: the total storage capacity is between 0.1 million m^3 (including 0.1 million m^3) to 10 million m^3.

Storage capacity of reservoir It is defined on the basis of design scale and statistic perspective.

1. Total storage capacity: refers to storage capacity above the check water level, total storage capacity includes dead storage capacity, usable storage capacity, and flood control storage capacity (deducting the repeating part of usable storage).

2. Usable storage capacity: refers to storage capacity between normal high water level to dead water level.

3. Flood regulation capacity or flood control storage capacity: refers to storage capacity between check floodwater level to flood limited water level (also termed limited water level in flood season). Flood limited water level is the lower limit water level of reservoir in flood season. The storage capacity above the lower limit level is only used to detain floodwater in flood season in line with flood control standard; before floodwater comes, water level of reservoirs is not allowed to exceed this limit.

Length of Embankment The total length of embankment is the sum of completed or basically completed levees or dykes along the river and lake, sea dike, polder and flood control wall etc., including old embankment built before the founding of People's Republic of China in 1949 and those need to be strengthened, heightened and thickened, but excluding embankment purely for waterlogging control and spoil dike, as well as sub-cofferdam or production dikes. Basically completed embankment refers to the project with a few works to end up, but has been completed and generated benefit according to design.

Embankment protected population Total population protected by embankment during report period. In another word, the total population inundated by flood as a maximum at the end of the year when the design maximum flood passes river courses and if no embankment or break of embankment exist.

Embankment protected farmland Cultivated land under the protection of embankment, i.e. inundated farmland of flood as a maximum if design maximum flood passes and no embankment exists.

Accumulated length of up-to-standard embankment Total length of embankment that has reached national standard, in accordance of "National Standards for Flood Control" and river flood control planning. According to the current "National Standards for Flood Control", the flood control standards of embankment are given differently in accordance with protected cultivated area and population and importance of protected target such as city, industrial and mining enterprises or key transportation lines. The up-to-standard embankment refers to those designed and constructed according to national standards, and meet the requirement of original design after completion.

Classification of embankment project Classification of embankment is divided into five categories according to flood control standards; flood control standard of protected target of embankment are determined by the current National Standards for Flood Control.

Key embankment and dyke Embankment or levees along the river or sea dikes used for protecting farmlands of above 300,000 mu (including 300,000 mu), or important pastures land, and those areas less than 300,000 mu but where have important mine, enterprise, transportation line, national defense facilities, airport and key cities and towns.

Number of Water gates The number of hydraulic structures employed for controlling flow and water level and for navigation. When the gate is open or close, water level at upper and down stream and discharge can be controlled in order to realize flood prevention, water diversion, drainage, navigation, and power generation. According to water flow, large size refers to the gate with a check flow of 1000 m^3/s or above; medium size refers to gate with a check flow of 100–1000 m^3/s, and small size refers to gate with a check flow of 10–100 m^3/s. The gate with a check flow less than 10 m^3/s is not included.

Flood diversion gates Water gates are constructed beside river banks to protect the safety of dikes, major cities, factories, mines in lower reaches, and to drain water into lakes, low ground or flood detention basins to reduce flood peaks for preventing flood disasters when severe flood happens.

Control gates Water gates are built to control water level of rivers, canals or lakes to ensure water diversion and water supply. Water control gates are also termed barrage gates.

Drainage gates Water gates are located beside river banks to drain waterlogging, or constructed in the outlets of flood detention basins (flood retarding gates) as tail locks and waste locks.

Water diversion gates (head gates) Water gates are built in water sources to divert water from rivers, lakes and reservoirs to irrigate, generate hydropower, etc., and the main purpose is to divert water.

Tide gates Water gates are located in coastal estuaries to drain water or prevent tides.

Flood & waterlogging disasters River flood, waterlogging and inland inundation, mountain flood, landslide and mudflow caused by rainfall, snow melting, river ice jam, dam failure, storm tide and tropical cyclone, as well as secondary disasters induced by them.

Affected area Cultivated area (including damaged area and no harvest area) where loss of crop yield is more than 10% (including 10%) due to flood and waterlogging disasters; The most serious damage is calculated only when crop in same land suffer from more than one flood and waterlogging disaster during the same season.

Damaged area Cultivated area (including no harvest area) where loss of crop yield is more than 30% (including 30%) due to flood and waterlogging disaster.

Drought disasters It refers to a disaster that result in direct impact on life of people, industrial and agricultural production in urban and rural areas because of shortage of precipitation and water resources.

Drought affected area It refers to drought-affected area where loss of crop yield is 10% more than normal years.

Drought damaged area It refers to drought-affected area where loss of crop yield is 30% more (including 30%) than normal years.

Waterlogging area Farmland are low-lying and in a low waterlogging control capacity. Starting from 2003 annual report, only statistic of current status in the 10th Five-Year Plan Period is included, i.e. the data of early 2001 include waterlogging-prone farmland areas without control measures or with severely damaged or aged waterlogging control facilities.

Drainage area The controlled area of prone-waterlogging farmland by waterworks such as cofferdams and water pump. The standard of waterlogging control can be divided into 3–5 years, 5–10 years and above 10 years. The area of waterlogging farmland with control measures but has not reach to the standard of once in three years return period, are excluded from waterlogging control areas.

Area of saline and alkaline farmland The area cannot be or almost cannot be cultivated because the soil contains salt and alkaline that affects the growing of crops.

Improved area of saline and alkaline farmland Percentage of seedling emergence is at and above 70% in normal years in the old or new saline and alkaline farmland through measures of water conservation, agriculture and soil improvement.

3 农业灌溉

Agricultural Irrigation

简要说明

农业灌溉统计资料主要包括农田水利设施的数量和产生的效益，分为灌溉面积、灌区、机电排灌站以及节水灌溉面积等四大类。

农业灌溉资料按水资源一级分区和地区分组。

1. 灌溉面积统计范围：已建成或基本建成的灌溉工程、水利综合利用工程、农田水利工程的灌溉面积，包括水利、农业等部门建设的灌溉面积。

2. 按有效灌溉面积达到万亩以上的统计口径调整2008年数据。

3. 节水灌溉面积只统计利用工程措施节水的面积。

4. 万亩以上灌区、机电排灌站历史资料汇总1974年至今数据；灌溉面积、农田排灌机械、机电灌溉面积历史资料汇总1949年至今数据；机电井历史资料汇总1961年至今数据。

Brief Introduction

Statistical data of agricultural irrigation mainly covers number of farm irrigation facility and benefit generation, and is divided into four types of irrigated area, irrigation district, electromechanical irrigation station and water-saving irrigated area.

The data of agricultural irrigation is grouped in accordance with Grade-Ⅰ water resources regions and regions.

1. Statistical scope of irrigated area covers irrigation areas of completed irrigation projects or almost, multiple-purpose water projects, irrigation and drainage works. The data includes the irrigated area constructed by water departments and others.

2. As effective irrigated area up to ten thousand mu, the statistics of number of irrigation district and effective irrigated area in 2008 were adjusted.

3. Water-saving irrigated area only includes those with structure measures.

4. Historical data of irrigation district with an irrigated area up to ten thousand mu and electro-mechanical drainage station are collected from 1974 until present. Data of irrigated area, farmland mechanical equipment for irrigation and drainage, electro-mechanical irrigated area are collected from 1949 until present; the data of electro-mechanical wells are collected from 1961 until present.

3-1 主 要 指 标

Key Indicators

指标名称	Item	单位	unit	2005	2006	2007	2008	2009	2010	2011
灌溉面积	Irrigated Area	千公顷	10^3hm^2	61898	62559	63413	64120	65165	66352	67743
农田有效灌溉面积	Effective Irrigated Area	千公顷	10^3hm^2	56563	57078	57782	58472	59261	60348	61682
占耕地面积	In Total Cultivated Area	%	%	43.50	43.89	47.47	48.03	48.69	49.58	50.82
林地灌溉面积	Irrigated Area of Forest Land	千公顷	10^3hm^2	1637	1562	1598	1649	1775	1822	1899
牧草灌溉面积	Irrigated Area of Grassland	千公顷	10^3hm^2	1172	1201	1225	1214	1247	1258	1265
农田有效实灌面积	Actual Irrigated Area	千公顷	10^3hm^2	47969	49024	49937	50666	51807	52589	53982
占有效灌溉面积	In Total Effective Irrigated Area	%	%	84.81	85.89	86.42	86.65	87.42	87.14	87.52
节水灌溉面积	Water-Saving Irrigated Area	千公顷	10^3hm^2	21338	22426	23489	24436	25755	27314	29179
万亩以上灌区数量	Irrigation District of 10,000 mu and above	处	unit	5860	5894	5869	5851	5844	5795	5824
其中：30万亩以上	Among Which: Irrigated Area up to 300,000 mu and above	处	unit	287	285	294	325	335	349	348
万亩以上灌区农田有效灌溉面积	Effective Irrigated Area with an Area of 10,000 mu and above	千公顷	10^3hm^2	26419	28021	28341	29440	29562	29415	29748
其中：30万亩以上	Among Which: Irrigated Area up to 300,000 mu and above	千公顷	10^3hm^2	14310	14613	14667	15401	15575	15658	15786
机电排灌面积	Irrigated and Drainage Area with Mechinical and Electrical Equipment	千公顷	10^3hm^2	37868	37563	38716	39277	40016	40751	41465
其中：机电提灌面积	Among Which: Lifting Irrigated Area	千公顷	10^3hm^2	33517	33091	34265	34659	35581	36401	37079
排灌机械保有量	Registerred Irrigation and Drainange Mechinery and Equipment	千千瓦	10^3kW	82469	85443	86684	85883	87530	87201	88237
固定机电排灌站	Fixed Irrigation and Drainage Stations	万处	10^4unit	48.99	47.33	44.35	44.62	44.65	43.53	42.33

3-2 历年万亩以上灌区数量和有效灌溉面积

Irrigation District with an Area above 10,000 mu by Years

年份 Year	合计 Total		50 万亩以上灌区 Irrigated Area up to 500,000 mu and above		30 万～50 万亩灌区 Irrigated Area from 300,000 to 500,000 mu	
	处数（处）Number (unit)	农田有效灌溉面积（千公顷）Effective Irrigated Area (10^3hm^2)	处数（处）Number (unit)	农田有效灌溉面积（千公顷）Effective Irrigated Area (10^3hm^2)	处数（处）Number (unit)	农田有效灌溉面积（千公顷）Effective Irrigated Area (10^3hm^2)
1974	5802	19035	68	5410	69	1431
1975	5133	18922	68	5323	68	1709
1976	5288	19997	69	5591	74	1809
1977	5322	20303	71	5656	74	1872
1978	5249	20227	74	5751	74	1849
1979	5227	20219	72	5793	71	1789
1980	5289	20486	66	5737	72	1817
1981	5247	20363	66	5720	71	1777
1982	5252	20578	66	5788	72	1825
1983	5288	20941	67	5941	76	1789
1984	5319	20775	71	5994	69	1738
1985	5281	20777	71	5996	66	1670
1986	5299	20869	70	5988	71	1793
1987	5343	21144	70	6014	75	1889
1988	5302	21075	71	6066	75	1877
1989	5331	21177	72	6119	78	1933
1990	5363	21231	72	6048	76	1896
1991	5665	23292	73	6169	91	2186
1992	5531	23632	74	6184	92	2270
1993	5567	24483	74	6239	92	2318
1994	5523	22353	74	6288	98	2429
1995	5562	22499	74	6314	99	2444
1996	5606	22062	75	6150	108	2665
1997	5579	22495	77	6408	115	2862
1998	5611	22747	79	6692	114	2769
1999	5648	23580	90	7632	123	3093
2000	5683	24493	101	7883	141	3440
2001	5686	24766	108	8617	169	4054
2002	5691	25030	110	9158	168	4072
2003	5729	25244	112	9381	169	4084
2004	5800	25506	111	9714	169	4057
2005	5860	26419	117	10230	170	4080
2006	5894	28021	119	10520	166	4092
2007	5869	28341	120	10519	174	4148
2008	5851	29440	120	10768	205	4633
2009	5844	29562	125	10828	210	4747
2010	5795	29415	131	10918	218	4740
2011	5824	29748	129	10990	219	4796

3-3 2011年万亩以上灌区数量和有效灌溉面积（按地区分）

Irrigation District with an Area above 10,000 mu in 2011 (by Regions)

地区	Region	合计 Total		50万亩以上灌区 Irrigated Area up to 500,000 mu and above		30万～50万亩灌区 Irrigated Area from 300,000 to 500,000 mu	
		处数（处）Number (unit)	农田有效灌溉面积（千公顷）Effective Irrigated Area (10^3hm^2)	处数（处）Number (unit)	农田有效灌溉面积（千公顷）Effective Irrigated Area (10^3hm^2)	处数（处）Number (unit)	农田有效灌溉面积（千公顷）Effective Irrigated Area (10^3hm^2)
合　计	**Total**	**5824**	**29748**	**129**	**10990**	**219**	**4796**
北　京	Beijing	28	237			4	128
天　津	Tianjin	63	197			1	28
河　北	Hebei	139	1247	5	431	15	338
山　西	Shanxi	176	751	2	140	7	178
内蒙古	Inner Mongolia	160	1317	7	837	7	168
辽　宁	Liaoning	70	503	4	174	6	149
吉　林	Jilin	138	389	1	42	2	42
黑龙江	Heilongjiang	233	709	1	78	2	55
上　海	Shanghai	1	44	1	44		
江　苏	Jiangsu	218	1719	5	212	30	659
浙　江	Zhejiang	187	745	3	144	8	180
安　徽	Anhui	359	1872	9	1184	3	68
福　建	Fujian	174	350	1	35		
江　西	Jiangxi	307	730	2	87	10	153
山　东	Shandong	411	3009	16	1474	16	382
河　南	Henan	202	1802	12	936	10	242
湖　北	Hubei	381	2131	11	647	21	419
湖　南	Hunan	348	1135	3	141	11	224
广　东	Guangdong	329	861	2	151	1	20
广　西	Guangxi	276	667			7	125
海　南	Hainan	53	223	1	75		
重　庆	Chongqing	78	186	1	34		
四　川	Sichuan	299	1496	5	799	3	27
贵　州	Guizhou	69	90				
云　南	Yunnan	172	640	1	43	11	250
西　藏	Tibet	60	129			1	25
陕　西	Shaanxi	181	1007	7	615	3	64
甘　肃	Gansu	189	962	3	146	12	272
青　海	Qinghai	61	140	1	36		
宁　夏	Ningxia	23	399	3	328	1	30
新　疆	Xinjiang	439	4061	22	2157	27	569

3-4 2011年万亩以上灌区数量和有效灌溉面积（按水资源分区分）

Irrigation District with an Area above 10,000 mu in 2011 (by Water Resources Regions)

水资源一级区	Grade-I Water Resources Region	合计 Total		50万亩以上灌区 Irrigated Area up to 500,000 mu and above		30万～50万亩灌区 Irrigated Area from 300,000 to 500,000 mu	
		处数（处）Number (unit)	农田有效灌溉面积（千公顷）Effective Irrigated Area (10^3hm^2)	处数（处）Number (unit)	农田有效灌溉面积（千公顷）Effective Irrigated Area (10^3hm^2)	处数（处）Number (unit)	农田有效灌溉面积（千公顷）Effective Irrigated Area (10^3hm^2)
合 计	**Total**	**5824**	**29748**	**129**	**10990**	**219**	**4796**
松花江区	Songhua River	386	1114	2	120	4	97
辽河区	Liaohe River	163	921	6	264	11	264
海河区	Haihe River	406	3513	17	1642	26	632
黄河区	Yellow River	588	3653	22	2070	15	367
淮河区	Huaihe River	736	5074	20	1880	43	991
长江区	Yangtze River	1816	7314	30	2316	59	1133
其中：太湖区	Among Which: Taihu Lake	28	135	1	44	1	23
东南诸河区	Rivers in Southeast	341	1050	4	179	8	180
珠江区	Pearl River	723	1957	4	268	10	199
西南诸河区	Rivers in Southwest	136	371			4	92
西北诸河区	Rivers in Northwest	529	4782	24	2251	39	841

3-5 2011 年万亩以上灌区数量和有效灌溉面积（按水资源分区和地区分）

Irrigation District with an Area above 10,000 mu in 2011 (by Water Resources Regions and Regions)

地区	Region	合计 Total		50 万亩以上灌区 Irrigated Area up to 500,000 mu and above		30 万～50 万亩灌区 Irrigated Area from 300,000 to 500,000 mu	
		处数（处） Number (unit)	农田有效灌溉面积（千公顷） Effective Irrigated Area (10^3hm^2)	处数（处） Number (unit)	农田有效灌溉面积（千公顷） Effective Irrigated Area (10^3hm^2)	处数（处） Number (unit)	农田有效灌溉面积（千公顷） Effective Irrigated Area (10^3hm^2)
松花江区	**Songhua River**	**386**	**1114**	**2**	**120**	**4**	**97**
内蒙古	Inner Mongolia	28	54				
吉　林	Jilin	125	351	1	42	2	42
黑龙江	Heilongjiang	233	709	1	78	2	55
辽河区	**Liaohe River**	**163**	**921**	**6**	**264**	**11**	**264**
内蒙古	Inner Mongolia	80	380	2	90	5	115
辽　宁	Liaoning	70	503	4	174	6	149
吉　林	Jilin	13	38				
海河区	**Haihe River**	**406**	**3513**	**17**	**1642**	**26**	**632**
北　京	Beijing	28	237			4	128
天　津	Tianjin	63	197			1	28
河　北	Hebei	139	1247	5	431	15	338
山　西	Shanxi	82	228			2	40
内蒙古	Inner Mongolia	1	1				
辽　宁	Liaoning						
山　东	Shandong	64	1322	10	1088	2	43
河　南	Henan	29	281	2	123	2	55
黄河区	**Yellow River**	**588**	**3653**	**22**	**2070**	**15**	**367**
山　西	Shanxi	94	523	2	140	5	139
内蒙古	Inner Mongolia	44	835	4	707	2	53
山　东	Shandong	41	133			1	15
河　南	Henan	71	424	3	151	4	94
陕　西	Shaanxi	150	913	7	615	2	37
甘　肃	Gansu	119	324	2	92		
青　海	Qinghai	46	102	1	36		
宁　夏	Ningxia	23	399	3	328	1	30
淮河区	**Huaihe River**	**736**	**5074**	**20**	**1880**	**43**	**991**
江　苏	Jiangsu	172	1469	5	212	24	531
安　徽	Anhui	182	1175	4	786	2	44
山　东	Shandong	306	1554	6	386	13	324
河　南	Henan	76	876	5	496	4	93

3-5 续表 continued

地区	Region	合计 Total		50 万亩以上灌区 Irrigated Area up to 500,000 mu and above		30 万～50 万亩灌区 Irrigated Area from 300,000 to 500,000 mu	
		处数（处）Number (unit)	农田有效灌溉面积（千公顷）Effective Irrigated Area (10^3hm^2)	处数（处）Number (unit)	农田有效灌溉面积（千公顷）Effective Irrigated Area (10^3hm^2)	处数（处）Number (unit)	农田有效灌溉面积（千公顷）Effective Irrigated Area (10^3hm^2)
长江区	**Yangtze River**	**1816**	**7314**	**30**	**2316**	**59**	**1133**
上 海	Shanghai	1	44	1	44		
江 苏	Jiangsu	46	250			6	128
浙 江	Zhejiang	20	44				
安 徽	Anhui	177	698	5	398	1	24
江 西	Jiangxi	307	730	2	87	10	153
河 南	Henan	26	221	2	167		
湖 北	Hubei	381	2131	11	647	21	419
湖 南	Hunan	340	1115	3	141	11	224
广 西	Guangxi	6	14				
重 庆	Chongqing	78	186	1	34		
四 川	Sichuan	299	1496	5	799	3	27
贵 州	Guizhou	43	58				
云 南	Yunnan	59	230			6	130
陕 西	Shaanxi	31	94			1	28
甘 肃	Gansu	2	3				
青 海	Qinghai						
东南诸河区	**Rivers in Southeast**	**341**	**1050**	**4**	**179**	**8**	**180**
浙 江	Zhejiang	167	700	3	144	8	180
安 徽	Anhui						
福 建	Fujian	174	350	1	35		
珠江区	**Pearl River**	**723**	**1957**	**4**	**268**	**10**	**199**
湖 南	Hunan	8	20				
广 东	Guangdong	329	861	2	151	1	20
广 西	Guangxi	270	652			7	125
海 南	Hainan	53	223	1	75		
贵 州	Guizhou	26	32				
云 南	Yunnan	37	169	1	43	2	53
西南诸河区	**Rivers in Southwest**	**136**	**371**			**4**	**92**
云 南	Yunnan	76	242			3	67
西 藏	Tibet	60	129			1	25
青 海	Qinghai						
西北诸河区	**Rivers in Northwest**	**529**	**4782**	**24**	**2251**	**39**	**841**
内蒙古	Inner Mongolia	7	47	1	40		
甘 肃	Gansu	68	636	1	54	12	272
青 海	Qinghai	15	38				
新 疆	Xinjiang	439	4061	22	2157	27	569

3-6 历年机电排灌站处数和装机容量

Installed Capacity of Mechanical and Electrical Irrigation and Drainage Stations by Years

年份 Year	机电排灌站装机容量（千千瓦）Installed Capacity of Mechanical and Electrical Irrigation and Drainage Stations (10^3kW)	固定机电排灌站 Fixed Irrigation and Drainage Stations				流动机装机容量（千千瓦）Installed Capacity of Mobile Equipment (10^3kW)	喷滴灌装机容量（千千瓦）Installed Capacity of Sprinkler and Drip (10^3kW)
		处数（处）Number (unit)	机械 Mechanical	电力 Electrical	装机容量（千千瓦）Installed Capacity (10^3kW)		
1976		384349	151489	232860	12730		
1977		405472	162486	242986	13933		
1978		415898	160142	255756	15028		
1979		431730	155529	276201	16494		
1980		524426	234029	290397	17976		
1981		472299	175243	297056	18043		
1982		470819	166225	304594	18566		
1983		475350	159120	316230	19055		
1984		478130	151055	327075	19249		
1985		462269	133519	328750	19148		
1986		455616	122806	332810	19182		
1987		462100	115602	346498	19558		
1988		461085	107156	353929	19854		
1989		465377			19978		
1990		473680			20065		
1991		481566			23213		
1992		493599			22200		
1993		493501			21142		
1994		494349			21086		
1995		495700			21061		
1996		498063			21418		
1997		502861			21530		
1998		503805			21797		
1999		513883			21987		
2000	41570	506067			21798	17837	1934
2001	46670	516743			23510	20891	2269
2002	43604	507397			22881	18170	2553
2003	43039	502165			21988	18316	2735
2004	43748	494172			21912	19016	2820
2005	43599	489921			22176	18515	2908
2006	44726	473349			24531	20196	
2007	45789	443504			23953	18590	3247
2008	44378	446151			22327	18379	3671
2009	45174	446494			24474	16688	4011
2010	43987	435320			23305	16734	3947
2011	44030	423335			23111	16628	4291

注 2006 年流动机装机容量包含了喷滴灌装机容量。

Note The installed capacity of mobile equipment includes the installed capacity of sprinklers and drips in 2006.

3-7　2011 年机电排灌站处数和装机容量（按地区分）

Installed Capacity of Mechanical and Electrical Irrigation and Drainage Stations in 2011 (by Regions)

地区	Region	机电排灌站装机容量（千千瓦）Installed Capacity of Mechanical and Electrical Irrigation and Drainage Stations (10^3kW)	固定机电排灌站 Fixed Irrigation and Drainage Stations		流动机装机容量（千千瓦）Installed Capacity of Mobile Equipment (10^3kW)	喷滴灌装机容量（千千瓦）Installed Capacity of Sprinkler and Drip (10^3kW)
			处数（处）Number (unit)	装机容量（千千瓦）Installed Capacity (10^3kW)		
合　计	**Total**	**44030**	**423335**	**23111**	**16628**	**4291**
北　京	Beijing	156	1686	90	2	64
天　津	Tianjin	1072	1900	424	639	9
河　北	Hebei	862	3665	418	306	137
山　西	Shanxi	635	8817	551	12	72
内蒙古	Inner Mongolia	772	1769	212	4	555
辽　宁	Liaoning	990	5767	556	244	190
吉　林	Jilin	394	4500	264	51	79
黑龙江	Heilongjiang	1249	4346	316	161	772
上　海	Shanghai	114	5880	95	13	5
江　苏	Jiangsu	4598	69112	3421	1098	79
浙　江	Zhejiang	1232	58923	950	240	42
安　徽	Anhui	3822	15901	1723	1972	127
福　建	Fujian	434	8057	335	28	70
江　西	Jiangxi	1311	26649	879	430	2
山　东	Shandong	9924	29911	1423	7976	525
河　南	Henan	1335	8615	426	516	392
湖　北	Hubei	3164	15743	2072	978	115
湖　南	Hunan	2937	35884	2200	719	18
广　东	Guangdong	1617	21773	1430	177	11
广　西	Guangxi	764	20328	489	249	26
海　南	Hainan	24	1028	21	3	0.3
重　庆	Chongqing	452	7260	287	165	0.02
四　川	Sichuan	1492	29684	1074	358	59
贵　州	Guizhou	292	3671	178	113	0.5
云　南	Yunnan	864	12166	756	92	16
西　藏	Tibet	2	14	2		
陕　西	Shaanxi	691	10606	666	15	10
甘　肃	Gansu	1188	7148	1164	10	14
青　海	Qinghai	95	1008	93		2
宁　夏	Ningxia	502	885	494	4	4.6
新　疆	Xinjiang	1045	639	99	52	894

3-8 2011年机电排灌站处数和装机容量（按水资源分区分）

Installed Capacity of Mechanical and Electrical Irrigation and Drainage Stations in 2011 (by Water Resources Regions)

水资源一级区	Grade-I Water Resources Region	机电排灌站装机容量（千千瓦） Installed Capacity of Mechanical and Electrical Irrigation and Drainage Stations (10^3kW)	固定机电排灌站 Fixed Irrigation and Drainage Stations		流动机装机容量（千千瓦） Installed Capacity of Mobile Equipment (10^3kW)	喷滴灌装机容量（千千瓦） Installed Capacity of Sprinkler and Drip (10^3kW)
			处数（处） Number (unit)	装机容量（千千瓦） Installed Capacity (10^3kW)		
合　计	**Total**	**44030**	**423335**	**23111**	**16628**	**4291**
松花江区	Songhua River	1796	8532	574	189	1034
辽河区	Liaohe River	1201	6589	599	270	333
海河区	Haihe River	6771	14370	1313	5124	334
黄河区	Yellow River	3967	32206	3201	578	188
淮河区	Huaihe River	10847	71573	4008	5877	961
长江区	Yangtze River	13134	197243	9107	3750	277
其中：太湖区	Among Which: Taihu Lake	1339	48952	1155	157	27
东南诸河区	Rivers in Southeast	1214	40300	844	260	110
珠江区	Pearl River	3850	50482	3280	517	53
西南诸河区	Rivers in Southwest	90	1207	80	10	0.4
西北诸河区	Rivers in Northwest	1159	833	106	52	1001

3-9 2011 年机电排灌站处数和装机容量（按水资源分区和地区分）

Installed Capacity of Mechanical and Electrical Irrigation and Drainage Stations in 2011 (by Water Resources Regions and Regions)

地区	Region	机电排灌站装机容量（千千瓦）Installed Capacity of Mechanical and Electrical Irrigation and Drainage Stations (10^3kW)	固定机电排灌站 Fixed Irrigation and Drainage Stations		流动机装机容量（千千瓦）Installed Capacity of Mobile Equipment (10^3kW)	喷滴灌装机容量（千千瓦）Installed Capacity of Sprinkler and Drip (10^3kW)
			处数（处）Number (unit)	装机容量（千千瓦）Installed Capacity (10^3kW)		
松花江区	**Songhua River**	**1796**	**8532**	**574**	**189**	**1034**
内蒙古	Inner Mongolia	197	41	9	1	187
吉　林	Jilin	351	4145	249	28	74
黑龙江	Heilongjiang	1249	4346	316	161	772
辽河区	**Liaohe River**	**1201**	**6589**	**599**	**270**	**333**
内蒙古	Inner Mongolia	171	493	29	3	139
辽　宁	Liaoning	988	5741	555	244	189
吉　林	Jilin	43	355	15	23	5
海河区	**Haihe River**	**6771**	**14370**	**1313**	**5124**	**334**
北　京	Beijing	156	1686	90	2	64
天　津	Tianjin	1072	1900	424	639	9
河　北	Hebei	862	3665	418	306	137
山　西	Shanxi	146	2883	124		22
内蒙古	Inner Mongolia	44	21	0.4		44
辽　宁	Liaoning	2	26	1		1
山　东	Shandong	4372	2108	173	4151	47
河　南	Henan	116	2081	81	25	10
黄河区	**Yellow River**	**3967**	**32206**	**3201**	**578**	**188**
山　西	Shanxi	489	5934	427	12	51
内蒙古	Inner Mongolia	252	1185	173	1	78
山　东	Shandong	466	6544	174	282	10
河　南	Henan	395	2615	114	258	24
陕　西	Shaanxi	622	7937	601	13	8
甘　肃	Gansu	1147	6122	1126	10	11
青　海	Qinghai	93	984	92		2
宁　夏	Ningxia	502	885	494	4	5
淮河区	**Huaihe River**	**10847**	**71573**	**4008**	**5877**	**961**
江　苏	Jiangsu	2616	38266	1994	587	36
安　徽	Anhui	2406	8765	744	1539	123
山　东	Shandong	5086	21259	1075	3543	467
河　南	Henan	739	3283	195	209	335

3-9 续表 continued

地区	Region	机电排灌站装机容量（千千瓦）Installed Capacity of Mechanical and Electrical Irrigation and Drainage Stations (10^3kW)	固定机电排灌站 Fixed Irrigation and Drainage Stations		流动机装机容量（千千瓦）Installed Capacity of Mobile Equipment (10^3kW)	喷滴灌装机容量（千千瓦）Installed Capacity of Sprinkler and Drip (10^3kW)
			处数（处）Number (unit)	装机容量（千千瓦）Installed Capacity (10^3kW)		
长江区	**Yangtze River**	**13134**	**197243**	**9107**	**3750**	**277**
上　海	Shanghai	114	5880	95	13	5
江　苏	Jiangsu	1982	30846	1427	511	44
浙　江	Zhejiang	451	26680	442	8	2
安　徽	Anhui	1416	7136	980	433	3
江　西	Jiangxi	1311	26649	879	430	2
河　南	Henan	84	636	36	25	23
湖　北	Hubei	3164	15743	2072	978	115
湖　南	Hunan	2069	35715	1347	704	17
广　西	Guangxi	15	331	8	6	0.36
重　庆	Chongqing	452	7260	287	165	0.02
四　川	Sichuan	1492	29684	1074	358	59
贵　州	Guizhou	200	2252	128	71	1
云　南	Yunnan	278	4878	234	44	
陕　西	Shaanxi	69	2669	65	2	2
甘　肃	Gansu	37	884	34	0.12	3
青　海	Qinghai					
东南诸河区	**Rivers in Southeast**	**1214**	**40300**	**844**	**260**	**110**
浙　江	Zhejiang	781	32243	509	232	40
安　徽	Anhui					
福　建	Fujian	434	8057	335	28	70
珠江区	**Pearl River**	**3850**	**50482**	**3280**	**517**	**53**
湖　南	Hunan	868	169	853	15	0.2
广　东	Guangdong	1617	21773	1430	177	11
广　西	Guangxi	750	19997	481	243	26
海　南	Hainan	24	1028	21	3	0.27
贵　州	Guizhou	93	1419	51	42	
云　南	Yunnan	498	6096	445	37	16
西南诸河区	**Rivers in Southwest**	**90**	**1207**	**80**	**10**	**0.39**
云　南	Yunnan	88	1192	78	10	0.39
西　藏	Tibet	2	14	2		
青　海	Qinghai	0.08	1	0.08		
西北诸河区	**Rivers in Northwest**	**1159**	**833**	**106**	**52**	**1001**
内蒙古	Inner Mongolia	108	29	0.49		107
甘　肃	Gansu	4	142	4		
青　海	Qinghai	2	23	2		0.05
新　疆	Xinjiang	1045	639	99	52	894

3-10 历年农田排灌机械保有量和装机容量

Registered Mechanical Equipment for Irrigation and Drainage by Years

单位：千千瓦 unit: 10^3kW

年份 Year	排灌机械保有量合计 Total Registered Machinery and Equipment for Irrigation and Drainage	#电动机 Motor	占保有量比重（%） Percentage in Total Registered (%)	配套机电井装机容量 Installed Capacity of Counterpart Wells	机电排灌站装机容量 Installed Capacity of Irrigation and Drainage Stations	#固定机电排灌站 Fixed Irrigation and Drainage Stations
1950	77					
1951	84					
1952	94					
1953	104					
1954	121					
1955	153					
1956	282					
1957	415	71	17			
1958	886					
1959	2299	383				
1960	3540	624				
1961	3948	1016				
1962	4521	1648	36			
1963	5101	2164				
1964	5579	2675				
1965	6674	3259	49			
1970	13421					
1971	14598	6299				
1972	18126	10218				
1973	25442	12867				
1974	28894	14798				
1975	34810	17064	49	15765		11285
1976	39850	19824	49	18200		12730
1977	42920	21084	49	18453		13933
1978	47224	24200	51	20732		15028
1979	51329	25988	51	20616		16494
1980	53840	27355	51	20740		17976
1981	54548	28563	52	21228		18043
1982	55618	29894	54	21907		18566
1983	57923	31731	55	22814		19055
1984	59575	32942	55	22857		19249
1985	59414	33192	56	23151		19148
1986	59793	34059	57	22774		19182
1987	62422	35459	57	23706		19558
1988	64367	36424	57	25378		19854
1989	66354	37400	56	25932		19978
1990	68055	38311	56	26594		20065
1991	70485	39907	57	26451		23213
1992	65968	39895	60	27257		22200
1993	65845	39806	60	27648		21142
1994	66905	40706	61	27988		21086
1995	68241	41764	61	29001		21061
1996	70196	43034	61	30468		21418
1997	72686			32215		21530
1998	75594			33606		21797
1999	77009			35242		21987
2000	77477			35908	41570	21798
2001	87999			41329	46670	23510
2002	81295			37692	43604	22881
2003	80780			37741	43039	21988
2004	82159			38411	43748	21912
2005	82469			38871	43599	22176
2006	85443			40718	44726	24531
2007	86684			40894	45789	23953
2008	85883			41505	44378	22327
2009	87530			42356	45174	24474
2010	87201			43215	43987	23305
2011	88237			44207	44030	23111

3-11　2011 年农田排灌机械保有量和装机容量（按地区分）

Registered Mechanical Equipment for Irrigation and Drainage in 2011 (by Regions)

单位：千千瓦　　unit:10^3kW

地区	Region	排灌机械保有量 Registered Mechanical Equipment for Irrigation and Drainage	配套机电井装机容量 Installed Capacity of Counterpart Wells	机电排灌站装机容量 Installed Capacity of Irrigation and Drainage Stations
合　计	**Total**	**87787**	**43757**	**44030**
北　京	Beijing	516	360	156
天　津	Tianjin	1348	276	1072
河　北	Hebei	9286	8424	862
山　西	Shanxi	1805	1170	635
内蒙古	Inner Mongolia	4233	3462	772
辽　宁	Liaoning	2530	1540	990
吉　林	Jilin	1540	1146	394
黑龙江	Heilongjiang	4108	2859	1249
上　海	Shanghai	114		114
江　苏	Jiangsu	4844	246	4598
浙　江	Zhejiang	1247	15	1232
安　徽	Anhui	4905	1083	3822
福　建	Fujian	656	222	434
江　西	Jiangxi	1350	39	1311
山　东	Shandong	18461	8537	9924
河　南	Henan	10601	9266	1335
湖　北	Hubei	3588	423	3164
湖　南	Hunan	2994	57	2937
广　东	Guangdong	1705	88	1617
广　西	Guangxi	793	29	764
海　南	Hainan	27	3	24
重　庆	Chongqing	452		452
四　川	Sichuan	1612	120	1492
贵　州	Guizhou	302	10	292
云　南	Yunnan	916	52	864
西　藏	Tibet	11	9	2
陕　西	Shaanxi	1937	1245	691
甘　肃	Gansu	1984	796	1188
青　海	Qinghai	114	18	95
宁　夏	Ningxia	586	84	502
新　疆	Xinjiang	3224	2179	1045

3-12　2011 年农田排灌机械保有量和装机容量（按水资源分区分）

Registered Mechanical Equipment for Irrigation and Drainage in 2011 (by Water Resources Regions)

单位：千千瓦　　unit: 10^3kW

水资源一级区	Grade-I Water Resources Region	排灌机械保有量 Registered Mechanical Equipment for Irrigation and Drainage	配套机电井装机容量 Installed Capacity of Counterpart Wells	机电排灌站装机容量 Installed Capacity of Irrigation and Drainage Stations
合　计	**Total**	**87787**	**43757**	**44030**
松花江区	Songhua River	6475	4679	1796
辽河区	Liaohe River	4291	3090	1201
海河区	Haihe River	19473	12702	6771
黄河区	Yellow River	9118	5151	3967
淮河区	Huaihe River	24257	13410	10847
长江区	Yangtze River	14466	1331	13134
其中：太湖区	Among Which: Taihu Lake	1346	7	1339
东南诸河区	Rivers in Southeast	1451	236	1214
珠江区	Pearl River	3987	137	3850
西南诸河区	Rivers in Southwest	115	25	90
西北诸河区	Rivers in Northwest	4155	2996	1159

3-13 2011年农田排灌机械保有量和装机容量（按水资源分区和地区分）

Registered Mechanical Equipment for Irrigation and Drainage in 2011 (by Water Resources Regions and Regions)

单位：千千瓦 unit: 10^3kW

地区	Region	排灌机械保有量 Registered Mechanical Equipment for Irrigation and Drainage	配套机电井装机容量 Installed Capacity of Counterpart Wells	机电排灌站装机容量 Installed Capacity of Irrigation and Drainage Stations
松花江区	**Songhua River**	**6475**	**4679**	**1796**
内蒙古	Inner Mongolia	1021	824	197
吉 林	Jilin	1346	995	351
黑龙江	Heilongjiang	4108	2859	1249
辽河区	**Liaohe River**	**4291**	**3090**	**1201**
内蒙古	Inner Mongolia	1590	1419	171
辽 宁	Liaoning	2507	1520	988
吉 林	Jilin	194	151	43
海河区	**Haihe River**	**19473**	**12702**	**6771**
北 京	Beijing	516	360	156
天 津	Tianjin	1348	276	1072
河 北	Hebei	9286	8424	862
山 西	Shanxi	487	341	146
内蒙古	Inner Mongolia	142	98	44
辽 宁	Liaoning	22	20	2
山 东	Shandong	6422	2050	4372
河 南	Henan	1249	1132	116
黄河区	**Yellow River**	**9118**	**5151**	**3967**
山 西	Shanxi	1318	829	489
内蒙古	Inner Mongolia	1144	891	252
山 东	Shandong	1204	738	466
河 南	Henan	1643	1248	395
陕 西	Shaanxi	1784	1162	622
甘 肃	Gansu	1334	187	1147
青 海	Qinghai	106	12	93
宁 夏	Ningxia	586	84	502
淮河区	**Huaihe River**	**24257**	**13410**	**10847**
江 苏	Jiangsu	2854	238	2616
安 徽	Anhui	3482	1076	2406
山 东	Shandong	10835	5749	5086
河 南	Henan	7086	6347	739

3-13 续表 continued

地区	Region	排灌机械 保有量 Registered Mechanical Equipment for Irrigation and Drainage	配套机电井 装机容量 Installed Capacity of Counterpart Wells	机电排灌站 装机容量 Installed Capacity of Irrigation and Drainage Stations
长江区	**Yangtze River**	**14466**	**1331**	**13134**
上 海	Shanghai	114		114
江 苏	Jiangsu	1990	8	1982
浙 江	Zhejiang	452	1	451
安 徽	Anhui	1423	7	1416
江 西	Jiangxi	1350	39	1311
河 南	Henan	623	539	84
湖 北	Hubei	3588	423	3164
湖 南	Hunan	2126	57	2069
广 西	Guangxi	15		15
重 庆	Chongqing	452		452
四 川	Sichuan	1612	120	1492
贵 州	Guizhou	208	8	200
云 南	Yunnan	298	20	278
陕 西	Shaanxi	153	84	69
甘 肃	Gansu	62	25	37
青 海	Qinghai	0.02	0.02	
东南诸河区	**Rivers in Southeast**	**1451**	**236**	**1214**
浙 江	Zhejiang	795	14	781
安 徽	Anhui			
福 建	Fujian	656	222	434
珠江区	**Pearl River**	**3987**	**137**	**3850**
湖 南	Hunan	868		868
广 东	Guangdong	1705	88	1617
广 西	Guangxi	778	29	750
海 南	Hainan	27	3	24
贵 州	Guizhou	94	1	93
云 南	Yunnan	514	15	498
西南诸河区	**Rivers in Southwest**	**115**	**25**	**90**
云 南	Yunnan	104	16	88
西 藏	Tibet	11	9	2
青 海	Qinghai	0.08		0.08
西北诸河区	**Rivers in Northwest**	**4155**	**2996**	**1159**
内蒙古	Inner Mongolia	336	228	108
甘 肃	Gansu	587	583	4
青 海	Qinghai	8	6	2
新 疆	Xinjiang	3224	2179	1045

3-14 历年机电井眼数和装机容量

Mechanical and Electrical Wells by Years

年份 Year	机电井眼数（万眼） Number of Mechanical and Electrical Wells (10^4unit)	#灌溉机电井 Mechanical and Electrical Wells for Irrigation	配套机电井眼数（万眼） Number of Counterpart Mechanical and Electrical Wells (10^4unit)	#灌溉机电井 Mechanical and Electrical Wells for Irrigation	配套机电井装机容量（千千瓦） Installed Capacity of Counterpart Mechanical and Electrical Wells (10^3kW)	#灌溉机电井 Mechanical and Electrical Wells for Irrigation
1963		11.27				
1964		13.83		10.51		
1965		19.42		19.42		
1966		22.84		15.26		
1969		74.87		43.41		
1970		91.89		62.70		
1971		113.31		80.67		
1972		134.91		100.76		
1973		170.02		130.35		
1974		194.62		157.09		
1975		217.46		181.75		15765
1976		240.73		203.32		18200
1977		254.59		210.88		18463
1978		265.87		221.83		20732
1979		273.25		229.37		20616
1980		269.10		229.06		20740
1981		266.47		229.77		21228
1982		271.46		234.31		21901
1983		278.12		241.30		22814
1984		279.86		240.31		22857
1985		277.00		237.04		23151
1986		276.65		236.39		22774
1987		282.31		243.02		23706
1988		291.83		251.90		25378
1989		305.47		263.29		25932
1990		314.92		273.11		26594
1991		324.64		283.27		26451
1992		335.39		294.58		27257
1993		342.48		302.16		27648
1994		345.59		306.30		27988
1995		355.91		316.98		29001
1996		373.00		332.55		30468
1997		399.84		355.07		32215
1998		417.88		371.75		33606
1999		434.06		386.67		35242
2000		444.81		398.96		35908
2001		454.66		409.23		41329
2002		465.57		418.35		37692
2003		470.94		422.43		37741
2004		475.58		426.24		38411
2005		478.57		428.20		38871
2006		485.85		436.53		40718
2007	511.80	484.90	461.39	438.84	46286	40894
2008	522.58	488.74	474.12	443.86	46571	41505
2009	529.31	493.82	482.56	450.80	49859	42356
2010	533.71	501.21	487.20	458.18	51446	43215
2011	541.38	507.90	494.83	464.94	54048	43757

注　2006 年以前（含 2006 年）只统计灌溉机电井，2007 年以后还包括供水机电井。

Note　The statistics of mechanical and electrical wells are for irrigation only before 2006 (including 2006), and that also include wells for water supply after 2007.

3-15　2011 年机电井眼数和装机容量（按地区分）

Mechanical and Electrical Wells in 2011 (by Regions)

地区	Region	机电井眼数（眼）Number of Mechanical and Electrical Wells (unit)	#灌溉机电井 Mechanical and Electrical Wells for Irrigation	配套机电井眼数（眼）Number of Counterpart Mechanical and Electric Wells (unit)	#灌溉机电井 Mechanical and Electrical Wells for Irrigation	配套机电井装机容量（千千瓦）Installed Capacity of Counterpart Mechanical and Electric Wells (10^3kW)	#灌溉机电井 Mechanical and Electrical Wells for Irrigation
合　计	**Total**	**5413830**	**5078959**	**4948271**	**4649397**	**54048**	**43757**
北　京	Beijing	47754	34326	45610	34045	582	360
天　津	Tianjin	33473	24808	31926	24226	470	276
河　北	Hebei	983695	925444	957167	900614	9292	8424
山　西	Shanxi	100739	88029	93942	82286	3553	1170
内蒙古	Inner Mongolia	437413	409294	401460	375622	3844	3462
辽　宁	Liaoning	154352	146291	146211	138829	1917	1540
吉　林	Jilin	175569	145726	143878	130227	1402	1146
黑龙江	Heilongjiang	348465	290218	340802	284367	3492	2859
上　海	Shanghai	269		269		8	
江　苏	Jiangsu	43934	37825	35330	27187	313	246
浙　江	Zhejiang	2065	1996	1898	1826	18	15
安　徽	Anhui	213414	211093	141329	139553	1667	1083
福　建	Fujian	22333	18494	13760	10993	332	222
江　西	Jiangxi	5404	5404	5350	5350	55	39
山　东	Shandong	1100812	1094627	950539	945894	8603	8537
河　南	Henan	1304574	1284627	1230117	1212978	9964	9266
湖　北	Hubei	15905	12488	15125	11767	1530	423
湖　南	Hunan	9033	8186	6566	5496	211	57
广　东	Guangdong	30952	27205	26470	26315	504	88
广　西	Guangxi	7381	3421	6604	2642	99	29
海　南	Hainan	878	791	452	416	9	3
重　庆	Chongqing	46480		45597		70	
四　川	Sichuan	23700	13818	22870	13376	707	120
贵　州	Guizhou	454	265	371	253	57	10
云　南	Yunnan	3476	3253	3280	3072	273	52
西　藏	Tibet	401	378	401	378	29	9
陕　西	Shaanxi	167581	166106	154494	153123	1300	1245
甘　肃	Gansu	50197	46854	45601	42607	1270	796
青　海	Qinghai	1379	1379	1339	1339	18	18
宁　夏	Ningxia	7976	7711	7747	7596	87	84
新　疆	Xinjiang	73772	68902	71766	67020	2371	2179

3-16　2011 年机电井眼数和装机容量（按水资源分区分）

Mechanical and Electrical Wells in 2011 (by Water Resources Regions)

水资源一级区	Grade-I Water Resources Region	机电井眼数（眼）Number of Mechanical and Electrical Wells (unit)	#灌溉机电井 Mechanical and Electrical Wells for Irrigation	配套机电井眼数（眼）Number of Counterpart Mechanical and Electric Wells (unit)	#灌溉机电井 Mechanical and Electrical Wells for Irrigation	配套机电井装机容量（千千瓦）Installed Capacity of Counterpart Mechanical and Electric Wells (10^3kW)	#灌溉机电井 Mechanical and Electrical Wells for Irrigation
合　计	**Total**	**5413830**	**5078959**	**4948271**	**4649397**	**54048**	**43757**
松花江区	Songhua River	624152	532517	568977	494840	5644	4679
辽河区	Liaohe River	321009	303375	305799	289740	3554	3090
海河区	Haihe River	1536985	1446939	1454284	1371878	14126	12702
黄河区	Yellow River	594957	571214	554147	533884	7881	5151
淮河区	Huaihe River	1910789	1893600	1679885	1661130	14653	13410
长江区	Yangtze River	220516	151432	198001	130936	3415	1331
其中：太湖区	Among Which: Taihu Lake	1836	965	1279	870	12	7
东南诸河区	Rivers in Southeast	24268	20360	15528	12689	350	236
珠江区	Pearl River	40135	32216	34431	30169	795	137
西南诸河区	Rivers in Southwest	1406	1347	1294	1248	101	25
西北诸河区	Rivers in Northwest	139613	125959	135925	122883	3529	2996

3-17 2011年机电井眼数和装机容量（按水资源分区和地区分）

Mechanical and Electrical Wells in 2011 (by Water Resources Regions and Regions)

地区	Region	机电井眼数（眼）Number of Mechanical and Electrical Wells (unit)	#灌溉机电井 Mechanical and Electrical Wells for Irrigation	配套机电井眼数（眼）Number of Counterpart Mechanical and Electric Wells (unit)	#灌溉机电井 Mechanical and Electrical Wells for Irrigation	配套机电井装机容量（千千瓦）Installed Capacity of Counterpart Mechanical and Electric Wells (10^3kW)	#灌溉机电井 Mechanical and Electrical Wells for Irrigation
松花江区	**Songhua River**	**624152**	**532517**	**568977**	**494840**	**5644**	**4679**
内蒙古	Inner Mongolia	115188	110095	99257	93768	910	824
吉 林	Jilin	160499	132204	128918	116705	1243	995
黑龙江	Heilongjiang	348465	290218	340802	284367	3492	2859
辽河区	**Liaohe River**	**321009**	**303375**	**305799**	**289740**	**3554**	**3090**
内蒙古	Inner Mongolia	153386	145361	146276	139037	1498	1419
辽 宁	Liaoning	152553	144492	144563	137181	1896	1520
吉 林	Jilin	15070	13522	14960	13522	160	151
海河区	**Haihe River**	**1536985**	**1446939**	**1454284**	**1371878**	**14126**	**12702**
北 京	Beijing	47754	34326	45610	34045	582	360
天 津	Tianjin	33473	24808	31926	24226	470	276
河 北	Hebei	983695	925444	957167	900614	9292	8424
山 西	Shanxi	34619	31081	33192	29780	404	341
内蒙古	Inner Mongolia	10368	9253	10210	9229	115	98
辽 宁	Liaoning	1799	1799	1648	1648	20	20
山 东	Shandong	263202	262695	220493	219986	2060	2050
河 南	Henan	162075	157533	154038	152350	1182	1132
黄河区	**Yellow River**	**594957**	**571214**	**554147**	**533884**	**7881**	**5151**
山 西	Shanxi	66120	56948	60750	52506	3149	829
内蒙古	Inner Mongolia	127556	120229	116137	110150	991	891
山 东	Shandong	69587	69547	62202	62162	738	738
河 南	Henan	162172	157423	152937	149111	1298	1248
陕 西	Shaanxi	150998	149544	143934	142608	1199	1162
甘 肃	Gansu	9587	8851	9500	8811	408	187
青 海	Qinghai	961	961	940	940	12	12
宁 夏	Ningxia	7976	7711	7747	7596	87	84
淮河区	**Huaihe River**	**1910789**	**1893600**	**1679885**	**1661130**	**14653**	**13410**
江 苏	Jiangsu	41477	37417	32889	26788	287	238
安 徽	Anhui	210285	209259	139127	138105	1658	1076
山 东	Shandong	768023	762385	667844	663746	5805	5749
河 南	Henan	891004	884539	840025	832491	6904	6347

3-17 续表 continued

地区	Region	机电井眼数（眼）Number of Mechanical and Electrical Wells (unit)	#灌溉机电井 Mechanical and Electrical Wells for Irrigation	配套机电井眼数（眼）Number of Counterpart Mechanical and Electric Wells (unit)	#灌溉机电井 Mechanical and Electrical Wells for Irrigation	配套机电井装机容量（千千瓦）Installed Capacity of Counterpart Mechanical and Electric Wells (10^3kW)	#灌溉机电井 Mechanical and Electrical Wells for Irrigation
长江区	**Yangtze River**	**220516**	**151432**	**198001**	**130936**	**3415**	**1331**
上 海	Shanghai	269		269		8	
江 苏	Jiangsu	2457	408	2441	399	27	8
浙 江	Zhejiang	130	130	130	130	1	1
安 徽	Anhui	3129	1834	2202	1448	9	7
江 西	Jiangxi	5404	5404	5350	5350	55	39
河 南	Henan	89323	85132	83117	79026	580	539
湖 北	Hubei	15905	12488	15125	11767	1530	423
湖 南	Hunan	9033	8186	6566	5496	211	57
广 西	Guangxi	111		111		1	
重 庆	Chongqing	46480		45597		70	
四 川	Sichuan	23700	13818	22870	13376	707	120
贵 州	Guizhou	319	249	255	237	55	8
云 南	Yunnan	1571	1501	1487	1422	20	20
陕 西	Shaanxi	16583	16562	10560	10515	102	84
甘 肃	Gansu	6101	5719	1920	1769	40	25
青 海	Qinghai	1	1	1	1	0.02	0.02
东南诸河区	**Rivers in Southeast**	**24268**	**20360**	**15528**	**12689**	**350**	**236**
浙 江	Zhejiang	1935	1866	1768	1696	17	14
安 徽	Anhui						
福 建	Fujian	22333	18494	13760	10993	332	222
珠江区	**Pearl River**	**40135**	**32216**	**34431**	**30169**	**795**	**137**
湖 南	Hunan						
广 东	Guangdong	30952	27205	26470	26315	504	88
广 西	Guangxi	7270	3421	6493	2642	98	29
海 南	Hainan	878	791	452	416	9	3
贵 州	Guizhou	135	16	116	16	2	1
云 南	Yunnan	900	783	900	780	181	15
西南诸河区	**Rivers in Southwest**	**1406**	**1347**	**1294**	**1248**	**101**	**25**
云 南	Yunnan	1005	969	893	870	72	16
西 藏	Tibet	401	378	401	378	29	9
青 海	Qinghai						
西北诸河区	**Rivers in Northwest**	**139613**	**125959**	**135925**	**122883**	**3529**	**2996**
内蒙古	Inner Mongolia	30915	24356	29580	23438	330	228
甘 肃	Gansu	34509	32284	34181	32027	822	583
青 海	Qinghai	417	417	398	398	6	6
新 疆	Xinjiang	73772	68902	71766	67020	2371	2179

3-18 历年灌溉面积

Irrigated Area by Years

单位：千公顷　　　　unit: 10^3hm^2

年份 Year	灌溉面积 总计 Total Irrigated Area						农田有效实灌面积 Actual Irrigated Area	旱涝保收面积 Harvest Area Guaranteed in Case of Flood and Drought
		农田有效灌溉面积 Effective Irrigated Area	林地 Forestry	果园 Fruit Garden	牧草 Pasture Land	其他 Others		
1950		16706.7						
1951		18541.3						
1952		19335.3						
1953		22250.7						
1954		23222.7						
1955		24609.3						
1957		25004.7						
1962		28696.7						
1965		32036.0						
1972		40642.0						
1973		43810.7						
1974		45707.3						
1975		46120.7					39281.3	
1976		45463.3					40825.3	
1977		48186.7					40559.3	
1978		48053.3					41714.7	
1979		48318.7					41663.3	
1980		48888.0					39906.0	
1981		48600.0					39656.7	
1982		48663.3					40177.3	
1983		48546.0					39383.3	
1984		48400.0					39933.3	
1985		47932.7					38671.3	
1986		47872.7					39938.0	
1987		47966.7					39861.3	33349.3
1988		47980.7					41188.7	33570.7
1989		48337.3					40695.3	33994.0
1990		48389.3					41437.3	34365.3
1991		48951.3					42884.0	34720.0
1992		49464.0					43501.3	35374.0
1993		49839.3					42914.0	35631.3
1994		49938.0					43610.7	36140.0
1995		50412.7					44102.0	36636.0
1996		51160.7					44768.7	37187.3
1997		52268.7					46187.3	38102.0
1998		53400.0					47036.0	38760.7
1999		54366.0					47709.3	39375.3
2000	59341.6	55013.2	1072.8	1601.3	1001.3	653.0	47965.2	40164.3
2001	60025.4	55517.0	1136.5	1665.7	1035.9	670.1	48398.4	40532.2
2002	60753.1	55857.9	1252.0	1759.6	1194.9	660.9	48434.6	40594.9
2003	61056.1	55900.6	1468.2	1835.1	1186.7	665.5	47383.2	40852.5
2004	61511.2	56252.1	1573.3	1862.5	1185.0	638.3	47783.9	40740.6
2005	61897.9	56562.4	1636.6	1861.0	1172.0	672.5	47968.7	41337.7
2006	62559.1	57078.4	1562.1	1988.6	1201.2	728.8	49024.5	41335.0
2007	63413.5	57782.4	1598.4	2039.4	1225.5	767.8	49936.9	41745.7
2008	64119.7	58471.7	1648.9	2065.0	1214.4	719.7	50665.5	42024.9
2009	65164.6	59261. 5	1774.7	2088.6	1246.9	793.0	51806.6	42358.2
2010	66352.3	60347.7	1821.9	2151.4	1257.6	773.7	52589.0	42871.5
2011	67742.9	61681.6	1899.2	2178.2	1264.7	719.2	53982.2	43383.4

3-19 历年人均农田有效灌溉面积和机电灌溉占有效灌溉比重

Effective Irrigated Area Owned Per Capita and Proportion of Mechanical & Electrical Irrigated Area by Years

年份 Year	人均有效灌溉面积（亩每人） Per Capita Effective Irrigated Area (mu/person)		机电排灌面积占有效灌溉面积的比重（%） The Proportion of Total Mechanical and Electrical Irrigated Area of Effective Irrigated Area (%)
	按总人口 Based on Total Population	按乡村人口 Based on Total Rural Population	
1950	0.45	0.54	
1951	0.49	0.58	
1952	0.50	0.59	1.6
1953	0.57	0.67	
1954	0.58	0.68	
1955	0.60	0.71	
1957	0.58	0.69	4.8
1962	0.64	0.77	
1965	0.66	0.80	25.3
1972	0.70	0.83	
1973	0.74	0.87	
1974	0.76	0.89	
1975	0.75	0.89	51.8
1976	0.79	0.93	
1977	0.76	0.90	
1978	0.75	0.89	52.7
1979	0.74	0.89	54.4
1980	0.74	0.90	54.1
1982	0.72	0.87	54.1
1983	0.71	0.87	54.3
1984	0.70	0.87	54.1
1985	0.69	0.86	54.9
1986	0.68	0.80	55.0
1987	0.67	0.84	55.7
1988	0.66	0.83	55.8
1989	0.66	0.83	55.9
1990	0.63	0.81	56.3
1991	0.64	0.82	56.1
1992	0.64	0.82	57.4
1993	0.63	0.83	57.3
1994	0.63	0.83	57.4
1995	0.62	0.82	57.7
1996	0.63	0.83	58.2
1997	0.63	0.86	58.6
1998	0.64	0.88	59.1
1999	0.65	0.86	59.2
2000	0.65	0.87	59.3
2001	0.65	0.89	59.4
2002	0.66	0.90	59.5
2003	0.65	0.89	59.6
2004	0.65	0.90	58.4
2005	0.65	0.89	66.9
2006	0.65	0.90	65.8
2007	0.66	1.19	67.0
2008	0.66	1.22	67.2
2009	0.67	1.25	67.5
2010	0.68	1.34	67.5
2011	0.69	1.41	67.2

3-20 2011 年灌溉面积（按地区分）

Irrigated Area in 2011 (by Regions)

单位：千公顷　　unit: 10^3hm^2

地区	Region	灌溉面积 总计 Total Irrigated Area						农田有效实灌面积 Actual Irrigated Area	旱涝保收面积 Harvest Area Guaranteed in Case of Flood and Drought
			农田有效灌溉面积 Effective Irrigated Area	林地 Forestry	果园 Fruit Garden	牧草 Pasture Land	其他 Others		
合　计	**Total**	**67742.87**	**61681.56**	**1899.18**	**2178.23**	**1264.70**	**719.20**	**53982.17**	**43383.37**
北　京	Beijing	331.48	209.33	37.10	75.63	1.74	7.68	190.80	187.93
天　津	Tianjin	373.55	338.00	12.44	16.83		6.28	288.23	224.89
河　北	Hebei	5011.03	4596.61	111.81	285.23	10.61	6.78	4197.53	3659.75
山　西	Shanxi	1351.54	1319.85	17.08	13.77	0.24	0.60	1212.05	749.96
内蒙古	Inner Mongolia	3843.68	3072.39	189.00	10.15	562.91	9.23	2378.26	1542.51
辽　宁	Liaoning	1758.02	1588.38	8.72	92.18	1.87	66.87	1233.63	1042.28
吉　林	Jilin	1831.70	1807.52	4.17	1.17	6.67	12.17	1281.16	1116.22
黑龙江	Heilongjiang	4341.74	4332.65	2.48	3.19	2.23	1.19	3751.27	2337.44
上　海	Shanghai	317.76	199.61	97.25	20.90			199.61	190.44
江　苏	Jiangsu	4060.59	3817.92	143.25	67.59	5.37	26.47	3501.26	3048.27
浙　江	Zhejiang	1565.92	1456.80	21.91	63.96	1.14	22.11	1407.76	1098.29
安　徽	Anhui	3581.91	3547.65	10.20	22.02		2.04	3168.02	2643.60
福　建	Fujian	1015.03	967.48	9.35	23.82	0.77	13.62	890.12	670.87
江　西	Jiangxi	1936.17	1867.67	14.06	37.48		16.96	1822.34	1508.26
山　东	Shandong	5564.29	4986.88	161.63	346.13	10.60	59.06	4327.76	3645.76
河　南	Henan	5245.71	5150.44	34.87	50.85	0.09	9.46	4694.04	4099.93
湖　北	Hubei	2615.26	2455.69	27.80	45.14	4.95	81.68	2209.28	1791.18
湖　南	Hunan	2849.76	2762.41	31.09	37.36	0.44	18.46	2581.04	2265.51
广　东	Guangdong	2287.62	1873.16	60.64	115.53		238.29	1695.38	1410.67
广　西	Guangxi	1554.96	1529.24	4.83	15.44	2.27	3.18	1217.23	1167.63
海　南	Hainan	253.67	247.51	1.54	3.93		0.69	189.47	147.05
重　庆	Chongqing	692.88	692.88					459.56	349.55
四　川	Sichuan	2666.70	2600.75	12.35	24.43	25.57	3.60	2120.49	1772.94
贵　州	Guizhou	1206.41	1201.19		0.25		4.97	747.91	659.31
云　南	Yunnan	1713.65	1634.24	19.37	44.93	5.80	9.31	1358.37	935.44
西　藏	Tibet	419.37	245.31	32.50	2.23	136.60	2.72	245.26	9.22
陕　西	Shaanxi	1414.29	1274.34	8.76	114.23	3.36	13.60	1061.95	812.83
甘　肃	Gansu	1450.12	1291.82	112.01	23.13	23.16		1077.09	1002.79
青　海	Qinghai	372.98	251.67	19.88	0.88	100.55		205.61	151.54
宁　夏	Ningxia	550.30	477.59	21.81	26.96	9.35	14.59	451.41	398.80
新　疆	Xinjiang	5564.77	3884.57	671.28	592.91	348.41	67.59	3818.27	2742.51

3-21 2011年灌溉面积（按水资源分区分）

Irrigated Area in 2011 (by Water Resources Regions)

单位：千公顷 unit: 10^3hm^2

水资源一级区	Grade- Ⅰ Water Resources Region	灌溉面积 总计 Total Irrigated Area	农田有效灌溉面积 Effective Irrigated Area	林地 Forestry	果园 Fruit Garden	牧草 Pasture Land	其他 Others	农田有效实灌面积 Actual Irrigated Area	旱涝保收面积 Harvest Area Guaranteed in Case of Flood and Drought
合 计	**Total**	**67742.87**	**61681.56**	**1899.18**	**2178.23**	**1264.70**	**719.20**	**53982.17**	**43383.37**
松花江区	Songhua River	6543.26	6463.13	6.70	4.43	55.67	13.33	5249.59	3587.95
辽河区	Liaohe River	3324.59	2889.87	75.65	89.83	201.81	67.43	2200.56	1615.59
海河区	Haihe River	8388.42	7616.59	248.15	452.12	36.07	35.49	6970.96	5839.91
黄河区	Yellow River	6083.88	5389.19	216.54	202.55	236.48	39.12	4684.56	3675.39
淮河区	Huaihe River	12034.70	11454.90	176.78	337.02	3.84	62.16	10080.59	8647.59
长江区	Yangtze River	16398.98	15707.15	275.49	232.89	38.83	144.61	13772.07	11650.95
其中：太湖区	Among Which: Taihu Lake	1301.02	1110.99	132.81	47.87	0.02	9.34	1056.79	1018.35
东南诸河区	Rivers in Southeast	2203.42	2053.64	29.45	83.41	1.91	35.02	1938.11	1435.77
珠江区	Pearl River	4827.03	4363.90	68.84	143.53	3.07	247.69	3620.07	3130.28
西南诸河区	Rivers in Southwest	1206.67	1000.82	38.24	21.78	139.05	6.76	892.39	443.09
西北诸河区	Rivers in Northwest	6731.93	4742.36	763.33	610.67	547.97	67.59	4573.26	3356.84

3-22 2011 年灌溉面积（按水资源分区和地区分）

Irrigated Area in 2011 (by Water Resources Regions and Regions)

单位：千公顷　　　　unit: 10^3hm^2

地区	Region	灌溉面积 总计 Total Irrigated Area	农田有效灌溉面积 Effective Irrigated Area	林地 Forestry	果园 Fruit Garden	牧草 Pasture Land	其他 Others	农田有效实灌面积 Actual Irrigated Area	旱涝保收面积 Harvest Area Guaranteed in Case of Flood and Drought
松花江区	**Songhua River**	**6543.26**	**6463.13**	**6.70**	**4.43**	**55.67**	**13.33**	**5249.59**	**3587.95**
内蒙古	Inner Mongolia	569.85	522.49	0.38	0.07	46.91		312.40	260.73
吉　林	Jilin	1631.67	1607.99	3.84	1.17	6.53	12.14	1185.92	989.78
黑龙江	Heilongjiang	4341.74	4332.65	2.48	3.19	2.23	1.19	3751.27	2337.44
辽河区	**Liaohe River**	**3324.59**	**2889.87**	**75.65**	**89.83**	**201.81**	**67.43**	**2200.56**	**1615.59**
内蒙古	Inner Mongolia	1383.91	1116.11	66.77	0.70	199.80	0.53	879.42	451.6
辽　宁	Liaoning	1740.65	1574.23	8.55	89.13	1.87	66.87	1225.90	1037.55
吉　林	Jilin	200.03	199.53	0.33		0.14	0.03	95.24	126.44
海河区	**Haihe River**	**8388.42**	**7616.59**	**248.15**	**452.12**	**36.07**	**35.49**	**6970.96**	**5839.91**
北　京	Beijing	331.48	209.33	37.10	75.63	1.74	7.68	190.80	187.93
天　津	Tianjin	373.55	338.00	12.44	16.83		6.28	288.23	224.89
河　北	Hebei	5011.03	4596.61	111.81	285.23	10.61	6.78	4197.53	3659.75
山　西	Shanxi	469.61	457.52	7.41	4.29	0.13	0.26	408.46	282.65
内蒙古	Inner Mongolia	102.89	88.91	0.57	0.01	13.40		65.69	22.95
辽　宁	Liaoning	17.37	14.15	0.17	3.05			7.73	4.73
山　东	Shandong	1468.42	1323.92	69.86	50.41	10.19	14.04	1253.00	957.44
河　南	Henan	614.06	588.15	8.79	16.67		0.45	559.51	499.57
黄河区	**Yellow River**	**6083.88**	**5389.19**	**216.54**	**202.55**	**236.48**	**39.12**	**4684.56**	**3675.39**
山　西	Shanxi	881.93	862.33	9.67	9.48	0.11	0.34	803.59	467.31
内蒙古	Inner Mongolia	1515.21	1211.98	112.98	9.02	172.53	8.7	1044.92	776.1
山　东	Shandong	371.03	336.38	7.39	21.78	0.07	5.41	298.87	228.33
河　南	Henan	743.59	710.83	10.46	20.38	0.09	1.83	650.73	595.10
陕　西	Shaanxi	1183.65	1057.16	6.52	108.36	3.36	8.25	890.24	679.96
甘　肃	Gansu	587.47	541.91	30.16	5.69	9.71		392.46	401.66
青　海	Qinghai	250.70	191.01	17.55	0.88	41.26		152.34	128.13
宁　夏	Ningxia	550.30	477.59	21.81	26.96	9.35	14.59	451.41	398.80
淮河区	**Huaihe River**	**12034.70**	**11454.90**	**176.78**	**337.02**	**3.84**	**62.16**	**10080.59**	**8647.59**
江　苏	Jiangsu	2692.50	2568.91	75.33	29.34	3.50	15.42	2340.97	2000.07
安　徽	Anhui	2223.13	2195.91	4.67	21.14		1.4	1887.29	1530.88
山　东	Shandong	3724.84	3326.58	84.38	273.94	0.34	39.61	2775.89	2459.99
河　南	Henan	3394.24	3363.51	12.40	12.60		5.73	3076.45	2656.67

3-22 续表 continued

地区	Region	灌溉面积 总计 Total Irrigated Area	农田有效灌溉面积 Effective Irrigated Area	林地 Forestry	果园 Fruit Garden	牧草 Pasture Land	其他 Others	农田有效实灌面积 Actual Irrigated Area	旱涝保收面积 Harvest Area Guaranteed in Case of Flood and Drought
长江区	**Yangtze River**	**16398.98**	**15707.15**	**275.49**	**232.89**	**38.83**	**144.61**	**13772.07**	**11650.95**
上 海	Shanghai	317.76	199.61	97.25	20.90			199.61	190.44
江 苏	Jiangsu	1368.10	1249.02	67.92	38.25	1.87	11.05	1160.29	1048.21
浙 江	Zhejiang	377.53	370.64	1.81	4.37		0.71	359.77	333.39
安 徽	Anhui	1358.78	1351.74	5.53	0.87		0.64	1280.74	1112.73
江 西	Jiangxi	1936.17	1867.67	14.06	37.48		16.96	1822.34	1508.26
河 南	Henan	493.82	487.95	3.22	1.20		1.45	407.34	348.59
湖 北	Hubei	2615.26	2455.69	27.80	45.14	4.95	81.68	2209.28	1791.175
湖 南	Hunan	2791.54	2706.25	30.99	35.47	0.40	18.43	2526.23	2221.45
广 西	Guangxi	38.22	37.95		0.27			33.94	30.47
重 庆	Chongqing	692.88	692.88					459.56	349.55
四 川	Sichuan	2666.70	2600.75	12.35	24.43	25.57	3.6	2120.49	1772.94
贵 州	Guizhou	865.24	865.23		0.01			537.66	490.31
云 南	Yunnan	560.77	520.83	11.93	18.60	4.67	4.74	424.50	279.226
陕 西	Shaanxi	230.65	217.19	2.24	5.87		5.35	171.71	132.87
甘 肃	Gansu	81.97	81.54	0.40	0.03			57.15	41.35
青 海	Qinghai	3.59	2.22			1.37		1.47	
东南诸河区	**Rivers in Southeast**	**2203.42**	**2053.64**	**29.45**	**83.41**	**1.91**	**35.02**	**1938.11**	**1435.77**
浙 江	Zhejiang	1188.39	1086.16	20.10	59.59	1.14	21.40	1047.98	764.90
安 徽	Anhui								
福 建	Fujian	1015.03	967.48	9.35	23.82	0.77	13.62	890.12	670.87
珠江区	**Pearl River**	**4827.03**	**4363.90**	**68.84**	**143.53**	**3.07**	**247.69**	**3620.07**	**3130.28**
湖 南	Hunan	58.22	56.16	0.10	1.89	0.04	0.03	54.81	44.06
广 东	Guangdong	2287.62	1873.16	60.64	115.53		238.29	1695.38	1410.67
广 西	Guangxi	1516.74	1491.29	4.83	15.17	2.27	3.18	1183.29	1137.16
海 南	Hainan	253.67	247.51	1.54	3.93		0.69	189.47	147.05
贵 州	Guizhou	341.17	335.96		0.24		4.97	210.26	169.00
云 南	Yunnan	369.61	359.82	1.73	6.77	0.76	0.53	286.86	222.34
西南诸河区	**Rivers in Southwest**	**1206.67**	**1000.82**	**38.24**	**21.78**	**139.05**	**6.76**	**892.39**	**443.09**
云 南	Yunnan	783.27	753.59	5.71	19.55	0.37	4.04	647.01	433.87
西 藏	Tibet	419.37	245.31	32.50	2.23	136.60	2.72	245.26	9.22
青 海	Qinghai	4.03	1.92	0.03		2.08		0.12	
西北诸河区	**Rivers in Northwest**	**6731.93**	**4742.36**	**763.33**	**610.67**	**547.97**	**67.59**	**4573.26**	**3356.84**
内蒙古	Inner Mongolia	271.82	132.90	8.30	0.35	130.27		75.83	31.13
甘 肃	Gansu	780.68	668.37	81.45	17.41	13.45		627.48	559.79
青 海	Qinghai	114.66	56.52	2.30		55.84		51.68	23.41
新 疆	Xinjiang	5564.77	3884.57	671.28	592.91	348.41	67.59	3818.27	2742.51

3-23 历年农田有效灌溉面积减少原因

Reasons of Reduction of Effective Irrigated Area by Years

单位：千公顷 unit: 10^3hm^2

年份 Year	农田有效灌溉面积 Effective Irrigated Area		农田有效灌溉面积减少原因 Reasons of Reduction of Effective Irrigated Area					
	新增 Newly-Increased	减少 Reduction	工程老化、毁损 Aging and Damage of Structures	机井报废 Abortion of Wells	建设占地 Land Occupation by Construction	长期水源不足 Long-Term Insufficiency of Water Sources	退耕 Converting Farmland to Other Usage	其他 Others
2001	1169.38	665.58	306.33	10.88	112.93		48.00	187.44
2002	1251.42	901.21	325.95	12.27	197.74		141.17	224.09
2003	1226.08	1183.39	404.32	19.96	216.77		228.24	314.09
2004	1159.95	808.45	281.74	14.98	206.02		100.59	205.13
2005	1012.35	697.34	237.31	14.91	199.94		68.43	176.76
2006	1343.11	796.86	183.12		123.67	100.06	39.69	350.32
2007	1344.05	608.63	192.26		125.89	54.62	51.93	183.93
2008	1318.27	648.41	239.55		97.04	96.52	22.95	192.35
2009	1533.10	742.85	245.13		126.19	79.36	25.62	266.55
2010	1721.64	659.17	250.41		91.06	87.38	47.55	182.78
2011	2129.97	803.32	294.03		104.05	88.81	19.16	297.28

3-24　2011 年农田有效灌溉面积减少原因（按地区分）

Reasons of Reduction of Effective Irrigated Area in 2011 (by Regions)

单位：千公顷　　　　unit: 10^3hm^2

地区	Region	农田有效灌溉面积 Effective Irrigated Area		农田有效灌溉面积减少原因 Reasons of Reduction of Effective Irrigated Area				
		新增 Newly-Increased	减少 Reduction	工程老化、毁损 Aging and Damage of Structures	建设占地 Land Occupation by Construction	长期水源不足 Long-Term Insufficiency of Water Sources	退耕 Converting Farmland to Other Usage	其他 Others
合　计	**Total**	**2129.97**	**803.32**	**294.03**	**104.05**	**88.81**	**19.16**	**297.28**
北　京	Beijing	3.15	4.31	0.41	1.44	0.12	0.09	2.25
天　津	Tianjin		6.61		1.90		0.13	4.58
河　北	Hebei	110.96	62.36	21.10	6.82	19.97	2.83	11.64
山　西	Shanxi	62.97	17.27	8.51	2.27	3.30	0.28	2.91
内蒙古	Inner Mongolia	57.63	12.74	5.47	0.30	4.39	1.00	1.58
辽　宁	Liaoning	87.14	36.29	19.45	8.95	0.52		7.37
吉　林	Jilin	80.82	0.10			0.10		
黑龙江	Heilongjiang	554.44	97.01	43.43	0.22	1.07	0.14	52.15
上　海	Shanghai		1.39		1.39			
江　苏	Jiangsu	116.30	118.11	9.17	19.55	1.25	2.00	86.14
浙　江	Zhejiang	20.18	14.36	5.25	2.64	0.70	0.37	5.40
安　徽	Anhui	51.18	23.31	2.23	2.95			18.13
福　建	Fujian	25.91	25.94	2.35	2.76	0.70	0.01	20.12
江　西	Jiangxi	25.99	10.71	1.72	1.63	6.01	0.15	1.20
山　东	Shandong	88.02	56.45	26.62	8.07	7.10	2.82	11.84
河　南	Henan	226.10	156.53	112.62	10.11	20.31	0.63	12.86
湖　北	Hubei	95.28	19.37	0.37	0.11	3.70		15.19
湖　南	Hunan	30.80	16.31	3.16	0.25	5.13		7.77
广　东	Guangdong	4.85	4.15	0.02	0.52			3.61
广　西	Guangxi	6.67	0.47	0.08	0.18	0.05	0.16	
海　南	Hainan	3.72						
重　庆	Chongqing	19.57	11.94	3.58	1.53	6.32		0.51
四　川	Sichuan	65.42	17.78	3.92	9.89	1.46	0.39	2.12
贵　州	Guizhou	71.57	2.10	0.20	0.19		0.01	1.70
云　南	Yunnan	57.72	11.90	2.03	6.16	1.60	1.56	0.54
西　藏	Tibet	8.48	0.20		0.10			0.10
陕　西	Shaanxi	28.49	39.02	20.98	8.85	4.00	0.24	4.95
甘　肃	Gansu	18.91	5.54	0.91	0.13	0.53		3.97
青　海	Qinghai							
宁　夏	Ningxia	15.92	2.25	0.46	1.10	0.48		0.21
新　疆	Xinjiang	191.78	28.81		4.03		6.35	18.43

3-25 2011 年农田有效灌溉面积减少原因（按水资源分区分）

Reasons of Reduction of Effective Irrigated Area in 2011 (by Water Resources Regions)

单位：千公顷　　unit: 10^3hm^2

水资源一级区	Grade- I Water Resources Region	农田有效灌溉面积 Effective Irrigated Area		农田有效灌溉面积减少原因 Reasons of Reduction of Effective Irrigated Area				
		新增 Newly-Increased	减少 Reduction	工程老化、毁损 Aging and Damage of Structures	建设占地 Land Occupation by Construction	长期水源不足 Long-Term Insufficiency of Water Sources	退耕 Converting Farmland to Other Usage	其他 Others
合　计	**Total**	**2129.97**	**803.32**	**294.03**	**104.05**	**88.81**	**19.16**	**297.28**
松花江区	Songhua River	655.27	98.11	43.43	0.22	2.17	0.14	52.15
辽河区	Liaohe River	99.93	37.54	20.36	8.95	0.86		7.37
海河区	Haihe River	180.22	106.95	35.02	13.56	24.59	4.49	29.29
黄河区	Yellow River	133.13	81.19	41.82	13.94	14.04	2.12	9.27
淮河区	Huaihe River	332.06	203.10	103.40	17.42	15.45	2.34	64.48
长江区	Yangtze River	390.59	187.84	40.38	36.89	27.33	1.93	81.31
其中：太湖区	Among Which: Taihu Lake	14.80	44.76	0.02	15.81		1.00	27.93
东南诸河区	Rivers in Southeast	43.82	39.41	7.60	5.02	1.40	0.38	25.01
珠江区	Pearl River	50.95	8.58	0.55	1.93	0.48	0.18	5.44
西南诸河区	Rivers in Southwest	37.05	6.24	1.47	2.08	0.85	1.23	0.61
西北诸河区	Rivers in Northwest	206.95	34.36		4.03	1.63	6.35	22.35

3-26 2011年农田有效灌溉面积减少原因（按水资源分区和地区分）

Reasons of Reduction of Effective Irrigated Area in 2011 (by Water Resources Regions and Regions)

单位：千公顷　　unit: 10^3hm^2

地区	Region	农田有效灌溉面积 Effective Irrigated Area		农田有效灌溉面积减少原因 Reasons of Reduction of Effective Irrigated Area				
		新增 Newly-Increased	减少 Reduction	工程老化、毁损 Aging and Damage of Structures	建设占地 Land Occupation by Construction	长期水源不足 Long-Term Insufficiency of Water Sources	退耕 Converting Farmland to Other Usage	其他 Others
松花江区	**Songhua River**	**655.27**	**98.11**	**43.43**	**0.22**	**2.17**	**0.14**	**52.15**
内蒙古	Inner Mongolia	24.53	1.00			1.00		
吉　林	Jilin	76.30	0.10			0.10		
黑龙江	Heilongjiang	554.44	97.01	43.43	0.22	1.07	0.14	52.15
辽河区	**Liaohe River**	**99.93**	**37.54**	**20.36**	**8.95**	**0.86**		**7.37**
内蒙古	Inner Mongolia	9.77	1.25	0.91		0.34		
辽　宁	Liaoning	85.64	36.29	19.45	8.95	0.52		7.37
吉　林	Jilin	4.52						
海河区	**Haihe River**	**180.22**	**106.95**	**35.02**	**13.56**	**24.59**	**4.49**	**29.29**
北　京	Beijing	3.15	4.31	0.41	1.44	0.12	0.09	2.25
天　津	Tianjin		6.61		1.9		0.13	4.58
河　北	Hebei	110.96	62.36	21.10	6.82	19.97	2.83	11.64
山　西	Shanxi	16.95	5.85	2.28	1.13		0.28	2.16
内蒙古	Inner Mongolia	7.32						
辽　宁	Liaoning	1.50						
山　东	Shandong	24.05	14.49	2.78	1.88	0.48	1.16	8.19
河　南	Henan	16.29	13.33	8.45	0.39	4.02		0.47
黄河区	**Yellow River**	**133.13**	**81.19**	**41.82**	**13.94**	**14.04**	**2.12**	**9.27**
山　西	Shanxi	46.02	11.42	6.23	1.14	3.30		0.75
内蒙古	Inner Mongolia	8.53	9.02	4.56	0.3	1.58	1.00	1.58
山　东	Shandong	10.91	3.97	2.42	0.17	0.76	0.38	0.24
河　南	Henan	21.22	18.46	8.28	3.287	3.98	0.57	2.34
陕　西	Shaanxi	21.77	34.62	18.97	7.81	3.57	0.17	4.10
甘　肃	Gansu	8.75	1.46	0.91	0.13	0.37		0.05
青　海	Qinghai							
宁　夏	Ningxia	15.92	2.25	0.46	1.10	0.48		0.21
淮河区	**Huaihe River**	**332.06**	**203.10**	**103.40**	**17.42**	**15.45**	**2.34**	**64.48**
江　苏	Jiangsu	88.36	60.23	9.17	4.52	1.20	1.00	44.34
安　徽	Anhui	33.50	9.58	2.21	0.69			6.68
山　东	Shandong	53.06	37.99	21.42	6.02	5.86	1.28	3.41
河　南	Henan	157.14	95.30	70.60	6.194	8.39	0.064	10.05

3-26 续表 continued

地区	Region	农田有效灌溉面积 Effective Irrigated Area		农田有效灌溉面积减少原因 Reasons of Reduction of Effective Irrigated Area				
		新增 Newly-Increased	减少 Reduction	工程老化、毁损 Aging and Damage of Structures	建设占地 Land Occupation by Construction	长期水源不足 Long-Term Insufficiency of Water Sources	退耕 Converting Farmland to Other Usage	其他 Others
长江区	**Yangtze River**	**390.59**	**187.84**	**40.38**	**36.89**	**27.33**	**1.93**	**81.31**
上 海	Shanghai		1.39		1.39			
江 苏	Jiangsu	27.94	57.88		15.03	0.05	1.00	41.80
浙 江	Zhejiang	2.27	0.89		0.38			0.51
安 徽	Anhui	17.68	13.73	0.02	2.26			11.45
江 西	Jiangxi	25.99	10.71	1.72	1.63	6.01	0.15	1.20
河 南	Henan	31.45	29.44	25.29	0.24	3.91		
湖 北	Hubei	95.28	19.37	0.37	0.11	3.70		15.19
湖 南	Hunan	29.94	15.98	2.93	0.25	5.13		7.67
广 西	Guangxi	0.06						
重 庆	Chongqing	19.57	11.94	3.58	1.53	6.32		0.51
四 川	Sichuan	65.42	17.78	3.92	9.89	1.46	0.39	2.12
贵 州	Guizhou	44.58	0.32	0.14	0.17		0.01	
云 南	Yunnan	21.22	4.01	0.40	2.97	0.32	0.31	
陕 西	Shaanxi	6.72	4.40	2.01	1.04	0.43	0.07	0.85
甘 肃	Gansu	2.47						
青 海	Qinghai							
东南诸河区	**Rivers in Southeast**	**43.82**	**39.41**	**7.60**	**5.02**	**1.40**	**0.38**	**25.01**
浙 江	Zhejiang	17.91	13.47	5.25	2.26	0.70	0.37	4.89
安 徽	Anhui							
福 建	Fujian	25.91	25.94	2.35	2.76	0.70	0.01	20.12
珠江区	**Pearl River**	**50.95**	**8.58**	**0.55**	**1.93**	**0.48**	**0.18**	**5.44**
湖 南	Hunan	0.86	0.33	0.23				0.10
广 东	Guangdong	4.85	4.15	0.02	0.52			3.61
广 西	Guangxi	6.61	0.47	0.08	0.18	0.05	0.16	
海 南	Hainan	3.72						
贵 州	Guizhou	26.99	1.78	0.06	0.02			1.70
云 南	Yunnan	7.92	1.85	0.16	1.21	0.43	0.02	0.03
西南诸河区	**Rivers in Southwest**	**37.05**	**6.24**	**1.47**	**2.08**	**0.85**	**1.23**	**0.61**
云 南	Yunnan	28.58	6.04	1.47	1.98	0.85	1.23	0.51
西 藏	Tibet	8.48	0.20		0.10			0.10
青 海	Qinghai							
西北诸河区	**Rivers in Northwest**	**206.95**	**34.36**		**4.03**	**1.63**	**6.35**	**22.35**
内蒙古	Inner Mongolia	7.48	1.47			1.47		
甘 肃	Gansu	7.69	4.08			0.16		3.92
青 海	Qinghai							
新 疆	Xinjiang	191.78	28.81		4.03		6.35	18.43

3-27 历年机电灌溉面积

Lifting Irrigated Area by Years

单位：千公顷 unit: 10^3hm^2

年份 Year	机电排灌面积 Irrigated and Drainage Area with Mechanical and Electrical Equipment	机电提灌面积合计 Total Lifting Irrigated Area				纯排面积 Drainage Area Only
			#机电井 Pumped Well	固定站 Fixed Station	流动机 Mobile Equipment	
1950	262.67					
1951	285.33					
1952	317.33					
1953	349.33					
1954	396.00					
1955	529.33					
1956	786.00					
1957	1202.00					
1961	4932.67					
1962	6135.33					
1963	5474.00					
1964	6246.00					
1965	8093.33					
1970	14992.00					
1971	16063.33					
1972	19549.33					
1973	21976.00					
1974	24588.67					
1975		23908.00				
1976	28850.67					
1977	28778.67					
1978	30368.00	25335.33				
1979		26305.33				
1980		26440.00				
1982		26316.00				
1983		26302.67				
1984		26182.67				
1985		26298.00				
1986		26346.00				
1987	30763.33	26729.33	11087.33			
1988	30729.33	26728.67	11216.67			
1989	31032.00	27038.00	11435.33			
1990	31225.33	27235.33	11739.33			
1991	31489.33	27449.33	12111.33			
1992	32496.00	28379.33	12253.33			
1993	32596.00	28550.00	12487.33			
1994	32739.33	28642.00	12526.00			
1995	33274.00	29070.00	12789.33			
1996	34005.33	29751.33	13358.00			
1997	34915.33	30654.00	14131.33			
1998	35874.00	31570.00	14702.67			
1999	36554.00	32191.33	15000.67			
2000	36854.65	32617.80	15127.02	12203.14	3637.82	4236.85
2001	37107.41	33004.01	16309.19	12330.34	3630.53	4103.40
2002	37323.30	33209.58	16411.35	12312.55	3636.75	4113.73
2003	37354.03	33294.28	16512.60	12259.25	3596.13	4059.76
2004	36978.56	32873.33	16936.66	12205.17	3598.49	4105.13
2005	37867.51	33516.94	17046.12	12062.57	3515.88	4349.34
2006	37563.34	33091.40	16798.61	11350.62	2736.21	4471.94
2007	38715.60	34264.86	16893.65	11409.77	3131.62	4450.74
2008	39277.47	34659.23	17163.39	11152.60	3157.11	4618.25
2009	40016.33	35580.95	17480.25	11360.22	3199.92	4435.39
2010	40750.57	36400.59	17807.31	11414.81	3261.04	4349.98
2011	41464.71	37079.32	18249.96	11404.50	3322.12	4385.39

3-28 2011年机电灌溉面积（按地区分）

Lifting Irrigated Area in 2011 (by Regions)

单位：千公顷 unit: 10^3hm^2

地区	Region	机电排灌面积 Irrigated and Drainage Area with Mechanical and Electrical Equipment	机电提灌面积合计 Total Lifting Irrigated Area	#机电井 Pumped Well	固定站 Fixed Station	流动机 Mobile Equipment	纯排面积 Drainage Area Only
合 计	**Total**	**41464.71**	**37079.32**	**18249.96**	**11404.50**	**3322.12**	**4385.39**
北 京	Beijing	214.16	211.45	135.15	10.33	0.65	2.71
天 津	Tianjin	378.57	333.19	114.60	146.20	65.91	45.38
河 北	Hebei	4502.55	4313.29	3852.48	150.82	111.54	189.26
山 西	Shanxi	1011.76	1011.76	636.38	366.58	5.86	
内蒙古	Inner Mongolia	3097.13	2300.02	1605.04	207.58	2.59	797.11
辽 宁	Liaoning	1387.63	1097.03	550.41	334.72	15.25	290.60
吉 林	Jilin	1597.59	1392.32	835.95	231.48	25.91	205.27
黑龙江	Heilongjiang	4430.07	3685.85	2128.30	322.93	77.67	744.22
上 海	Shanghai	197.61	197.61		191.39	3.63	
江 苏	Jiangsu	3390.48	2994.04	103.63	2298.40	532.55	396.44
浙 江	Zhejiang	1055.07	982.88	55.50	796.49	67.43	72.19
安 徽	Anhui	3035.41	2525.56	465.68	1457.33	516.22	509.86
福 建	Fujian	162.32	131.45	41.77	60.81	17.37	30.87
江 西	Jiangxi	573.25	405.51	14.68	310.57	72.65	167.74
山 东	Shandong	4558.14	4513.94	2406.81	805.32	1144.36	44.20
河 南	Henan	4079.00	4067.28	3542.95	262.37	133.50	11.72
湖 北	Hubei	1402.55	1111.74	141.13	785.92	175.29	290.81
湖 南	Hunan	1187.79	1017.63	9.45	804.17	194.24	170.16
广 东	Guangdong	622.18	282.29	25.76	204.11	47.11	339.89
广 西	Guangxi	274.33	266.38	12.57	219.82	29.07	7.95
海 南	Hainan	17.06	15.13	3.22	10.86	1.02	1.93
重 庆	Chongqing	183.60	183.10	0.29	172.85	9.15	0.50
四 川	Sichuan	283.34	250.43	4.53	227.33	18.37	32.91
贵 州	Guizhou	80.14	77.09	2.98	68.97	4.80	3.05
云 南	Yunnan	183.63	173.71	24.91	134.04	6.03	9.92
西 藏	Tibet	4.94	4.94	2.71	2.23		
陕 西	Shaanxi	826.74	823.14	431.81	348.00	32.12	3.61
甘 肃	Gansu	472.04	472.04	193.01	269.73	2.94	
青 海	Qinghai	32.63	32.43	3.00	25.23	2.31	0.20
宁 夏	Ningxia	173.14	165.18	36.64	114.78	3.24	7.96
新 疆	Xinjiang	2049.85	2040.91	868.62	63.15	3.35	8.94

3-29 2011年机电灌溉面积（按水资源分区分）
Lifting Irrigated Area in 2011 (by Water Resources Regions)

单位：千公顷 unit: 10^3hm^2

水资源一级区	Grade-Ⅰ Water Resources Region	机电排灌面积 Irrigated and Drainage Area with Mechanical and Electrical Equipment	机电提灌面积合计 Total Lifting Irrigated Area	#机电井 Pumped Well	固定站 Fixed Station	流动机 Mobile Equipment	纯排面积 Drainage Area Only
合　计	**Total**	**41464.71**	**37079.32**	**18249.96**	**11404.50**	**3322.12**	**4385.39**
松花江区	Songhua River	6350.74	5400.95	3166.15	544.80	100.59	949.79
辽河区	Liaohe River	2488.68	2178.48	1414.81	373.74	19.87	310.20
海河区	Haihe River	7325.07	7081.85	5323.86	655.20	753.47	243.22
黄河区	Yellow River	4309.27	3515.18	2020.54	1234.86	130.93	794.09
淮河区	Huaihe River	10013.75	9428.87	4614.43	2974.68	1534.24	584.88
长江区	Yangtze River	6745.34	5704.71	545.15	4440.50	617.11	1040.63
其中：太湖区	Among Which: Taihu Lake	1052.48	991.95	34.59	907.36	37.52	60.53
东南诸河区	Rivers in Southeast	865.58	768.22	63.89	551.08	80.19	97.36
珠江区	Pearl River	1016.21	660.56	53.69	515.49	80.47	355.65
西南诸河区	Rivers in Southwest	44.93	44.30	10.65	30.26	1.74	0.63
西北诸河区	Rivers in Northwest	2305.14	2296.20	1036.80	83.89	3.52	8.94

3-30　2011 年机电灌溉面积（按水资源分区和地区分）

Lifting Irrigated Area in 2011 (by Water Resources Regions and Regions)

单位：千公顷　　unit: 10^3hm^2

地区	Region	机电排灌面积 Irrigated and Drainage Area with Mechanical and Electrical Equipment	机电提灌面积合计 Total Lifting Irrigated Area	#机电井 Pumped Well	固定站 Fixed Station	流动机 Mobile Equipment	纯排面积 Drainage Area Only
松花江区	**Songhua River**	**6350.74**	**5400.95**	**3166.15**	**544.80**	**100.59**	**949.79**
内蒙古	Inner Mongolia	489.27	476.47	305.44	1.68	0.63	12.80
吉　林	Jilin	1431.40	1238.63	732.41	220.19	22.29	192.77
黑龙江	Heilongjiang	4430.07	3685.85	2128.30	322.93	77.67	744.22
辽河区	**Liaohe River**	**2488.68**	**2178.48**	**1414.81**	**373.74**	**19.87**	**310.20**
内蒙古	Inner Mongolia	945.97	938.87	768.97	29.73	1.00	7.10
辽　宁	Liaoning	1376.52	1085.92	542.30	332.72	15.25	290.60
吉　林	Jilin	166.19	153.69	103.54	11.29	3.62	12.50
海河区	**Haihe River**	**7325.07**	**7081.85**	**5323.86**	**655.20**	**753.47**	**243.22**
北　京	Beijing	214.16	211.45	135.15	10.33	0.65	2.71
天　津	Tianjin	378.57	333.19	114.60	146.20	65.91	45.38
河　北	Hebei	4502.55	4313.29	3852.48	150.82	111.54	189.26
山　西	Shanxi	318.11	318.11	234.23	83.88		
内蒙古	Inner Mongolia	69.17	69.17	29.42	0.46		
辽　宁	Liaoning	11.11	11.11	8.11	2.00		
山　东	Shandong	1311.54	1307.85	504.99	218.20	566.38	3.69
河　南	Henan	519.86	517.68	444.88	43.31	8.99	2.18
黄河区	**Yellow River**	**4309.27**	**3515.18**	**2020.54**	**1234.86**	**130.93**	**794.09**
山　西	Shanxi	693.65	693.65	402.15	282.70	5.86	
内蒙古	Inner Mongolia	1475.43	698.22	449.83	175.14	0.96	777.21
山　东	Shandong	304.73	299.75	226.32	35.10	28.71	4.98
河　南	Henan	541.72	541.53	431.47	35.79	55.97	0.19
陕　西	Shaanxi	786.33	782.78	413.49	328.37	31.11	3.55
甘　肃	Gansu	304.74	304.74	59.75	238.58	2.94	
青　海	Qinghai	29.52	29.32	0.89	24.40	2.14	0.20
宁　夏	Ningxia	173.14	165.18	36.64	114.78	3.24	7.96
淮河区	**Huaihe River**	**10013.75**	**9428.87**	**4614.43**	**2974.68**	**1534.24**	**584.88**
江　苏	Jiangsu	2247.59	1965.43	48.06	1427.44	475.20	282.16
安　徽	Anhui	2083.20	1825.36	451.26	842.81	449.07	257.84
山　东	Shandong	2941.87	2906.34	1675.50	552.02	549.27	35.53
河　南	Henan	2741.10	2731.75	2439.61	152.41	60.71	9.35

3-30 续表 continued

地区	Region	机电排灌面积 Irrigated and Drainage Area with Mechanical and Electrical Equipment	机电提灌面积合计 Total Lifting Irrigated Area	#机电井 Pumped Well	固定站 Fixed Station	流动机 Mobile Equipment	纯排面积 Drainage Area Only
长江区	**Yangtze River**	**6745.34**	**5704.71**	**545.15**	**4440.50**	**617.11**	**1040.63**
上　海	Shanghai	197.61	197.61		191.39	3.63	
江　苏	Jiangsu	1142.90	1028.62	55.57	870.96	57.35	114.28
浙　江	Zhejiang	351.80	346.10	33.38	306.22	4.61	5.70
安　徽	Anhui	952.21	700.20	14.42	614.52	67.16	252.02
江　西	Jiangxi	573.25	405.51	14.68	310.57	72.65	167.74
河　南	Henan	276.32	276.32	226.99	30.86	7.83	
湖　北	Hubei	1402.55	1111.74	141.13	785.92	175.29	290.81
湖　南	Hunan	1179.38	1009.22	9.28	798.12	192.11	170.16
广　西	Guangxi	2.20	2.20		2.19		
重　庆	Chongqing	183.60	183.10	0.29	172.85	9.15	0.50
四　川	Sichuan	283.34	250.43	4.53	227.33	18.37	32.91
贵　州	Guizhou	61.35	58.50	2.33	51.66	4.51	2.85
云　南	Yunnan	66.09	62.48	5.65	46.57	3.44	3.61
陕　西	Shaanxi	40.42	40.36	18.32	19.63	1.01	0.055
甘　肃	Gansu	32.32	32.32	18.57	11.72		
青　海	Qinghai						
东南诸河区	**Rivers in Southeast**	**865.58**	**768.22**	**63.89**	**551.08**	**80.19**	**97.36**
浙　江	Zhejiang	703.27	636.78	22.12	490.27	62.82	66.49
安　徽	Anhui						
福　建	Fujian	162.32	131.45	41.77	60.81	17.37	30.87
珠江区	**Pearl River**	**1016.21**	**660.56**	**53.69**	**515.49**	**80.47**	**355.65**
湖　南	Hunan	8.41	8.41	0.17	6.05	2.13	
广　东	Guangdong	622.18	282.29	25.76	204.11	47.11	339.89
广　西	Guangxi	272.13	264.18	12.57	217.63	29.07	7.95
海　南	Hainan	17.06	15.13	3.22	10.86	1.02	1.93
贵　州	Guizhou	18.79	18.59	0.65	17.31	0.29	0.20
云　南	Yunnan	77.64	71.96	11.32	59.53	0.85	5.68
西南诸河区	**Rivers in Southwest**	**44.93**	**44.30**	**10.65**	**30.26**	**1.74**	**0.63**
云　南	Yunnan	39.90	39.27	7.94	27.94	1.74	0.63
西　藏	Tibet	4.94	4.94	2.71	2.23		
青　海	Qinghai	0.09	0.09		0.09		
西北诸河区	**Rivers in Northwest**	**2305.14**	**2296.20**	**1036.80**	**83.89**	**3.52**	**8.94**
内蒙古	Inner Mongolia	117.29	117.29	51.38	0.57		
甘　肃	Gansu	134.98	134.98	114.69	19.43		
青　海	Qinghai	3.02	3.02	2.11	0.74	0.17	
新　疆	Xinjiang	2049.85	2040.91	868.62	63.15	3.35	8.94

3-31 历年节水灌溉面积

Water-Saving Irrigated Area by Years

单位：千公顷 unit: 10^3hm^2

年份 Year	节水灌溉面积合计 Total Area of Water-Saving Irrigation	喷灌 Sprinkler	微灌 Micro-Irrigation	低压管灌 Low-Pressure Pipe Irrigation	渠道防渗 Canal Lining	其他 Others
1998	15235.33					
1999	15051.06					
2000	16388.86	2131.40	152.58	3567.92	6361.33	4175.63
2001	17446.38	2364.21	215.39	3903.69	6925.30	4037.79
2002	18627.05	2473.21	278.76	4156.77	7570.88	4147.42
2003	19442.80	2633.67	371.10	4476.17	8071.47	3890.39
2004	20346.23	2674.83	479.64	4706.29	8561.95	3923.53
2005	21338.15	2746.28	621.76	4991.84	9133.16	3845.12
2006	22425.96	2823.84	754.89	5263.75	9593.65	3989.83
2007	23489.46	2876.47	976.98	5573.92	10058.12	4003.97
2008	24435.52	2821.18	1249.62	5873.00	10447.73	4044.00
2009	25755.11	2926.71	1669.27	6249.36	11166.07	3743.71
2010	27313.87	3025.44	2115.68	6680.04	11580.30	3912.41
2011	29179.47	3181.79	2613.94	7130.37	12175.04	4078.33

3-32 2011年节水灌溉面积（按地区分）

Water-Saving Irrigated Area in 2011 (by Regions)

单位：千公顷 unit: 10^3hm^2

地区	Region	节水灌溉面积合计 Total Area of Water-Saving Irrigation	喷灌 Sprinkler	微灌 Micro-Irrigation	低压管灌 Low-Pressure Pipe Irrigation	渠道防渗 Canal Lining	其他 Others
合 计	**Total**	**29179.47**	**3181.79**	**2613.94**	**7130.37**	**12175.04**	**4078.33**
北 京	Beijing	285.81	79.05	20.71	152.54	32.81	0.70
天 津	Tianjin	275.29	5.96	3.05	169.41	96.68	0.19
河 北	Hebei	2829.80	242.84	36.21	2112.49	259.47	178.79
山 西	Shanxi	860.20	134.58	27.56	489.88	207.64	0.54
内蒙古	Inner Mongolia	2513.53	553.19	77.24	1125.08	755.85	2.17
辽 宁	Liaoning	588.10	166.50	84.07	138.67	176.32	22.55
吉 林	Jilin	330.73	249.35	42.92	3.02	25.68	9.76
黑龙江	Heilongjiang	2977.09	994.79	162.43	10.66	133.17	1676.04
上 海	Shanghai	148.96	2.37	0.22	80.31	66.06	
江 苏	Jiangsu	1733.33	24.02	8.06	69.81	1214.69	416.76
浙 江	Zhejiang	1055.43	39.68	30.37	73.21	801.61	110.56
安 徽	Anhui	842.69	90.75	7.70	69.55	528.64	146.05
福 建	Fujian	547.67	31.65	8.13	54.46	432.82	20.62
江 西	Jiangxi	339.76	7.61	2.36	3.26	195.77	130.76
山 东	Shandong	2395.67	150.71	62.78	1214.95	623.14	344.09
河 南	Henan	1615.26	113.67	9.78	708.73	551.47	231.61
湖 北	Hubei	440.86	15.37	8.40	28.12	360.40	28.57
湖 南	Hunan	334.66	22.19	1.68	8.27	270.48	32.04
广 东	Guangdong	211.60	9.87	1.98	8.14	188.56	3.05
广 西	Guangxi	727.17	6.16	0.73	7.54	465.58	247.16
海 南	Hainan	126.20	1.35	0.97	12.33	71.50	40.05
重 庆	Chongqing	163.54	6.46	0.52	24.19	124.09	8.28
四 川	Sichuan	1317.15	38.38	9.81	57.68	1157.79	53.49
贵 州	Guizhou	396.03	3.98	7.58	24.52	291.24	68.72
云 南	Yunnan	588.04	9.17	2.29	54.56	462.04	59.99
西 藏	Tibet	53.95	0.50	0.34	1.10	51.53	0.48
陕 西	Shaanxi	861.31	51.89	19.37	213.63	505.80	70.62
甘 肃	Gansu	894.65	46.69	47.92	109.00	605.87	85.17
青 海	Qinghai	92.93	1.81			87.07	4.05
宁 夏	Ningxia	386.95	8.43	17.84	21.42	301.08	38.19
新 疆	Xinjiang	3245.10	72.84	1910.93	83.85	1130.18	47.30

3-33 2011 年节水灌溉面积（按水资源分区分）

Water-Saving Irrigated Area in 2011 (by Water Resources Regions)

单位：千公顷 unit: $10^3 hm^2$

水资源一级区	Grade- Ⅰ Water Resources Region	节水灌溉面积合计 Total Area of Water-Saving Irrigation	喷灌 Sprinkler	微灌 Micro-Irrigation	低压管灌 Low-Pressure Pipe Irrigation	渠道防渗 Canal Lining	其他 Others
合 计	**Total**	**29179.47**	**3181.79**	**2613.94**	**7130.37**	**12175.04**	**4078.33**
松花江区	Songhua River	3758.72	1398.70	204.57	290.72	178.93	1685.80
辽河区	Liaohe River	1397.95	332.55	115.05	643.51	284.17	22.68
海河区	Haihe River	4662.16	443.76	77.78	2978.01	789.56	373.04
黄河区	Yellow River	3789.17	286.86	91.61	1190.10	2009.42	211.18
淮河区	Huaihe River	4133.15	303.84	67.67	1244.67	1715.74	801.24
长江区	Yangtze River	4651.79	155.99	39.56	414.73	3591.73	449.77
其中：太湖区	Among Which: Taihu Lake	737.95	12.14	4.08	187.41	492.91	41.41
东南诸河区	Rivers in Southeast	1303.64	69.49	36.55	82.79	1010.94	103.87
珠江区	Pearl River	1310.66	22.17	6.45	64.72	899.45	317.86
西南诸河区	Rivers in Southwest	277.01	3.38	1.37	12.18	227.62	32.47
西北诸河区	Rivers in Northwest	3895.23	165.06	1973.34	208.94	1467.47	80.43

3-34 2011年节水灌溉面积（按水资源分区和地区分）

Water-Saving Irrigated Area in 2011 (by Water Resources Regions and Regions)

单位：千公顷　　unit: 10^3hm^2

地区	Region	节水灌溉面积合计 Total Area of Water-Saving Irrigation	喷灌 Sprinkler	微灌 Micro-Irrigation	低压管灌 Low-Pressure Pipe Irrigation	渠道防渗 Canal Lining	其他 Others
松花江区	**Songhua River**	**3758.72**	**1398.70**	**204.57**	**290.72**	**178.93**	**1685.80**
内蒙古	Inner Mongolia	486.16	186.40	1.31	278.37	20.08	
吉　林	Jilin	295.47	217.51	40.83	1.69	25.68	9.76
黑龙江	Heilongjiang	2977.09	994.79	162.43	10.66	133.17	1676.04
辽河区	**Liaohe River**	**1397.95**	**332.55**	**115.05**	**643.51**	**284.17**	**22.68**
内蒙古	Inner Mongolia	782.03	135.39	28.89	509.77	107.85	0.13
辽　宁	Liaoning	580.66	165.32	84.07	132.41	176.32	22.55
吉　林	Jilin	35.26	31.84	2.09	1.33		
海河区	**Haihe River**	**4662.16**	**443.76**	**77.78**	**2978.01**	**789.56**	**373.04**
北　京	Beijing	285.81	79.05	20.71	152.54	32.81	0.70
天　津	Tianjin	275.29	5.96	3.05	169.41	96.68	0.19
河　北	Hebei	2829.80	242.84	36.21	2112.49	259.47	178.79
山　西	Shanxi	287.83	43.98	4.19	148.39	91.27	
内蒙古	Inner Mongolia	88.49	44.37	5.29	34.41	4.42	
辽　宁	Liaoning	7.44	1.18		6.26		
山　东	Shandong	442.92	12.22	6.86	145.52	124.49	153.83
河　南	Henan	444.58	14.16	1.47	208.99	180.42	39.54
黄河区	**Yellow River**	**3789.17**	**286.86**	**91.61**	**1190.10**	**2009.42**	**211.18**
山　西	Shanxi	572.37	90.60	23.37	341.49	116.37	0.54
内蒙古	Inner Mongolia	978.74	104.08	15.88	243.19	613.55	2.04
山　东	Shandong	228.12	7.54	3.80	160.07	41.63	15.08
河　南	Henan	408.70	17.27	1.58	186.63	135.97	67.25
陕　西	Shaanxi	746.29	31.56	17.87	207.67	449.12	40.07
甘　肃	Gansu	393.81	25.57	11.27	29.63	281.52	45.81
青　海	Qinghai	74.19	1.81			70.18	2.20
宁　夏	Ningxia	386.95	8.43	17.84	21.42	301.08	38.19
淮河区	**Huaihe River**	**4133.15**	**303.84**	**67.67**	**1244.67**	**1715.74**	**801.24**
江　苏	Jiangsu	1116.96	12.02	3.78	6.10	708.13	386.93
安　徽	Anhui	666.05	86.90	7.11	66.98	390.62	114.44
山　东	Shandong	1724.63	130.95	52.12	909.36	457.02	175.18
河　南	Henan	625.50	73.96	4.66	262.23	159.96	124.69

3-34 续表 continued

地区	Region	节水灌溉面积合计 Total Area of Water-Saving Irrigation	喷灌 Sprinkler	微灌 Micro-Irrigation	低压管灌 Low-Pressure Pipe Irrigation	渠道防渗 Canal Lining	其他 Others
长江区	**Yangtze River**	**4651.79**	**155.99**	**39.56**	**414.73**	**3591.73**	**449.77**
上 海	Shanghai	148.96	2.37	0.22	80.31	66.06	
江 苏	Jiangsu	616.38	12.00	4.28	63.71	506.56	29.83
浙 江	Zhejiang	299.46	1.84	1.95	44.88	223.48	27.31
安 徽	Anhui	176.64	3.85	0.59	2.57	138.02	31.61
江 西	Jiangxi	339.76	7.61	2.36	3.26	195.77	130.76
河 南	Henan	136.48	8.28	2.07	50.88	75.12	0.13
湖 北	Hubei	440.86	15.37	8.40	28.12	360.40	28.57
湖 南	Hunan	327.88	21.80	1.52	8.19	265.25	31.12
广 西	Guangxi	32.46	0.01			32.29	0.16
重 庆	Chongqing	163.54	6.46	0.52	24.19	124.09	8.28
四 川	Sichuan	1317.15	38.38	9.81	57.68	1157.79	53.49
贵 州	Guizhou	280.56	1.20	5.77	17.60	205.88	50.11
云 南	Yunnan	209.09	4.65	0.46	13.77	170.44	19.77
陕 西	Shaanxi	115.02	20.33	1.50	5.96	56.68	30.55
甘 肃	Gansu	47.56	11.85	0.11	13.62	13.90	8.08
青 海	Qinghai						
东南诸河区	**Rivers in Southeast**	**1303.64**	**69.49**	**36.55**	**82.79**	**1010.94**	**103.87**
浙 江	Zhejiang	755.97	37.84	28.42	28.33	578.13	83.25
安 徽	Anhui						
福 建	Fujian	547.67	31.65	8.13	54.46	432.82	20.62
珠江区	**Pearl River**	**1310.66**	**22.17**	**6.45**	**64.72**	**899.45**	**317.86**
湖 南	Hunan	6.78	0.39	0.16	0.08	5.23	0.92
广 东	Guangdong	211.60	9.87	1.98	8.14	188.56	3.05
广 西	Guangxi	694.71	6.15	0.73	7.54	433.29	247.00
海 南	Hainan	126.20	1.35	0.97	12.33	71.50	40.05
贵 州	Guizhou	115.48	2.78	1.81	6.92	85.35	18.61
云 南	Yunnan	155.89	1.64	0.80	29.71	115.51	8.23
西南诸河区	**Rivers in Southwest**	**277.01**	**3.38**	**1.37**	**12.18**	**227.62**	**32.47**
云 南	Yunnan	223.06	2.88	1.03	11.08	176.09	31.99
西 藏	Tibet	53.95	0.50	0.34	1.10	51.53	0.48
青 海	Qinghai						
西北诸河区	**Rivers in Northwest**	**3895.23**	**165.06**	**1973.34**	**208.94**	**1467.47**	**80.43**
内蒙古	Inner Mongolia	178.11	82.95	25.87	59.34	9.95	
甘 肃	Gansu	453.29	9.27	36.54	65.75	310.45	31.28
青 海	Qinghai	18.74				16.89	1.85
新 疆	Xinjiang	3245.10	72.84	1910.93	83.85	1130.18	47.30

主要统计指标解释

万亩以上灌区处数 在蓄水、引水、提水等灌溉工程中，灌溉设备齐全、渠系配套完整，自成灌溉体系，有统一管理的灌溉区域的数量。

灌溉面积 一个地区当年农、林、牧等灌溉面积的总和。总灌溉面积=有效灌溉面积（耕地）+林地灌溉面积+果园灌溉面积+牧草灌溉面积+其他灌溉面积。

农田有效灌溉面积 灌溉工程或设备已基本配套，有一定水源，土地比较平整，在一般年景可以进行正常灌溉的农田或耕地灌溉面积。

农田有效实灌面积 利用灌溉工程和设施，在有效灌溉面积中当年实际已进行正常（灌水一次以上）灌溉的耕地面积。在同一亩耕地上，报告期内无论灌水几次，都应按一亩计算，而不应按灌溉亩次计算。凡是肩挑、人抬、马拉抗旱点种的面积，一律不算实灌面积。有效实灌面积不大于有效灌溉面积。

机电排灌面积 由固定站、流动站、机电井、喷灌机械等所有机械、电动力设备进行排水、灌溉的耕地面积。其中，只要有固定的机械排灌的设施，能够进行正常排灌，不论当年是否进行排灌，都应统计为机电排灌面积（含灌排结合面积）。

旱涝保收面积 有效灌溉面积中，遇旱能灌，遇涝能排的面积。灌溉设施的抗旱能力，按各地不同情况，应达到30~50天；适宜发展双季稻的地方，应达到50～70天。除涝达到5年一遇以上标准，防洪一般达到20年一遇标准的有效灌溉面积。

农田排灌机械保有量 机、电动力抽水设备提水灌溉和排水统称排灌机械。排灌机械按使用动力分为电动与内燃机。按工程设施分为固定机电排灌站、流动机电排灌、喷滴灌机电排灌及机电井机电排灌4类。

固定机电排灌站处数 以江河、湖泊、水库、渠道等地面水为水源，在固定地点建设的以电动机、柴油机、汽油机等为动力带动水泵抽水灌溉、排水，并已发挥效益的灌溉站、排水站、排灌站的数量。

固定机电排灌站装机容量 等于电动机排灌站装机容量与内燃机排灌站装机容量之和。

机电井眼数 安装柴油机、汽油机、电动机或其他动力机械带动水泵抽取地下水灌溉农田、牧草地，包括已装机配套的和待装机配套的水井眼数。

配套机电井眼数 已经安装机电提水设备（包括线路）可以进行正常灌溉的机电井眼数。在几眼井上使用一台设备，但能适时灌溉的和一机多用而主要用于机、电井的，均应视为“已配套机电井”。包括由于提水设备或机井本身损坏待修理，暂时不能用的“已配套机电井”。

机电井装机容量 水利工程机组设备的容量，以机组铭牌的容量为准，包括停机检修和事故备用容量。

配套机电井装机容量 包括机配井装机容量与电配井装机容量之和。

流动机装机容量 等于电动机装机容量与内燃机装机容量之和。

喷滴灌装机容量 用于喷滴灌技术灌溉农用地的喷滴灌使用的机械动力数，只统计喷滴灌机的动力，不包括给喷滴灌机输入、送水源的动力。

Explanatory Notes of Main Statistical Indicators

Number of irrigation district with an area above 10,000 mu The number of district above 10,000 mu which were designed for irrigation with complete irrigation facilities, sub-canal system, self-established irrigation system and unified management system, in the irrigation schemes of water storage, water diversion or water lifting.

Irrigated area The sum of irrigated areas for agricultural, forest, pasture and grazing in a particular region. The total irrigated area is equal to the sum of effective irrigated areas (arable land), forest irrigated areas, orchard irrigated areas, grazing irrigated areas and other irrigated areas. Irrigated areas in the current year mean the total irrigated areas at the end of the year.

Effective irrigated areas The effective irrigated area refers to farmland or cultivated land with irrigation in normal years, equipped with installed irrigation facilities, water source and relatively leveled land.

Actual irrigated area The area of effective irrigated land has been applied irrigation (once or more than once) in the statistical year, taking the advantage of irrigation works or facilities. No matter how many times of irrigation is made in the same area of land within report period, it is all counted as one mu, but not counted according to the irrigation times. The areas irrigated for drought-relief by people or animal carrying water for irrigation are not included. Actual effective irrigation areas equals to or less than effective irrigated areas.

Irrigated and drainage area with mechanical and electrical equipment The areas are drained or irrigated by electrical and mechanical facilities, such as fixed and movable irrigation and drainage facilities, electromechanical wells and sprinklers. No matter whether farmland is irrigated in the statistical year, whenever fixed irrigation facilities are placed, the area is included in electromechanical irrigation and drainage areas (including area for both irrigation and drainage).

Harveat area guaranteed in case of flood and drought Farmlands, within effective irrigated areas, can irrigate in drought season and drain in flood season. According to drought-resistant capacity of irrigation facilities under varied conditions of different regions, irrigation may last for 30-50 days, and may last for 50-70 days in the regions suitable for double cropping rice. Waterlogging control in the effective irrigated areas should reach the standard of once in five years return period and flood control should reach the standard of once in twenty years return period.

Registered machinery and equipment for Irrigation and Drainage Machinery and equipment driven by mechanical or electrical power for pumping or lifting water for irrigation and drainage are divided into electrical power and internal combustion engine by power sources. It is grouped into four types of fixed electric-mechanical irrigation and drainage station, mobile electric-mechanical irrigation and drainage facilities, sprinkler irrigation and drip irrigation, and borehole and tubewells or electric-mechanical wells.

Number of fixed irrigation and drainage stations The number of irrigation station, drainage station or irrigation & drainage station that has already generated benefit, uses surface water such as river, lake, reservoir and canal as sources for pumping water with electric motor, diesel or gasoline engine in a fixed place for irrigation and drainage.

Installed capacity of fixed irrigation and drainage station Sum of installed capacity of fixed electric-mechanical irrigation and drainage station and fixed irrigation and drainage facilities empowered by diesel engine.

Number of mechanical and electrical wells The number of Boreholes and tubewells with installed counterpart facilities or waiting for installation, which use diesel or gasoline engine, electric motor or other power machines to pump or lift water for irrigation of farmlands and pasture lands.

Number of counterpart mechanical and electric wells Boreholes and tubewells already installed with pumping facilities (including lines) can be used for irrigation; It is also referred as equipped electromechanical well when several wells sharing one facility for timely irrigation and temporarily unused well because of damage of pumping facility and waiting for repair.

Installed capacity of mechanical and electric wells Installed capacity of electric-mechanical equipment based on brand instruction, including repair or overhaul and accident spare capacity.

Installed capacity of counterpart mechanical and electric wells The sum of installed capacity of wells equipped with mechanical equipment and installed capacity of wells equipped by electrical equipment.

Installed capacity of mobile equipment The sum of installed capacity of electrical motor and installed capacity of internal combustion engine.

Installed capacity of sprinkler and drip Machinery and equipment employed for sprinkler and drip irrigation, but it only includes the power of sprinkler and drip and excludes power of water transmission to sprinkler and drip system.

4 供用水

Water Supply and Water Use

简 要 说 明

供用水统计资料主要包括水利工程设施供水及农村饮水安全等。

供用水量及饮水安全情况按水资源一级分区和地区分组。

1. 供水按受水区分地表水源、地下水源和其他水源统计。

2. 蓄水工程、引水工程、机电井工程与泵站工程供水量统计范围为水利系统管理的工程。

3. 农村饮水安全人口统计范围只限于农村，2004 年及以前年份统计“解决饮水困难人口”指标，2005 年后统计“饮水安全人口”指标。

4. 供水量历史资料汇总 1997 年至今历史数据；饮水安全情况汇总 1975 年至今数据。

Brief Introduction

Statistical data of water supply and utilization mainly covers water supply of water facilities and safety of rural drinking water.

Quantity of water supply and safety condition of drinking water is classified in accordance with grade- I water resources regions and regions.

1. Water supply is grouped based on the sources of surface water, groundwater and others according to water-receiving area.

2. Statistical scope of water supply only includes storage works, water diversion and electro-mechanical wells and pumping stations managed by the water sector.

3. Statistical scope of population access to safe drinking water is only limited to rural areas. Index of “population with drinking water” is used in 2004 and before; the index of “population with safe drinking water” is used in 2005 and after.

4. Historical data of volume of water supply is collected from 1997 until present, data of safe drinking water is collected from 1975 until present.

4-1 历年供用水量

Water Supply and Water Use by Years

单位：亿立方米 unit: 10^8m^3

年份 Year	供水量 合计 Total Water Supply	地表水 Surface Water	地下水 Ground-water	其他 Others	用水量 合计 Total Water Use	农业 Agricultural	工业 Industrial	生活 Domestic	生态 Ecological
1998	5469.8	4419.6	1028.9	21.4	5435.4	3766.2	1126.2	542.9	
1999	5613.3	4514.2	1074.6	24.5	5590.9	3869.2	1159.0	562.8	
2000	5530.7	4440.4	1069.2	21.1	5497.6	3783.5	1139.1	574.9	
2001	5567.4	4450.7	1094.9	21.9	5567.4	3825.7	1141.8	599.9	
2002	5497.3	4404.4	1072.4	20.5	5497.3	3736.2	1142.4	618.7	
2003	5320.4	4286.0	1018.1	16.3	5320.4	3432.8	1177.2	630.9	79.5
2004	5547.8	4504.2	1026.4	17.2	5547.8	3585.7	1228.9	651.2	82.0
2005	5633.0	4572.2	1038.8	22.0	5633.0	3580.0	1285.2	675.1	92.7
2006	5795.0	4706.8	1065.5	22.7	5795.0	3664.4	1343.8	693.8	93.0
2007	5818.7	4723.5	1069.5	25.7	5818.7	3598.5	1404.1	710.4	105.7
2008	5909.9	4796.4	1084.8	28.7	5909.9	3663.4	1397.1	729.2	120.2
2009	5965.2	4839.5	1094.5	31.2	5965.2	3723.1	1390.9	748.2	103.0
2010	6022.0	4881.6	1107.3	33.1	6022.0	3689.1	1447.3	765.8	119.8
2011	6107.2	4953.3	1109.1	44.8	6107.2	3743.6	1461.8	789.9	111.9

4-2 2011 年供用水量（按地区分）

Water Supply and Water Use in 2011 (by Regions)

单位：亿立方米　　　　unit: 10^8m^3

地区	Region	供水量 合计 Total Water Supply	供水量 地表水 Surface Water	供水量 地下水 Ground-water	供水量 其他 Others	用水量 合计 Total Water Use	用水量 农业 Agricultural	用水量 工业 Industrial	用水量 生活 Domestic	用水量 生态 Ecological
合　计	**Total**	**6107.2**	**4953.3**	**1109.1**	**44.8**	**6107.2**	**3743.6**	**1461.8**	**789.9**	**111.9**
北　京	Beijing	36.0	8.1	20.9	7.0	36.0	10.2	5.0	16.3	4.5
天　津	Tianjin	23.1	16.8	5.8	0.5	23.1	11.6	5.0	5.4	1.1
河　北	Hebei	196.0	38.5	154.9	2.6	196.0	140.5	25.7	26.1	3.6
山　西	Shanxi	74.2	32.7	38.6	2.9	74.2	43.4	14.3	13.1	3.4
内蒙古	Inner Mongolia	184.7	91.1	92.5	1.1	184.7	135.9	23.6	15.1	10.0
辽　宁	Liaoning	144.5	76.7	64.3	3.6	144.5	89.7	24.0	25.9	4.9
吉　林	Jilin	131.2	87.4	43.7	0.2	131.2	81.6	26.6	15.1	7.9
黑龙江	Heilongjiang	352.4	201.4	149.9	1.1	352.4	272.3	53.2	21.2	5.6
上　海	Shanghai	124.5	124.4	0.1	0.0	124.5	16.5	82.6	24.9	0.5
江　苏	Jiangsu	556.2	546.1	10.1	0.0	556.2	307.6	192.9	52.4	3.3
浙　江	Zhejiang	198.5	193.7	4.2	0.7	198.5	92.1	61.8	40.0	4.6
安　徽	Anhui	294.6	259.9	33.4	1.3	294.6	168.4	90.6	31.7	4.0
福　建	Fujian	208.8	203.5	5.0	0.3	208.8	98.6	83.5	25.2	1.5
江　西	Jiangxi	262.9	252.7	10.2	0.0	262.9	171.7	60.6	28.4	2.1
山　东	Shandong	224.1	127.4	89.3	7.4	224.0	148.9	29.8	38.2	7.2
河　南	Henan	229.1	96.9	131.3	0.9	229.1	124.6	56.8	37.4	10.3
湖　北	Hubei	296.7	286.2	9.7	0.8	296.7	142.3	120.4	33.8	0.3
湖　南	Hunan	326.5	308.9	17.4	0.1	326.5	183.1	95.6	45.2	2.6
广　东	Guangdong	464.2	443.4	19.4	1.5	464.2	224.2	133.6	97.3	9.1
广　西	Guangxi	301.8	286.9	10.8	4.1	301.8	193.2	57.3	45.7	5.6
海　南	Hainan	44.5	41.1	3.3	0.1	44.5	33.8	3.9	6.7	0.1
重　庆	Chongqing	86.8	84.9	1.8	0.1	86.8	23.6	43.3	19.1	0.7
四　川	Sichuan	233.5	212.1	18.1	3.2	233.5	128.4	64.6	38.3	2.2
贵　州	Guizhou	95.9	93.2	1.1	1.7	95.9	49.7	30.7	14.9	0.6
云　南	Yunnan	146.8	141.1	4.8	0.9	146.8	96.1	25.2	24.4	1.0
西　藏	Tibet	31.0	28.1	2.8	0.0	31.0	27.4	1.7	1.9	0.0
陕　西	Shaanxi	87.8	54.5	32.7	0.5	87.8	56.2	13.2	16.2	2.1
甘　肃	Gansu	122.9	97.0	24.4	1.4	122.9	93.8	15.4	10.6	3.0
青　海	Qinghai	31.1	25.8	5.3	0.1	31.1	23.5	3.5	3.7	0.5
宁　夏	Ningxia	73.6	68.0	5.6	0.0	73.6	66.1	4.6	1.9	1.0
新　疆	Xinjiang	523.5	425.0	97.8	0.8	523.5	488.4	12.6	13.8	8.7

4-3 2011年供用水量（按水资源分区分）

Water Supply and Water Use in 2011 (by Water Resources Regions)

单位：亿立方米 unit: 10^8m^3

水资源一级区	Grade- I Water Resources Region	供水量 合计 Total Water Supply	地表水 Surface Water	地下水 Ground-water	其他 Others	用水量 合计 Total Water Use	农业 Agricultural	工业 Industrial	生活 Domestic	生态 Ecological
合 计	**Total**	**6107.2**	**4953.3**	**1109.1**	**44.8**	**6107.2**	**3743.6**	**1461.8**	**789.9**	**111.9**
松花江区	Songhua River	495.5	293.1	201.0	1.3	495.5	364.4	79.4	36.3	15.4
辽河区	Liaohe River	202.7	94.2	104.9	3.7	202.7	130.7	33.7	32.8	5.5
海河区	Haihe River	373.8	123.4	238.4	11.9	373.8	240.8	56.1	64.0	12.6
黄河区	Yellow River	404.4	268.5	129.0	6.9	404.4	281.4	65.5	48.0	9.6
淮河区	Huaihe River	658.3	475.3	178.3	4.7	658.3	451.6	103.8	88.1	14.8
长江区	Yangtze River	2010.0	1922.4	79.7	7.8	2010.0	973.1	746.8	273.4	16.7
其中：太湖区	Among Which: Taihu Lake	354.8	354.4	0.4	0.1	354.8	87.5	213.8	50.9	2.7
东南诸河区	Rivers in Southeast	346.1	336.4	8.8	0.9	346.1	157.4	128.2	55.4	5.1
珠江区	Pearl River	876.8	834.5	36.0	6.3	876.8	485.3	216.6	159.6	15.3
西南诸河区	Rivers in Southwest	107.9	104.1	3.6	0.1	107.8	83.8	10.5	13.1	0.4
西北诸河区	Rivers in Northwest	631.6	501.2	129.3	1.0	631.6	575.0	21.1	19.0	16.4

4-4 历年解决农村人口和牲畜饮水情况

Drinking Water for Rural Population and Livestock by Years

年份 Year	累计解决的数量 Accumulated Population Access to Drinking Water			饮水安全总人口 (万人) Total Population with Safe Drinking Water (10^4persons)		饮水安全达标人口新增 (万人) Newly-Increased Population with Safe Drinking Water (10^4persons)
	人数 (万人) Population (10^4persons)	#新解决 Population with Safe Drinking Water	牲畜 (万头) Livestock (10^4head)		#只达到基本安全人口 Population with Generally Safe Drinking Water	
1976	3037		1417			
1977	3431		1701			
1978	3796		1995			
1979	4005		2096			
1980	5294		3092			
1981	5792		3390			
1982	6382		3597			
1983	6660		3991			
1984	7673		4319			
1985	8467		4609			
1986	9390		5576			
1987	10571		6213			
1988	11487		6756			
1989	12314		7303			
1990	13278		7906			
1991	14024		8355			
1992	15148		8917			
1993	15907		9377			
1994	16499		9793			
1995	17353		10360			
1996	18353		10654			
1997	19611		12220			
1998	20886		13357			
1999	21674		14557			
2000	22520		14698			
2001	23813		15509			
2002	26373		17131			
2003	28189		18214			
2004	29662	1473	19094			
2005	30355	701		61836		1104
2006				55939		2945
2007				58339	27659	4468
2008				62329	28287	5378
2009				62721	25149	7295
2010				67070	26082	6717
2011				70305	25563	6397

4-5　2011 年农村饮水安全人口（按地区分）

Rural Population with Safe Drinking Water in 2011 (by Regions)

单位：万人　　　　unit: 10^4person

地区	Region	饮水安全总人口 Total Population with Safe Drinking Water	#只达到基本安全人口 Population with Generally Safe Drinking Water	饮水安全达标人口新增 Newly-Increased Population with Safe Drinking Water
合　计	**Total**	**70305**	**25563**	**6397**
北　京	Beijing	369		9
天　津	Tianjin	263	16	
河　北	Hebei	3712	746	401
山　西	Shanxi	1919	943	151
内蒙古	Inner Mongolia	1264	1264	131
辽　宁	Liaoning	1866	542	146
吉　林	Jilin	1165	241	117
黑龙江	Heilongjiang	1563	548	134
上　海	Shanghai	304		2
江　苏	Jiangsu	4978	1261	216
浙　江	Zhejiang	3330	676	169
安　徽	Anhui	4842	1801	277
福　建	Fujian	2030	634	203
江　西	Jiangxi	2246	862	220
山　东	Shandong	4771	2264	458
河　南	Henan	4114	1423	446
湖　北	Hubei	2636	515	272
湖　南	Hunan	4052	1296	279
广　东	Guangdong	3794	1102	350
广　西	Guangxi	2886	1794	408
海　南	Hainan	510	41	24
重　庆	Chongqing	1710	495	214
四　川	Sichuan	5225	2205	517
贵　州	Guizhou	2919	1920	331
云　南	Yunnan	2703	1185	256
西　藏	Tibet	242		22
陕　西	Shaanxi	1922	900	289
甘　肃	Gansu	1278	485	153
青　海	Qinghai	295	49	34
宁　夏	Ningxia	363	86	36
新　疆	Xinjiang	1033	272	131

4-6 2011 年农村饮水安全人口（按水资源分区分）

Rural Population with Safe Drinking Water in 2011 (by Water Resources Regions)

单位：万人 unit: 10^4person

水资源一级区	Grade- I Water Resources Region	饮水安全总人口 Total Population with Safe Drinking Water	#只达到基本安全人口 Population with Generally Safe Drinking Water	饮水安全达标人口新增 Newly-Increased Population with Safe Drinking Water
合　计	**Total**	**70305**	**25563**	**6397**
松花江区	Songhua River	2812	955	263
辽河区	Liaohe River	2396	1002	212
海河区	Haihe River	6344	1708	610
黄河区	Yellow River	6063	2476	640
淮河区	Huaihe River	11497	4594	910
长江区	Yangtze River	24787	8998	2196
其中：太湖区	Among Which: Taihu Lake	1901	239	31
东南诸河区	Rivers in Southeast	4875	1223	360
珠江区	Pearl River	8760	3749	910
西南诸河区	Rivers in Southwest	1373	418	127
西北诸河区	Rivers in Northwest	1397	442	169

4-7 2011年农村饮水安全人口（按水资源分区和地区分）

Rural Population with Safe Drinking Water in 2011 (by Water Resources Regions and Regions)

单位：万人 unit: 10^4person

地区	Region	饮水安全总人口 Total Population with Safe Drinking Water	#只达到基本安全人口 Population with Generally Safe Drinking Water	饮水安全达标人口新增 Newly-Increased Population with Safe Drinking Water
松花江区	**Songhua River**	**2812**	**955**	**263**
内蒙古	Inner Mongolia	196	196	24
吉 林	Jilin	1053	211	105
黑龙江	Heilongjiang	1563	548	134
辽河区	**Liaohe River**	**2396**	**1002**	**212**
内蒙古	Inner Mongolia	437	437	56
辽 宁	Liaoning	1847	535	144
吉 林	Jilin	112	30	12
海河区	**Haihe River**	**6344**	**1708**	**610**
北 京	Beijing	369		9
天 津	Tianjin	263	16	
河 北	Hebei	3712	746	401
山 西	Shanxi	631	331	50
内蒙古	Inner Mongolia	58	58	6
辽 宁	Liaoning	19	7	2
山 东	Shandong	776	375	89
河 南	Henan	517	175	53
黄河区	**Yellow River**	**6063**	**2476**	**640**
山 西	Shanxi	1288	612	102
内蒙古	Inner Mongolia	455	455	32
山 东	Shandong	483	119	45
河 南	Henan	834	213	74
陕 西	Shaanxi	1483	585	209
甘 肃	Gansu	899	363	114
青 海	Qinghai	259	44	29
宁 夏	Ningxia	363	86	36
淮河区	**Huaihe River**	**11497**	**4594**	**910**
江 苏	Jiangsu	2781	911	168
安 徽	Anhui	2971	1094	146
山 东	Shandong	3513	1770	324
河 南	Henan	2233	819	271

4-7 续表 continued

地区	Region	饮水安全总人口 Total Population with Safe Drinking Water	#只达到基本安全人口 Population with Generally Safe Drinking Water	饮水安全达标人口新增 Newly-Increased Population with Safe Drinking Water
长江区	**Yangtze River**	**24787**	**8998**	**2196**
上　海	Shanghai	304		2
江　苏	Jiangsu	2196	350	48
浙　江	Zhejiang	484	87	12
安　徽	Anhui	1871	708	131
江　西	Jiangxi	2246	862	220
河　南	Henan	531	216	47
湖　北	Hubei	2636	515	272
湖　南	Hunan	3951	1258	271
广　西	Guangxi	44	36	4
重　庆	Chongqing	1710	495	214
四　川	Sichuan	5225	2205	517
贵　州	Guizhou	2034	1461	258
云　南	Yunnan	948	416	101
陕　西	Shaanxi	439	315	80
甘　肃	Gansu	158	74	16
青　海	Qinghai	9	1	1
东南诸河区	**Rivers in Southeast**	**4875**	**1223**	**360**
浙　江	Zhejiang	2845	589	157
安　徽	Anhui			
福　建	Fujian	2030	634	203
珠江区	**Pearl River**	**8760**	**3749**	**910**
湖　南	Hunan	101	38	8
广　东	Guangdong	3794	1102	350
广　西	Guangxi	2841	1758	404
海　南	Hainan	510	41	24
贵　州	Guizhou	885	459	73
云　南	Yunnan	627	351	51
西南诸河区	**Rivers in Southwest**	**1373**	**418**	**127**
云　南	Yunnan	1127	418	104
西　藏	Tibet	242		22
青　海	Qinghai	3	0.3	1
西北诸河区	**Rivers in Northwest**	**1397**	**442**	**169**
内蒙古	Inner Mongolia	118	118	12
甘　肃	Gansu	221	48	23
青　海	Qinghai	24	4	3
新　疆	Xinjiang	1033	272	131

4-8　2011年蓄水工程供水量（按地区分）

Water Supply of Storage Works in 2011 (by Regions)

单位：万立方米　　unit: 10^4m^3

地区	Region	合计 Total	农业灌溉供水量 Water Supply for Irrigation	工业生产供水量 Water Supply for Industrial Use	城镇生活供水量 Water Supply for Urban Domestic Use	乡村生活供水量 Water Supply for Rural Domestic Use	生态环境供水量 Water Supply for Ecological Environment	其他 Others	另：水电供水量 Water Supply for Hydropower Generation
合　计	**Total**	**17828088**	**12078960**	**1906557**	**1602220**	**404240**	**351548**	**1760118**	**30977605**
北　京	Beijing	52544	216	213	46404	15	5693	4	
天　津	Tianjin	2523	1540	139			844		
河　北	Hebei	351284	140852	21403	139246	755	2238	46790	216725
山　西	Shanxi	101918	71953	22235	1613	1273	363	2764	29464
内蒙古	Inner Mongolia	73521	57352	14593	641	830	105		141535
辽　宁	Liaoning	481132	251616	65770	82845	1624	66783	12495	68684
吉　林	Jilin	537231	142923	5461	62225	138		326485	929930
黑龙江	Heilongjiang	398432	313155	14451	36195	376	34255		277597
上　海	Shanghai								
江　苏	Jiangsu	254299	185639	23322	27996	14432	2470	440	15000
浙　江	Zhejiang	1232880	595984	234167	243772	58936	62427	37594	856772
安　徽	Anhui	1092020	854390	40177	43513	39527	3031	111382	614234
福　建	Fujian	911467	491309	123365	78317	24421	9974	184081	3313992
江　西	Jiangxi	1315245	978639	200410	45722	11678	1063	355005	822101
山　东	Shandong	393071	209820	69211	60805	17276	13170	22790	14714
河　南	Henan	234020	140348	18624	21249	4546	568	48686	149329
湖　北	Hubei	1334182	745039	223304	80700	36615	9481	239043	1269682
湖　南	Hunan	2077659	1654442	168909	107683	63798	24919	57908	13535110
广　东	Guangdong	1722728	1087355	174841	240050	32248	28239	159994	2250277
广　西	Guangxi	1380394	1259298	47872	29412	8183	20190	15439	2269867
海　南	Hainan	261443	177489	23020	30977	17499		12458	12458
重　庆	Chongqing	187969	129069	12177	29270	15079	608	1765	1136025
四　川	Sichuan	629358	516604	38477	36472	8802	993	28010	117628
贵　州	Guizhou	510846	170728	256535	32919	7800	303	42560	1811259
云　南	Yunnan	597537	454144	36314	71613	25064	2737	7665	386153
西　藏	Tibet	144841	144742	33	15	50		2	
陕　西	Shaanxi	197052	129531	21916	32836	5206	6959	604	115951
甘　肃	Gansu	342031	293612	25821	4703	3574	13573	747	249493
青　海	Qinghai	99774	50745	2270	90	752	800	45117	98824
宁　夏	Ningxia	10957	5213	4259	230	289	946	20	
新　疆	Xinjiang	899732	825215	17270	14705	3457	38815	269	274800

4-9 2011 年蓄水工程供水量（按水资源分区分）

Water Supply of Storage Works in 2011 (by Water Resources Regions)

单位：万立方米 unit: 10^4m^3

水资源一级区	Grade- Ⅰ Water Resources Region	合计 Total	农业灌溉供水量 Water Supply for Irrigation	工业生产供水量 Water Supply for Industrial Use	城镇生活供水量 Water Supply for Urban Domestic Use	乡村生活供水量 Water Supply for Rural Domestic Use	生态环境供水量 Water Supply for Ecological Environment	其他 Others	另：水电供水量 Water Supply for Hydropower Generation
合 计	**Total**	**17828088**	**12078960**	**1906557**	**1602220**	**404240**	**351548**	**1760118**	**30977605**
松花江区	Songhua River	923498	446243	22086	93811	514	34360	326485	1299387
辽河区	Liaohe River	541380	299406	72939	87454	2304	66783	12495	106590
海河区	Haihe River	474210	192403	31249	189484	2065	9546	49463	246208
黄河区	Yellow River	309611	193528	58966	40102	7481	4993	2823	155722
淮河区	Huaihe River	1163682	846405	85359	100813	34502	15053	81551	202852
长江区	Yangtze River	6972049	4913783	860019	421861	192195	45237	816227	19145252
其中：太湖区	Among Which: Taihu Lake	97895	60713	7224	20953	5512	65	3428	50802
东南诸河区	Rivers in Southeast	2119411	1077406	355784	309547	82598	72401	221675	4134288
珠江区	Pearl River	3654473	2640100	365283	326910	67903	50475	203802	4832325
西南诸河区	Rivers in Southwest	371493	335001	11756	13490	8522	603	2121	236695
西北诸河区	Rivers in Northwest	1298280	1134686	43117	18747	6156	52096	43477	618286

4-10 2011 年蓄水工程供水量（按水资源分区和地区分）

Water Supply of Storage Works in 2011 (by Water Resources Regions and Regions)

单位：万立方米 | unit: 10^4m^3

地区	Region	合计 Total	农业灌溉供水量 Water Supply for Irrigation	工业生产供水量 Water Supply for Industrial Use	城镇生活供水量 Water Supply for Urban Domestic Use	乡村生活供水量 Water Supply for Rural Domestic Use	生态环境供水量 Water Supply for Ecological Environment	其他 Others	另：水电供水量 Water Supply for Hydropower Generation
松花江区	**Songhua Rievr**	**923498**	**446243**	**22086**	**93811**	**514**	**34360**	**326485**	**1299387**
内蒙古	Inner Mongolia	16196	11997	4094			105		91860
吉　林	Jilin	508870	121091	3541	57616	138		326485	929930
黑龙江	Heilongjiang	398432	313155	14451	36195	376	34255		277597
辽河区	**Liaohe River**	**541380**	**299406**	**72939**	**87454**	**2304**	**66783**	**12495**	**106590**
内蒙古	Inner Mongolia	31967	26038	5249		680			37906
辽　宁	Liaoning	481052	251536	65770	82845	1624	66783	12495	68684
吉　林	Jilin	28361	21832	1920	4609				
海河区	**Haihe River**	**474210**	**192403**	**31249**	**189484**	**2065**	**9546**	**49463**	**246208**
北　京	Beijing	52544	216	213	46404	15	5693	4	
天　津	Tianjin	2523	1540	139			844		
河　北	Hebei	351284	140852	21403	139246	755	2238	46790	216725
山　西	Shanxi	33493	24596	5327	548	362	7	2653	1310
内蒙古	Inner Mongolia	1100	491	609					4645
辽　宁	Liaoning	80	80						
山　东	Shandong	12367	8917	1058	979	769	628	16	
河　南	Henan	20819	15711	2500	2307	165	136		23528
黄河区	**Yellow River**	**309611**	**193528**	**58966**	**40102**	**7481**	**4993**	**2823**	**155722**
山　西	Shanxi	68425	47356	16908	1065	911	356	111	28154
内蒙古	Inner Mongolia	22957	18075	4441	341	100			7096
山　东	Shandong	39452	29147	4749	4722	803	30	1	677
河　南	Henan	16056	8596	5222	1106	892	206	35	490
陕　西	Shaanxi	109114	51282	21022	31637	2810	2363		114446
甘　肃	Gansu	14063	9913	2015	912	925	292	6	
青　海	Qinghai	28588	23946	350	90	752	800	2650	4859
宁　夏	Ningxia	10957	5213	4259	230	289	946	20	
淮河区	**Huaihe River**	**1163682**	**846405**	**85359**	**100813**	**34502**	**15053**	**81551**	**202852**
江　苏	Jiangsu	89623	66523	5106	12395	3095	2340	164	15000
安　徽	Anhui	563286	514415	9096	17043	12744		9988	155941
山　东	Shandong	341252	171756	63404	55104	15704	12512	22773	14037
河　南	Henan	169522	93712	7754	16271	2958	201	48626	17874

4-10 续表 continued

地区	Region	合计 Total	农业灌溉供水量 Water Supply for Irrigation	工业生产供水量 Water Supply for Industrial Use	城镇生活供水量 Water Supply for Urban Domestic Use	乡村生活供水量 Water Supply for Rural Domestic Use	生态环境供水量 Water Supply for Ecological Environment	其他 Others	另：水电供水量 Water Supply for Hydropower Generation
长江区	**Yangtze River**	**6972049**	**4913783**	**860019**	**421861**	**192195**	**45237**	**816227**	**19145252**
上 海	Shanghai								
江 苏	Jiangsu	164676	119116	18216	15601	11337	130	276	
浙 江	Zhejiang	24936	9888	1748	12542	758			36476
安 徽	Anhui	528734	339975	31082	26470	26782	3031	101394	458293
江 西	Jiangxi	1315245	978639	200410	45722	11678	1063	355005	822101
河 南	Henan	27624	22330	3148	1565	531	25	25	107437
湖 北	Hubei	1334182	745039	223304	80700	36615	9481	239043	1269682
湖 南	Hunan	2022590	1609911	162849	105775	62359	24839	56857	13439742
广 西	Guangxi	89424	88378	963	48	35			64434
重 庆	Chongqing	187969	129069	12177	29270	15079	608	1765	1136025
四 川	Sichuan	629358	516604	38477	36472	8802	993	28010	117628
贵 州	Guizhou	340127	121947	157997	24215	5977	283	29709	1607700
云 南	Yunnan	217340	152860	8676	42232	9846	188	3538	84228
陕 西	Shaanxi	87938	78249	894	1199	2396	4596	604	1505
甘 肃	Gansu	1906	1778	78	50				
青 海	Qinghai								
东南诸河区	**Rivers in Southeast**	**2119411**	**1077406**	**355784**	**309547**	**82598**	**72401.3**	**221675**	**4134288**
浙 江	Zhejiang	1207944	586096	232419	231230	58178	62427	37594	820296
安 徽	Anhui								
福 建	Fujian	911467	491309	123365	78317	24421	9974	184081	3313992
珠江区	**Pearl River**	**3654473**	**2640100**	**365283**	**326910**	**67903**	**50475**	**203802**	**4832325**
湖 南	Hunan	55069	44531	6060	1908	1439.0	80	1051	95368
广 东	Guangdong	1722728	1087355	174841	240050	32248	28239	159994	2250277
广 西	Guangxi	1290970	1170919	46909	29364	8148	20190	15439	2205433.4
海 南	Hainan	261443	177489	23020	30977	17499		12458	12458
贵 州	Guizhou	170718	48781	98538	8705	1824	20	12851	203559
云 南	Yunnan	153545	111025	15915	15906	6745	1946	2008	65230
西南诸河区	**Rivers in Southwest**	**371493**	**335001**	**11756**	**13490**	**8522**	**603**	**2121**	**236695**
云 南	Yunnan	226652	190259	11723	13475	8473	603	2119	236695
西 藏	Tibet	144841	144742	33	15	50		2	
青 海	Qinghai								
西北诸河区	**Rivers in Northwest**	**1298280**	**1134686**	**43117**	**18747**	**6156**	**52096**	**43477**	**618286**
内蒙古	Inner Mongolia	1301	751	200	300	50			28
甘 肃	Gansu	326061	281921	23728	3742	2649	13281	741	249493
青 海	Qinghai	71186	26799	1920				42467	93965
新 疆	Xinjiang	899732	825215	17270	14705	3457	38815	269	274800

4-11 2011 年引水工程供水量（按地区分）

Water Supply of Diversion Works in 2011 (by Regions)

单位：万立方米 unit: $10^4 m^3$

地区	Region	合计 Total	农业灌溉供水量 Water Supply for Irrigation	工业生产供水量 Water Supply for Industrial Use	城镇生活供水量 Water Supply for Urban Domestic Use	乡村生活供水量 Water Supply for Rural Domestic Use	生态环境供水量 Water Supply for Ecological Environment	其他 Others	另：水电供水量 Water Supply for Hydropower Generation
合 计	**Total**	**17515199**	**14285160**	**1325322**	**718802**	**300505**	**523170**	**353012**	**10820896**
北 京	Beijing	20862	951	2415	17280		29	187	
天 津	Tianjin	101599	20299	39400	36900		5000		58971
河 北	Hebei	255487	194608	29963	5534	1173	17560	6650	51061
山 西	Shanxi	97404	73583	6699	1714	5242	587	352	198107
内蒙古	Inner Mongolia	715425	624581	16713	1547	936	71648		583877
辽 宁	Liaoning	192522	118932	32595	37468	1819	297	1411	2440
吉 林	Jilin	94622	85859	3725	3254	1616	28	140	16540
黑龙江	Heilongjiang	605752	552619	12925	6033	75	34100		401344
上 海	Shanghai								
江 苏	Jiangsu	1558348	1091320	144136	125672	55514	127634	14073	
浙 江	Zhejiang	240418	131209	30625	30531	11425	30968	5660	126218
安 徽	Anhui	259055	225757	12472	8712	11282	701	132	86447
福 建	Fujian	807988	609874	96205	50849	18886	9690	22485	155255
江 西	Jiangxi	623973	507799	62927	11683	7133	1040	33390	242594
山 东	Shandong	1359166	1143185	55331	71644	13648	17593	57765	
河 南	Henan	697323	544502	58293	13234	1945	47590	31761	494455
湖 北	Hubei	557315	454338	60095	25051	3250	3449	11132	128765
湖 南	Hunan	420284	332144	39912	25263	15552	2066	5347	92771
广 东	Guangdong	1102378	688132	207051	108611	18055	14700	65829	2843120
广 西	Guangxi	679098	623202	23849	10030	20714		1302	735676
海 南	Hainan	85687	38491	849	887			45460	47250
重 庆	Chongqing	44201	31202	5814	2006	4982	23	174	18937
四 川	Sichuan	1019565	730321	190581	49940	11762	10480	26481	149268
贵 州	Guizhou	208608	136741	53504	5460	8429	141	4333	57863
云 南	Yunnan	689837	588471	28897	18160	48821	1318	4170	3786306
西 藏	Tibet	52485	45680	24	58	4824	1899		
陕 西	Shaanxi	245311	195348	20986	12050	8105	8107	715	11629
甘 肃	Gansu	429327	332296	52801	18246	10504	15171	309	2158
青 海	Qinghai	157815	119393	14464	7443	6323	10077	115	114204
宁 夏	Ningxia	536674	529771	191	93	363	6255		
新 疆	Xinjiang	3656669	3514552	21880	13448	8127	85021	13640	415640

4-12 2011 年引水工程供水量（按水资源分区分）
Water Supply of Diversion Works in 2011 (by Water Resources Regions)

单位：万立方米 unit: 10^4m^3

水资源一级区	Grade- I Water Resources Region	合计 Total	农业灌溉供水量 Water Supply for Irrigation	工业生产供水量 Water Supply for Industrial Use	城镇生活供水量 Water Supply for Urban Domestic Use	乡村生活供水量 Water Supply for Rural Domestic Use	生态环境供水量 Water Supply for Ecological Environment	其他 Others	另：水电供水量 Water Supply for Hydropower Generation
合 计	**Total**	**17515199**	**14285160**	**1325322**	**718802**	**300505**	**523170**	**353012**	**10820896**
松花江区	Songhua River	791312	707289	25435	9329	1691	47428	140	442181
辽河区	Liaohe River	252675	173854	36791	37468	2606	545	1411	8220
海河区	Haihe River	899105	686945	90787	71451	8623	27468	13832	142982
黄河区	Yellow River	2637218	2243049	131793	89048	21691	60746	81664	864189
淮河区	Huaihe River	1532335	1290650	111919	53805	30764	29653	15544	
长江区	Yangtze River	3944913	2864321	514476	232560	110502	143586	79469	3024155
其中：太湖区	Among Which: Taihu Lake	266391	119499	7206	11504	4136	124044	2	64662
东南诸河区	Rivers in Southeast	978760	682017	124904	77086	29911	36698	28145	216883
珠江区	Pearl River	1972795	1425873	239856	123541	53041	15428	115056	3623579
西南诸河区	Rivers in Southwest	511960	447334	17048	9941	31334	2393	3911	2059361
西北诸河区	Rivers in Northwest	3994126	3763830	32314	14574	10342	159226	13840	439346

4-13　2011 年引水工程供水量（按水资源分区和地区分）

Water Supply of Diversion Works in 2011 (by Water Resources Regions and Regions)

单位：万立方米　　　　unit: $10^4 m^3$

地区	Region	合计 Total	农业灌溉供水量 Water Supply for Irrigation	工业生产供水量 Water Supply for Industrial Use	城镇生活供水量 Water Supply for Urban Domestic Use	乡村生活供水量 Water Supply for Rural Domestic Use	生态环境供水量 Water Supply for Ecological Environment	其他 Others	另：水电供水量 Water Supply for Hydropower Generation
松花江区	**Songhua River**	**791312**	**707289**	**25435**	**9329**	**1691**	**47428**	**140**	**442181**
内蒙古	Inner Mongolia	94132	72005	8785	42		13300		24297
吉　林	Jilin	91428	82665	3725	3254	1616	28	140	16540
黑龙江	Heilongjiang	605752	552619	12925	6033	75	34100		401344
辽河区	**Liaohe River**	**252675**	**173854**	**36791**	**37468**	**2606**	**545**	**1411**	**8220**
内蒙古	Inner Mongolia	57259	52028	4196		787	248		5780
辽　宁	Liaoning	192222	118632	32595	37468	1819	297	1411	2440
吉　林	Jilin	3194	3194						
海河区	**Haihe River**	**899105**	**686945**	**90787**	**71451**	**8623**	**27468**	**13832**	**142982**
北　京	Beijing	20862	951	2415	17280		29	187	
天　津	Tianjin	101599	20299	39400	36900		5000		58971
河　北	Hebei	255487	194608	29963	5534	1173	17560	6650	51061
山　西	Shanxi	39407	33177	4048	351	1767	30	35	27950
内蒙古	Inner Mongolia	850	850						
辽　宁	Liaoning	300	300						
山　东	Shandong	407738	383336	9177	3868	5598	4849	910	
河　南	Henan	72861	53424	5783	7517	86		6050	5000
黄河区	**Yellow River**	**2637218**	**2243049**	**131793**	**89048**	**21691**	**60746**	**81664**	**864189**
山　西	Shanxi	57997	40406	2651	1363	3476	557	317	170157
内蒙古	Inner Mongolia	500186	494854	3732	1501	99			553800
山　东	Shandong	619101	489734	19982	49631	3314	586	55854	
河　南	Henan	507518	404009	36870	3189	1151	37330	24971	46507
陕　西	Shaanxi	121209	91518	12492	9050	945	6898	306	11625
甘　肃	Gansu	194977	118573	50016	17872	6503	1906	106	2158
青　海	Qinghai	99556	74183	5859	6348	5840	7215	111	79942
宁　夏	Ningxia	536674	529771	191	93	363	6255		
淮河区	**Huaihe River**	**1532335**	**1290650**	**111919**	**53805**	**30764**	**29653**	**15544**	
江　苏	Jiangsu	1010467	864708	68742	31829	24279	7235	13674	
安　徽	Anhui	81138	76820	1716	1302	1170		130	
山　东	Shandong	332327	270115	26172	18145	4736	12158	1001	
河　南	Henan	108403	79007	15290	2528	579	10260	740	

4-13 续表 continued

地区	Region	合计 Total	农业灌溉供水量 Water Supply for Irrigation	工业生产供水量 Water Supply for Industrial Use	城镇生活供水量 Water Supply for Urban Domestic Use	乡村生活供水量 Water Supply for Rural Domestic Use	生态环境供水量 Water Supply for Ecological Environment	其他 Others	另：水电供水量 Water Supply for Hydropower Generation
长江区	**Yangtze River**	**3944913**	**2864321**	**514476**	**232560**	**110502**	**143586**	**79469**	**3024155**
上　海	Shanghai								
江　苏	Jiangsu	547881	226612	75394	93842	31235	120399	399	
浙　江	Zhejiang	69646	59066	1926	4294	400	3960		64590
安　徽	Anhui	177917	148937	10756	7410	10112	701	2	86447
江　西	Jiangxi	623973	507799	62927	11683	7133	1040	33390	242594
河　南	Henan	8541	8062	350		129			442948
湖　北	Hubei	557315	454338	60095	25051	3250	3449	11132	128765
湖　南	Hunan	404853	318513	39263	25007	14707	2036	5327	91071
广　西	Guangxi	43293	38624	3734	817	118			15207
重　庆	Chongqing	44201	31202	5814	2006	4982	23	174	18937
四　川	Sichuan	1019565	730321	190581	49940	11762	10480	26481	149268
贵　州	Guizhou	145685	91714	44847	2645	4434	1	2044	48846
云　南	Yunnan	159944	130803	9338	6670	12762	266	104	1724922
陕　西	Shaanxi	124102	103830	8494	3000	7160	1209	409	4
甘　肃	Gansu	17780	14499	885	83	2288	22	3	
青　海	Qinghai	217	0.02	71	111	30		5	10556
东南诸河区	**Rivers in Southeast**	**978760**	**682017**	**124904**	**77086**	**29911**	**36697.9**	**28145.4**	**216883**
浙　江	Zhejiang	170772	72143	28699	26237	11025	27008	5660	61628
安　徽	Anhui								
福　建	Fujian	807988	609874	96205	50849	18886	9690	22485	155255
珠江区	**Pearl River**	**1972795**	**1425873**	**239856**	**123541**	**53041**	**15428**	**115056**	**3623579**
湖　南	Hunan	15431	13631	649	256	845.0	30	20	1700
广　东	Guangdong	1102378	688132	207051	108611	18055	14700	65829	2843120
广　西	Guangxi	635805	584578	20115	9213	20596		1302.47	720469
海　南	Hainan	85687	38491	849	887			45460	47250
贵　州	Guizhou	62924	45027	8657	2816	3995	140	2289	9017
云　南	Yunnan	70570	56013	2535	1759	9550	558	155	2023
西南诸河区	**Rivers in Southwest**	**511960**	**447334**	**17048**	**9941**	**31334**	**2393**	**3911**	**2059361**
云　南	Yunnan	459323	401654	17023	9731	26509	494	3911	2059361
西　藏	Tibet	52485	45680	24	58	4824	1899		
青　海	Qinghai	152			152				
西北诸河区	**Rivers in Northwest**	**3994126**	**3763830**	**32314**	**14574**	**10342**	**159226**	**13840**	**439346**
内蒙古	Inner Mongolia	62998	4844		4	50	58100		
甘　肃	Gansu	216570	199224	1900	291	1712	13243	200	
青　海	Qinghai	57889	45210	8534	831	453	2862		23706
新　疆	Xinjiang	3656669	3514552	21880	13448	8127	85021	13640	415640

4-14 2011 年取水泵站工程供水量（按地区分）

Water Supply of Pumping Stations in 2011 (by Regions)

单位：万立方米 unit: $10^4 m^3$

地区	Region	合计 Total	农业灌溉供水量 Water Supply for Irrigation	工业生产供水量 Water Supply for Industrial Use	城镇生活供水量 Water Supply for Urban Domestic Use	乡村生活供水量 Water Supply for Rural Domestic Use	生态环境供水量 Water Supply for Ecological Environment	其他 Others
合 计	**Total**	**6821123**	**5174540**	**977504**	**310629**	**146156**	**128360**	**83934**
北 京	Beijing	4066	1420	77	45	206	2301	17
天 津	Tianjin	65298	61798				3500	
河 北	Hebei	40615	26841	6254	159	109	6419	834
山 西	Shanxi	84115	74595	5813	1147	2132	56	371
内蒙古	Inner Mongolia	134939	97452	30408	6052	3	1024	
辽 宁	Liaoning	236392	218871	9455	6829	1093	134	10
吉 林	Jilin	97572	97055	122	368	27		
黑龙江	Heilongjiang	438865	430457	4560	3802	46		
上 海	Shanghai	159531	159531					
江 苏	Jiangsu	2071762	1257313	588547	125875	62735	16817	20474
浙 江	Zhejiang	710865	436205	128255	39583	21211	76930	8681
安 徽	Anhui	490034	452026	16938	11684	7738	1055	593
福 建	Fujian	67892	50582	5182	10032	1306	110	680
江 西	Jiangxi	158429	144873	7644	5004	693	200	15
山 东	Shandong	227254	204104	13822	3929	4410	797	192
河 南	Henan	37569	31377	5070	223	859	35	5
湖 北	Hubei	338009	267327	51298	13235	3187	251	2711
湖 南	Hunan	217893	161100	29418	13894	6847	2598	4036
广 东	Guangdong	365278	229555	21370	46282	16941	8825	42305
广 西	Guangxi	187163	179080	1590	4287	2052		154
海 南	Hainan	3648	3569		2	77		
重 庆	Chongqing	23995	16550	2247	2142	2366	72	618
四 川	Sichuan	84045	77036	1600	3044	1432	12	921
贵 州	Guizhou	29235	25778	516	1601	1042		297
云 南	Yunnan	84063	73685	3626	3113	2468	1011	160
西 藏	Tibet	1291	1281	8		2		
陕 西	Shaanxi	110268	91773	10189	4101	2755	590	860
甘 肃	Gansu	188224	148136	28204	3692	4203	3989	
青 海	Qinghai	10681	9249	346	86		1000	
宁 夏	Ningxia	112807	109570	2504		214	518	
新 疆	Xinjiang	39327	36349	2440	420		118	

4-15 2011 年取水泵站工程供水量（按水资源分区分）

Water Supply of Pumping Stations in 2011 (by Water Resources Regions)

单位：万立方米 unit: 10^4m^3

水资源一级区	Grade- I Water Resources Region	合计 Total	农业灌溉供水量 Water Supply for Irrigation	工业生产供水量 Water Supply for Industrial Use	城镇生活供水量 Water Supply for Urban Domestic Use	乡村生活供水量 Water Supply for Rural Domestic Use	生态环境供水量 Water Supply for Ecological Environment	其他 Others
合　计	**Total**	**6821123**	**5174540**	**977504**	**310629**	**146156**	**128360**	**83934**
松花江区	Songhua River	536381	527373	4762	4170	76		
辽河区	Liaohe River	243924	226403	9455	6829	1093	134	10
海河区	Haihe River	182827	158370	8643	1326	913	12725	851
黄河区	Yellow River	606383	501336	76221	12750	9005	5928	1143
淮河区	Huaihe River	1397552	1235261	85187	27240	31499	5158	13208
长江区	Yangtze River	2796331	1810283	683840	176501	68031	33876	23800
其中：太湖区	Among Which: Taihu Lake	1317578	666786	527925	52411	27667	28719	14070
东南诸河区	Rivers in Southeast	378869	193659	80336	28158	14620	59922	2174
珠江区	Pearl River	601872	451419	25559	52413	20719	9144	42618
西南诸河区	Rivers in Southwest	22481	19998	1062	823	191	278	130
西北诸河区	Rivers in Northwest	54502	50439	2440	420	8	1195	

4-16　2011年取水泵站工程供水量（按水资源分区和地区分）

Water Supply of Pumping Stations in 2011 (by Water Resources Regions and Regions)

单位：万立方米　　unit: 10^4m^3

地区	Region	合计 Total	农业灌溉供水量 Water Supply for Irrigation	工业生产供水量 Water Supply for Industrial Use	城镇生活供水量 Water Supply for Urban Domestic Use	乡村生活供水量 Water Supply for Rural Domestic Use	生态环境供水量 Water Supply for Ecological Environment	其他 Others
松花江区	**Songhua River**	**536381**	**527373**	**4762**	**4170**	**76**		
内蒙古	Inner Mongolia	683	600	80		3		
吉　林	Jilin	96833	96316	122	368	27		
黑龙江	Heilongjiang	438865	430457	4560	3802	46		
辽河区	**Liaohe River**	**243924**	**226403**	**9455**	**6829**	**1093**	**134**	**10**
内蒙古	Inner Mongolia	6833	6833					
辽　宁	Liaoning	236352	218831	9455	6829	1093	134	10
吉　林	Jilin	739	739					
海河区	**Haihe River**	**182827**	**158370**	**8643**	**1326**	**913**	**12725**	**851**
北　京	Beijing	4066	1420	77	45	206	2301	17
天　津	Tianjin	65298	61798				3500	
河　北	Hebei	40615	26841	6254	159	109	6419	834
山　西	Shanxi	12146	8945	1944	698	554	5	
内蒙古	Inner Mongolia							
辽　宁	Liaoning	40	40					
山　东	Shandong	51663	50488	275	400		500	
河　南	Henan	8999	8838	93	24	44		
黄河区	**Yellow River**	**606383**	**501336**	**76221**	**12750**	**9005**	**5928**	**1143**
山　西	Shanxi	71968	65650	3869	449	1578	51	371
内蒙古	Inner Mongolia	127418	90014	30328	6052		1024	
山　东	Shandong	16961	13314	2436	431	762	18	
河　南	Henan	8368	6727	877	175	565	24	
陕　西	Shaanxi	90438	77063	8042	2106	2073	382	772
甘　肃	Gansu	168609	130614	27819	3452	3812	2912	
青　海	Qinghai	9815	8383	346	86		1000	
宁　夏	Ningxia	112807	109570	2504		214	518	
淮河区	**Huaihe River**	**1397552**	**1235261**	**85187**	**27240**	**31499**	**5158**	**13208**
江　苏	Jiangsu	967372	837232	63906	23114	25236	4875	13009
安　徽	Anhui	252688	243145	6069	1004	2465		5
山　东	Shandong	158631	140303	11111	3098	3648	279	192
河　南	Henan	18862	14581	4101	24	150	4	2

4-16 续表 continued

地区	Region	合计 Total	农业灌溉供水量 Water Supply for Irrigation	工业生产供水量 Water Supply for Industrial Use	城镇生活供水量 Water Supply for Urban Domestic Use	乡村生活供水量 Water Supply for Rural Domestic Use	生态环境供水量 Water Supply for Ecological Environment	其他 Others
长江区	**Yangtze River**	**2796331**	**1810283**	**683840**	**176501**	**68031**	**33876**	**23800**
上 海	Shanghai	159531	159531					
江 苏	Jiangsu	1104390	420081	524642	102761	37499	11942	7465
浙 江	Zhejiang	399888	293128	53101	21457	7897	17118	7187
安 徽	Anhui	237346	208881	10869	10680	5273	1055	588
江 西	Jiangxi	158429	144873	7644	5004	693	200	15
河 南	Henan	1341	1231			100	7	3
湖 北	Hubei	338009	267327	51298	13235	3187	251	2711
湖 南	Hunan	214894	158501	29218	13894	6747	2598	3936
广 西	Guangxi	3260	3260					
重 庆	Chongqing	23995	16550	2247	2142	2366	72	618
四 川	Sichuan	84045	77036	1600	3044	1432	12	921
贵 州	Guizhou	20399	17910	434	986	801		268
云 南	Yunnan	25665	22961	255	1063	971	414	
陕 西	Shaanxi	19830	14710	2147	1995	682	208	88
甘 肃	Gansu	5311	4303	385	240	383		
青 海	Qinghai							
东南诸河区	**Rivers in Southeast**	**378869**	**193659**	**80336**	**28158**	**14620**	**59922**	**2174**
浙 江	Zhejiang	310977	143077	75154	18126	13314	59812	1494
安 徽	Anhui							
福 建	Fujian	67892	50582	5182	10032	1306	110	680
珠江区	**Pearl River**	**601872**	**451419**	**25559**	**52413**	**20719**	**9144**	**42618**
湖 南	Hunan	2999	2599	200		100.0		100
广 东	Guangdong	365278	229555	21370	46282	16941	8825	42305
广 西	Guangxi	183903	175820	1590	4287	2052		154
海 南	Hainan	3648	3569		2	77		
贵 州	Guizhou	8836	7868	82	615	242		29
云 南	Yunnan	37208	32007	2317	1227	1308	319	30
西南诸河区	**Rivers in Southwest**	**22481**	**19998**	**1062**	**823**	**191**	**278**	**130**
云 南	Yunnan	21190	18717	1054	823	189	278	130
西 藏	Tibet	1291	1281	8		2		
青 海	Qinghai							
西北诸河区	**Rivers in Northwest**	**54502**	**50439**	**2440**	**420**	**8**	**1195**	
内蒙古	Inner Mongolia	5	5					
甘 肃	Gansu	14304	13219			8	1077	
青 海	Qinghai	866	866					
新 疆	Xinjiang	39327	36349	2440	420		118	

4-17 2011年机电井工程供水量（按地区分）

Water Supply of Mechanical and Electrical Irrigation Wells in 2011 (by Regions)

单位：万立方米　　　　unit: $10^4 m^3$

地区	Region	合计 Total	农业灌溉供水量 Water Supply for Irrigation	工业生产供水量 Water Supply for Industrial Use	城镇生活供水量 Water Supply for Urban Domestic Use	乡村生活供水量 Water Supply for Rural Domestic Use	生态环境供水量 Water Supply for Ecological Environment	其他 Others
合　计	**Total**	**8838083**	**6900542**	**840708**	**419568**	**565605**	**70942**	**45338**
北　京	Beijing	157730	85206	12612	22823	17304	6778	13007
天　津	Tianjin	55149	31863	9799	780	12505	202	
河　北	Hebei	1519303	1186579	156240	66512	100991	4840	4141
山　西	Shanxi	238261	168820	28369	16073	27811	455	1352
内蒙古	Inner Mongolia	916895	647027	144886	49915	50910	16616	7541
辽　宁	Liaoning	397463	293891	38983	26751	31909	831	5098
吉　林	Jilin	264443	231644	8678	12325	11599		197
黑龙江	Heilongjiang	1604142	1489356	35664	30998	48114	10	
上　海	Shanghai	107		75				32
江　苏	Jiangsu	84846	28733	16953	16330	22236	80	514
浙　江	Zhejiang	14787	7541	4293	1060	1583	310	
安　徽	Anhui	118513	94109	8419	3797	12177	0	10
福　建	Fujian	22215	14624	1503	2913	1633	30	1513
江　西	Jiangxi	16579	16118	287	163	11		
山　东	Shandong	832786	601409	119265	35242	71491	3460	1918
河　南	Henan	919892	741236	68589	39300	61628	3122	6017
湖　北	Hubei	14579	11315	1025	858	1376		5
湖　南	Hunan	12117	6830	375	192	4062	70	588
广　东	Guangdong	29449	19339	3559	4683	1538		330
广　西	Guangxi	28324	12474	371	3115	12334		30
海　南	Hainan	2628	2448			180		
重　庆	Chongqing	2624	76	8	5	2511		25
四　川	Sichuan	7862	5600	206	371	1613		72
贵　州	Guizhou	2986	2144	24	40	271	2	505
云　南	Yunnan	14151	7342	1634	2852	2145	57	121
西　藏	Tibet	5179	5175	2		2		
陕　西	Shaanxi	324944	164089	79193	40089	35213	5779	581
甘　肃	Gansu	240846	178628	27582	13985	14383	6110	157
青　海	Qinghai	15434	4474	4197	3210	773	2769	11
宁　夏	Ningxia	14295	10904	797	723	1547	325	
新　疆	Xinjiang	959555	831549	67119	24463	15754	19097	1573

4-18 2011 年机电井工程供水量（按水资源分区分）

Water Supply of Mechanical and Electrical Irrigation Wells in 2011 (by Water Resources Regions)

单位：万立方米 unit: 10^4m^3

水资源一级区	Grade- I Water Resources Region	合计 Total	农业灌溉供水量 Water Supply for Irrigation	工业生产供水量 Water Supply for Industrial Use	城镇生活供水量 Water Supply for Urban Domestic Use	乡村生活供水量 Water Supply for Rural Domestic Use	生态环境供水量 Water Supply for Ecological Environment	其他 Others
合　计	**Total**	**8838083**	**6900542**	**840708**	**419568**	**565605**	**70942**	**45338**
松花江区	Songhua River	2018183	1804128	84918	55010	70831	1891	1405
辽河区	Liaohe River	793979	607045	79207	40484	50946	8420	7878
海河区	Haihe River	2250917	1718963	231576	111826	158648	12443	17460
黄河区	Yellow River	1071798	705760	177165	82794	92086	14067	4546
淮河区	Huaihe River	1219756	884916	140252	63120	120665	4688	6115
长江区	Yangtze River	157520	89868	22762	17717	25080	969	1124
其中：太湖区	Among Which: Taihu Lake	1655	815	581	212	15		32
东南诸河区	Rivers in Southeast	36284	21740	5641	3839	3211	340	1513
珠江区	Pearl River	67943	37809	4798	9508	14967	37	825
西南诸河区	Rivers in Southwest	7087	6515	192	176	112	20	73
西北诸河区	Rivers in Northwest	1214617	1023799	94197	35095	29060	28068	4400

4-19 2011 年机电井工程供水量（按水资源分区和地区分）

Water Supply of Mechanical and Electrical Irrigation Wells in 2011 (by Water Resources Regions and Regions)

单位：万立方米 unit: $10^4 m^3$

地区	Region	合计 Total	农业灌溉供水量 Water Supply for Irrigation	工业生产供水量 Water Supply for Industrial Use	城镇生活供水量 Water Supply for Urban Domestic Use	乡村生活供水量 Water Supply for Rural Domestic Use	生态环境供水量 Water Supply for Ecological Environment	其他 Others
松花江区	**Songhua River**	**2018183**	**1804128**	**84918**	**55010**	**70831**	**1891**	**1405**
内蒙古	Inner Mongolia	172973	104013	40804	12313	12754	1881	1208
吉　林	Jilin	241067	210759	8450	11699	9963		197
黑龙江	Heilongjiang	1604142	1489356	35664	30998	48114	10	
辽河区	**Liaohe River**	**793979**	**607045**	**79207**	**40484**	**50946**	**8420**	**7878**
内蒙古	Inner Mongolia	374774	293801	39996	13106	17502	7589	2780
辽　宁	Liaoning	395829	292358	38983	26751	31808	831	5098
吉　林	Jilin	23376	20886	228	626	1636		
海河区	**Haihe River**	**2250917**	**1718963**	**231576**	**111826**	**158648**	**12443**	**17460**
北　京	Beijing	157730	85206	12612	22823	17304	6778	13007
天　津	Tianjin	55149	31863	9799	780	12505	202	
河　北	Hebei	1519303	1186579	156240	66512	100991	4840	4141
山　西	Shanxi	81517	57513	9577	5376	8849	145	57
内蒙古	Inner Mongolia	19929	14343	2013	1140	2190	243	
辽　宁	Liaoning	1634	1533			101		
山　东	Shandong	185946	136499	29062	10966	9189	230	
河　南	Henan	229709	205428	12273	4229	7519	5	255
黄河区	**Yellow River**	**1071798**	**705760**	**177165**	**82794**	**92086**	**14067**	**4546**
山　西	Shanxi	156744	111308	18792	10697	18962	310	1295
内蒙古	Inner Mongolia	287314	194832	52244	19311	13965	6226	736
山　东	Shandong	93314	73235	11632	2675	5690	82	
河　南	Henan	174675	134590	13138	6850	16375	1642	2080
陕　西	Shaanxi	288833	154747	66429	32838	29623	4919	277
甘　肃	Gansu	45042	22674	9935	6508	5531	247	147
青　海	Qinghai	11580	3471	4197	3192	392	317	11
宁　夏	Ningxia	14295	10904	797	723	1547	325	
淮河区	**Huaihe River**	**1219756**	**884916**	**140252**	**63120**	**120665**	**4688**	**6115**
江　苏	Jiangsu	81201	28332	15373	15060	21844	80	514
安　徽	Anhui	116855	92831	8307	3709	11998	0.1	10
山　东	Shandong	553525	391675	78571	21601	56612	3148	1918
河　南	Henan	468174	372079	38002	22751	30212	1460	3672

4-19 续表 continued

地区	Region	合计 Total	农业灌溉供水量 Water Supply for Irrigation	工业生产供水量 Water Supply for Industrial Use	城镇生活供水量 Water Supply for Urban Domestic Use	乡村生活供水量 Water Supply for Rural Domestic Use	生态环境供水量 Water Supply for Ecological Environment	其他 Others
长江区	**Yangtze River**	**157520**	**89868**	**22762**	**17717**	**25080**	**969**	**1124**
上 海	Shanghai	107		75				32
江 苏	Jiangsu	3645	402	1580	1270	392		
浙 江	Zhejiang	718	424	155	134	5		
安 徽	Anhui	1658	1278	113	89	179		
江 西	Jiangxi	16579	16118	287	163	11		
河 南	Henan	47334	29140	5176	5470	7523	15	10
湖 北	Hubei	14579	11315	1025	858	1376		5
湖 南	Hunan	12117	6830	375	192	4062	70	588
广 西	Guangxi	353				353		
重 庆	Chongqing	2624	76	8	5	2511		25
四 川	Sichuan	7862	5600	206	371	1613		72
贵 州	Guizhou	2346	1962	24	40	267	2	51
云 南	Yunnan	4985	2635	576	965	772		37
陕 西	Shaanxi	36111	9342	12764	7251	5590	860	304
甘 肃	Gansu	6501	4746	398	909	426	22	
青 海	Qinghai							
东南诸河区	**Rivers in Southeast**	**36284**	**21740**	**5641**	**3839**	**3211**	**340**	**1513**
浙 江	Zhejiang	14069	7117	4138	926	1578	310	
安 徽	Anhui							
福 建	Fujian	22215	14624	1503	2913	1633	30	1513
珠江区	**Pearl River**	**67943**	**37809**	**4798**	**9508**	**14967**	**37**	**825**
湖 南	Hunan							
广 东	Guangdong	29449	19339	3559	4683	1538		330
广 西	Guangxi	27970	12474	371	3115	11981		30
海 南	Hainan	2628	2448			180		
贵 州	Guizhou	640	181			4		454
云 南	Yunnan	7257	3367	868	1710	1264	37	11
西南诸河区	**Rivers in Southwest**	**7087**	**6515**	**192**	**176**	**112**	**20**	**73**
云 南	Yunnan	1908	1341	190	176	110	20	73
西 藏	Tibet	5179	5175	2		2		
青 海	Qinghai							
西北诸河区	**Rivers in Northwest**	**1214617**	**1023799**	**94197**	**35095**	**29060**	**28068**	**4400**
内蒙古	Inner Mongolia	61905	40038	9829	4045	4499	677	2817
甘 肃	Gansu	189303	151208	17249	6569	8425	5842	10
青 海	Qinghai	3854	1003		18	381	2452	
新 疆	Xinjiang	959555	831549	67119	24463	15754	19097	1573

主要统计指标解释

供水量 各种水源为用水户提供的包括输水损失在内的毛水量。

用水量 各类用水户取用的包括输水损失在内的毛水量，又称取水量。

累计解决农村饮水困难人口(或牲畜) 截至报告期，通过修建水利设施，解决了水源、改良了水质，而改善、解决饮水困难的农村人口（或牲畜）的数量。

农村饮水安全标准 农村饮用水安全卫生评价指标体系分安全和基本安全 2 个档次，由水质、水量、方便程度和保证率 4 项指标组成。4 项指标中只要有一项低于安全或基本安全最低值，就不能定为饮用水安全或基本安全。水质：符合国家《生活饮用水卫生标准》要求的为安全；符合《农村实施〈生活饮用水卫生标准〉准则》要求的为基本安全。水量：每人每天可获得的水量不低于 40～60 升为安全；不低于 20～40 升为基本安全。根据气候特点、地形、水资源条件和生活习惯，将全国分为 5 个类型区，不同地区的具体水量标准可参照附表确定。方便程度：人力取水往返时间不超过 10 分钟为安全；取水往返时间不超过 20 分钟为基本安全。保证率：供水保证率不低于 95%为安全；不低于 90%为基本安全。

农村饮水安全总人口 满足农村饮水基本安全标准的农村地区（即城市及县城关镇以外地区）年末常驻人口。农村饮水包括农村居民餐饮、洗涤以及散养畜禽等日常生活用水。按照水利部、卫生部联合下发的《关于印发农村饮用水安全卫生评价指标体系的通知》的要求，农村饮水安全主要采用水质、水量、取水方便程度以及供水保证率 4 项指标进行评价，并对 5 类地区分安全饮水和基本安全饮水 2 个档次设置标准，只有当上述 4 项指标均达到饮水安全标准的人口，才算饮水安全达标人口。

农村饮水基本安全人口 农村居民饮水未全部满足安全饮水标准，但均达到基本安全饮水标准的人口。

按照有关规定，评价农村饮水是否安全存在 2 个标准，即高标准（安全达标标准）和低标准（基本安全达标标准）。按照规定，只有达到安全达标标准（高标准）的农村人口才属于农村饮水安全达标人口，但鉴于当前农村的特殊条件，一般地，将达到基本安全标准（低标准）的人口也包括在饮水安全达标人口范围之内。因此，在无特别说明的情况下，农村饮水安全人口=达到基本安全标准的农村人口（达到高标准的人口包括其中）。只达到基本安全标准的农村人口=达到基本安全达标标准（低标准）但尚未达到安全达标标准（高标准）的人口。

蓄水工程供水 凡是水源来源于蓄水工程，无论采取什么方式取水，比如从水库提水或自流引水，都应统计为蓄水工程供水。蓄水工程是指天然的塘坝及人工修筑的水库、塘坝工程。

农业灌溉供水量 水利工程为农田、林地、果园、牧草灌溉实际毛供水量的总和。

工业生产供水量 水利工程为工业生产的供水量。1991 年以前乡镇工业供水统计在农业供水中，从 1992 年开始统计在工业供水中。乡镇企业供水指水利工程为乡镇工业及农副产品加工实际毛供水量。

城镇生活供水量 水利工程对城镇居民生活供水量，还包括用于餐饮、服务以及市政环卫等公共服务方面的供水。生活供水主要统计各类水利工程向自来水厂或城镇居民供应的原水量，即未经任何处理的水量。

乡村生活供水量 水利工程为乡村居民生活的供水量，除乡村居民生活用水外，还包括牲畜用水。

生态环境供水量 主要指通过水利工程设施向城镇、乡村生态脆弱地区或恶化地区以及其他地区补水，以维持、控制、恢复、改善原有的生态环境状态，如为了避免湿地萎缩、维持地下水位、防止海水入侵、维持河川基流、恢复原有湖泊、保护植被等目的，以及为了维持人类居住地的生态环境需要所进行的补水。

水电供水量 水利工程为水电站的供水，全国水电供水量 2400 亿立方米每年，但它基本不消耗水量，如果和工业、农业供水等并列计入供水总量，将影响水资源的平衡核算研究。现行水利统计报表制度规定、水电供水量单独进行统计，不计入供水量总计。

引水工程供水量 直接从江、河、湖泊等水源地取水的引水工程供水量。常见的引水工程有无坝自流和有坝自流两种引水工程。

提（取）水泵站工程供水量 直接从江河、湖泊等水源地通过泵站方式取（供）水量。如果提水泵站从水库或者灌溉渠道中取水，则不能计入提水泵站工程供水中。

机电井工程供水量 通过机电井抽取地下水而提供的水量等。

Explanatory Notes of Main Statistical Indicators

Water supply Gross quantity of water provided by all kinds of water sources, including loss in transportation.

Water use Gross quantity of water used by all kinds of users, including loss in transportation.

Population(or livestock) in rural areas with drinking water The population or number of livestock that are able to access drinking water by means of construction of water facilities, providing water sources and water quality improvement until the statistical date of the report.

Standard of safe drinking water in rural areas The evaluation index system of safe drinking water in rural areas defines two levels of safe and generally safe, which is formed by four elements of water quality, water quantity, convenience of access to water and guarantee rate. If the value of one of the four indices is lower than the minimum level of safety or generally safety, the drinking water can not be deemed as safe or generally safe. Water quality: water quality that meets the "National Sanitary Standards for Drinking Water" is deemed as safe; water quality that meets the "Implementing Rules of National Sanitary Standards for Drinking Water in Rural Areas" is deemed as generally safe. Water quantity: each person can get 40-60L water per day or above is deemed as safe; each person get no less than 20-40L water per day is deemed as generally safe. According to feature of climate, topography, water resources conditions, and living habits and customs, China can be divided into five different regions, and specified water quantity in different regions can be determined by referencing the attached tables. Convenience of access to water: manpower getting water with no more than 10 minutes is deemed as safe and no more than 20 minutes as generally safe. Guarantee rate: 95% of water supply or more than 95% of water supply is guaranteed is deemed as safe; the guarantee rate is not lower than 90% is deemed as generally safe.

Total population in rural areas with safe drinking water Permanent residential population in rural areas (outside of city, county and township) at the end of the year where drinking water safety standard has been met. Rural drinking water includes daily water use of rural residents for cooking, washing and raising livestock etc. According to the requirement of Notification of Evaluation Index System of Rural Drinking Water Safety and Sanitation issued by Ministry of Water resources and Ministry of Health, four indices are applied for evaluating drinking water safety, namely water quality, water quantity, convenience of access to water and guarantee rate; two criteria namely safe and generally safe are given when evaluation is made in five different regions. Only when the four indexes all satisfy the standards of safe and generally safe, the population is deemed as rural population with safe drinking water.

Population with generally safe drinking water The total residents who live in rural areas where the above four indexes may not met, but standards of generally safe are all met.

According to related regulations, two standards are applied to evaluate whether drinking water in rural area is safe or not, i.e. high standard (safe) or low standard (generally safe). According to the norm, only rural population able to access safe drinking water is deemed as rural population with safe drinking water. However, due to special conditions in some rural areas, it is common to include rural population without safe drinking water into the scope of rural population with safe drinking water. Thus, if no special explanation is made, rural population with safe drinking water equal to rural population with generally safe drinking water (including rural population with high standard drinking water). Rural residents with generally safe drinking water equals to the rural population with drinking water meeting the standard of generally safe (low standard), but cannot meet the standard of safe drinking water (high standard).

Water supply of storage work If water sources are from storage works, no matter what diversion method is adopted, e.g. from the reservoir or by gravity, it is considered as water supply of storage works. Storage works refers to naturally formed dam, man-made dam, pond and reservoir.

Water supply for irrigation Total water provided by water works for irrigation of farmlands, forests, orchards and grazing land.

Water supply for industrial use Water provided by water works for industrial water use in urban and rural areas. Before 1991, the quantity of water supply for township industries is included in agricultural water supply, but from 1992 it began to be counted as industrial water supply. Water supply for township enterprise means actual gross quantity of water supply provided by water works for township industries and processing of agricultural products and by-products.

Water supply for urban domestic use Water supply for urban residents, and also water supply to restaurants, service industry, municipal environment and sanitation and other public utilities. Domestic water supply mainly refers to source water for water plant or urban residents provided by all kinds of water works, that is, the amount of water without any treatment.

Water supply for rural domestic use Quantity of water supply for both rural residents and livestock.

Water supply for ecological environment Water transfer or recharge to ecological fragile or ecological deterioration region through water structures, in order to sustain, control, restore and improve the original ecosystem and environment, such as prevent wetlands shrinking, sustain groundwater level, prevent seawater intrusion, keep base flow of rivers, restore original lake and vegetations, and consider the needs of sustaining ecological environment of living places of human being.

Water supply for hydropower generation Water supply provided by water projects for hydropower generation. In China, the annual water supply for hydropower generation is 2.4×10^{11} m^3, but power generation does not consume water resources. If it is included in the total quantity of water supply for industrial and agricultural use, it shall exert impact on water balance calculation. According to the current statistic regulation of water resources, water supply for hydropower generation is calculated independently and excluded from the total quantity of water supply.

Water supply of diversion works Water is diverted directly from river or lake. The common water diversion works are two types of gravity diversion schemes with or without a dam.

Water supply of pumping station Water is pumped directly from rivers, lakes and other water sources. If water is diverted from a reservoir or irrigation canals, the quantity should not be included.

Water supply of mechanical and electrical irrigation wells The quantity of water is supplied by mechanical and electrical irrigation wells.

5 水土保持

Soil and Water Conservation

简要说明

水土保持统计资料主要包括水土流失治理面积及其分类治理面积等。按年度、水资源一级区和地区进行分组。

1. 小流域治理统计范围是指列入县级以上(含县级)治理规划，并进行重点治理的流域面积在 5 平方千米以上的小流域。

2. 水土流失治理面积历史资料汇总 1973 年至今数据；新增水土流失治理面积历史资料汇总 1989 年至今数据。

Brief Introduction

Statistical data of soil and water conservation mainly includes controlled area of soil erosion and types of measures for erosion control. The data is grouped in accordance with years, Grade-Ⅰ water resources region and regions.

1. Statistical scope of small watershed under control covers those listed in the plan at and above the county level, and the drainage area of small watershed should be more than 5 square kilometers.

2. Historical data of controlled area of soil erosion is collected from 1973 until present, and historical data of newly-increased controlled area is from 1989 until present.

5-1 历年水土流失治理面积

Controlled Area of Soil Erosion by Years

单位：千公顷 unit: 10^3hm^2

年份 Year	水土流失治理面积 Controlled Area	#水平梯田 Leveled Terraced Field	坝地 Gully Dammed Field	水保林 Water Conservation Forest
1974	38423	6209	855	17796
1975	40757	7011	847	
1976	42007	7383	942	
1977	42441	7161	929	20924
1978	40435	7239	891	
1979	40606	6461	931	21273
1980	41152	6539	895	21679
1981	41647	6427	878	21647
1982	41412	6367	924	22367
1983	42405	6457	922	22829
1984	44623	7062	1050	24570
1985	46393	6982	1275	25648
1986	47909	7436	1269	26923
1987	49528	7755	1579	27889
1988	51349	7952	1438	29461
1989	52154	8209	1495	30490
1990	52971	7623	1563	31660
1991	55838	8072	1893	33381
1992	58635			

年份 Year	水土流失治理面积 Controlled Area	#小流域治理面积 Improved Area of Small Watershed	水土流失治理面积新增合计 Total Newly-Increased Controlled Area	水平梯田 Leveled Terraced Field	坝地 Gully Dammed Field	水保林 Water Conservation Forest	种草 Planted Grassland	其他 Others	水土流失治理面积减少 Reduction of Controlled Area
1993	61253								
1994	64080								
1995	66855								
1996	69321								
1997	72242								
1998	75022								
1999	77828								
2000	80961	28473	4728						1595
2001	81539	30385	4888						4309
2002	85410	34255	5056						1186
2003	89714	35628	5538						1234
2004	92004	36040	4445						2156
2005	94654	37059	4198						1102
2006	97491	37915	3969						1543
2007	99871	38731	3916	311	58	1497	537	1513	1471
2008	101587	39189	3867	275	41	1474	492	1584	2666
2009	104545	41139	4318	412	38	1647	470	1751	1373
2010	106800	41602	4015	401	42	1500	409	1663	1737
2011	109664	41425	4008	437	46	1565	388	1572	1306

5-2 2011年水土流失治理面积（按地区分）

Controlled Area of Soil Erosion in 2011 (by Regions)

单位：千公顷 unit: 10^3hm^2

地区	Region	水土流失治理面积 Controlled Area	#小流域治理面积 Improved Area of Small Watershed	水土流失治理面积新增合计 Total Newly-Increased Improved Area	水平梯田 Leveled Terraced Field	坝地 Gully Dammed Field	水保林 Water Conservation Forest	种草 Planted Grassland	其他 Others	水土流失治理面积减少 Reduction of Controlled Area
合 计	**Total**	**109663.82**	**41425.38**	**4008.32**	**437.38**	**45.54**	**1565.44**	**388.41**	**1571.55**	**1305.53**
北 京	Beijing	579.80	579.80	37.00	0.34		0.23	0.02	36.41	
天 津	Tianjin	51.58	33.43	5.20	0.17	0.03	0.08		4.92	0.05
河 北	Hebei	6351.47	3211.29	147.67	9.25	0.80	81.80	1.20	54.62	86.51
山 西	Shanxi	5560.62	756.80	255.97	10.41	2.15	129.77	20.45	93.19	47.86
内蒙古	Inner Mongolia	11219.28	3454.76	445.26	15.86	2.66	270.63	156.11		123.45
辽 宁	Liaoning	6486.51	3219.58	181.76	15.89	3.00	82.13	0.13	80.62	28.97
吉 林	Jilin	3639.15	482.96	52.65	2.82	0.13	13.35	0.76	35.59	
黑龙江	Heilongjiang	4838.77	1631.30	168.07	25.23		52.95	1.04	88.85	19.79
上 海	Shanghai									
江 苏	Jiangsu	1110.23	269.60	72.96	0.95	7.85	8.00	4.43	51.73	15.01
浙 江	Zhejiang	2457.64	525.33	46.65	8.40	1.86	18.52	5.31	12.56	20.65
安 徽	Anhui	2180.33	952.87	45.05	5.28	2.05	7.27	0.71	29.75	0.81
福 建	Fujian	1493.12	813.49	63.69	5.31	0.74	16.23	1.99	39.41	40.56
江 西	Jiangxi	4626.80	908.55	129.56	1.97	0.43	30.84	9.89	86.43	16.80
山 东	Shandong	4722.49	1354.28	88.68	20.62	2.70	46.68	2.50	16.18	17.72
河 南	Henan	4412.59	2552.78	116.05	23.19	8.65	57.77	3.35	23.09	132.16
湖 北	Hubei	4832.72	1448.41	168.72	21.79	0.36	48.44	3.65	94.48	2.47
湖 南	Hunan	2906.91	895.31	44.93	6.92	1.64	16.45	4.62	15.30	9.28
广 东	Guangdong	1418.72	573.39	41.34	3.33	0.07	24.58	2.64	10.72	1.07
广 西	Guangxi	1952.08	301.06	86.09	1.45	0.50	26.23	0.88	57.03	7.78
海 南	Hainan	37.74	0.39	5.01		0.20	4.54	0.01	0.26	
重 庆	Chongqing	2376.69	1829.27	86.48	13.05	0.02	20.48	0.48	52.45	22.12
四 川	Sichuan	6536.19	3812.00	213.86	27.97	4.61	73.55	9.75	97.99	7.31
贵 州	Guizhou	3249.82	2816.99	145.06	6.36	0.08	49.50	12.95	76.16	4.36
云 南	Yunnan	5866.84	2868.53	330.13	30.50	1.26	120.93	5.34	172.10	18.94
西 藏	Tibet	42.30	3.56	1.89	0.95		0.57	0.37		
陕 西	Shaanxi	9407.09	3305.85	658.73	43.30	3.71	240.87	87.55	283.30	559.66
甘 肃	Gansu	8096.76	2072.79	203.15	112.99	0.04	43.54	20.40	26.18	53.25
青 海	Qinghai	840.82	312.56	15.33	3.20		2.11	0.47	9.55	
宁 夏	Ningxia	1910.04	280.25	113.09	19.89		51.76	26.77	14.67	68.96
新 疆	Xinjiang	458.73	158.19	38.31			25.63	4.65	8.04	

5-3　2011 年水土流失治理面积（按水资源分区分）

Controlled Area of Soil Erosion in 2011 (by Water Resources Regions)

单位：千公顷　　unit: 10^3hm^2

水资源一级区	Grade-Ⅰ Water Resources Region	水土流失治理面积 Controlled Area	#小流域治理面积 Improved Area of Small Watershed	水土流失治理面积新增合计 Total Newly-Increased Improved Area	水平梯田 Leveled Terraced Field	坝地 Gully Dammed Field	水保林 Water Conservation Forest	种草 Planted Grassland	其他 Others	水土流失治理面积减少 Reduction of Controlled Area
合　计	**Total**	**109663.82**	**41425.38**	**4008.32**	**437.38**	**45.54**	**1565.44**	**388.41**	**1571.55**	**1305.53**
松花江区	Songhua River	9362.22	2297.89	294.90	33.99	0.13	115.27	24.91	120.60	19.79
辽河区	Liaohe River	11260.51	4809.57	304.51	22.91	3.00	160.29	33.86	84.46	42.63
海河区	Haihe River	10171.04	4649.69	337.16	19.04	2.99	156.50	14.99	143.64	140.60
黄河区	Yellow River	24584.94	7021.68	1065.12	171.60	7.67	421.54	221.91	242.39	608.64
淮河区	Huaihe River	7008.62	2716.73	196.73	32.65	15.75	63.95	7.59	76.79	64.39
长江区	Yangtze River	34083.16	15226.95	1262.17	117.19	12.26	418.70	47.83	666.19	330.28
其中：太湖区	Among Which: Taihu Lake	447.76	179.90	7.00	0.22	0.20	2.00	0.20	4.39	0.49
东南诸河区	Rivers in Southeast	3895.50	1311.87	109.15	13.71	2.60	34.11	7.16	51.58	61.21
珠江区	Pearl River	5488.72	2129.16	235.74	12.78	0.77	99.50	5.88	116.81	20.75
西南诸河区	Rivers in Southwest	1882.92	723.90	102.67	13.32	0.10	28.96	2.26	58.03	2.95
西北诸河区	Rivers in Northwest	1926.20	537.95	100.17	0.20	0.27	66.62	22.03	11.06	14.30

5-4 2011 年水土流失治理面积（按水资源分区和地区分）

Controlled Area of Soil Erosion in 2011 (by Water Resources Regions and Regions)

单位：千公顷 unit: 10^3hm^2

地区	Region	水土流失治理面积 Controlled Area	#小流域治理面积 Improved Area of Small Watershed	水土流失治理面积 新增合计 Total Newly-Increased Improved Area	水平梯田 Leveled Terraced Field	坝地 Gully Dammed Field	水保林 Water Conservation Forest	种草 Planted Grassland	其他 Others	水土流失治理面积减少 Reduction of Controlled Area
松花江区	**Songhua River**	**9362.22**	**2297.89**	**294.90**	**33.99**	**0.13**	**115.27**	**24.91**	**120.60**	**19.79**
内蒙古	Inner Mongolia	1417.73	261.23	79.30	6.17		50.02	23.11		
吉　林	Jilin	3105.72	405.36	47.53	2.59	0.13	12.30	0.76	31.75	
黑龙江	Heilongjiang	4838.77	1631.30	168.07	25.23		52.95	1.04	88.85	19.79
辽河区	**Liaohe River**	**11260.51**	**4809.57**	**304.51**	**22.91**	**3.00**	**160.29**	**33.86**	**84.46**	**42.63**
内蒙古	Inner Mongolia	4353.72	1568.30	117.63	6.79		77.11	33.73		13.66
辽　宁	Liaoning	6373.36	3163.67	181.76	15.89	3.00	82.13	0.13	80.62	28.97
吉　林	Jilin	533.43	77.60	5.12	0.23		1.05		3.84	
海河区	**Haihe River**	**10171.04**	**4649.69**	**337.16**	**19.04**	**2.99**	**156.50**	**14.99**	**143.64**	**140.60**
北　京	Beijing	579.80	579.80	37.00	0.34		0.23	0.02	36.41	
天　津	Tianjin	51.58	33.43	5.20	0.17	0.03	0.08		4.92	0.05
河　北	Hebei	6351.47	3211.29	147.67	9.25	0.80	81.80	1.20	54.62	86.51
山　西	Shanxi	1853.74	212.85	89.48	1.81	0.39	45.41	1.07	40.80	17.87
内蒙古	Inner Mongolia	606.35	325.65	29.21	2.67	0.33	14.84	11.37		9.37
辽　宁	Liaoning	113.15	55.91							
山　东	Shandong	224.78	4.99	6.01	0.05	0.45	5.17		0.34	1.52
河　南	Henan	390.17	225.77	22.59	4.75	0.99	8.97	1.33	6.55	25.28
黄河区	**Yellow River**	**24584.94**	**7021.68**	**1065.12**	**171.60**	**7.67**	**421.54**	**221.91**	**242.39**	**608.64**
山　西	Shanxi	3706.88	543.95	166.49	8.60	1.76	84.36	19.38	52.39	29.99
内蒙古	Inner Mongolia	4014.14	942.74	161.98	0.23	2.06	88.52	71.17		86.12
山　东	Shandong	587.79	164.89	12.02	2.95	0.02	6.76	0.68	1.61	3.30
河　南	Henan	1240.99	625.55	31.55	5.60	0.18	19.55	0.08	6.14	22.02
陕　西	Shaanxi	6521.23	2377.61	385.62	30.73	3.61	128.39	84.47	138.42	349.83
甘　肃	Gansu	5798.45	1782.01	184.72	100.93	0.04	41.16	19.37	23.22	48.42
青　海	Qinghai	805.42	304.67	9.65	2.67		1.03		5.95	
宁　夏	Ningxia	1910.04	280.25	113.09	19.89		51.76	26.77	14.67	68.96
淮河区	**Huaihe River**	**7008.62**	**2716.73**	**196.73**	**32.65**	**15.75**	**63.95**	**7.59**	**76.79**	**64.39**
江　苏	Jiangsu	731.31	160.92	65.47	0.84	7.24	5.43	3.53	48.43	5.50
安　徽	Anhui	463.39	230.91	8.94	2.67	0.20	2.04	0.30	3.73	
山　东	Shandong	3909.92	1184.40	70.65	17.62	2.23	34.75	1.82	14.23	12.90
河　南	Henan	1904.00	1140.50	51.67	11.52	6.08	21.73	1.94	10.40	45.99

5-4　续表 continued

地区	Region	水土流失治理面积 Controlled Area	#小流域治理面积 Improved Area of Small Watershed	水土流失治理面积 新增合计 Total Newly-Increased Improved Area	水平梯田 Leveled Terraced Field	坝地 Gully Dammed Field	水保林 Water Conservation Forest	种草 Planted Grassland	其他 Others	水土流失治理面积减少 Reduction of Controlled Area
长江区	**Yangtze River**	**34083.16**	**15226.95**	**1262.17**	**117.19**	**12.26**	**418.70**	**47.83**	**666.19**	**330.28**
上　海	Shanghai									
江　苏	Jiangsu	378.92	108.68	7.49	0.11	0.61	2.57	0.90	3.30	9.51
浙　江	Zhejiang	55.26	26.95	1.18			0.64	0.15	0.39	
安　徽	Anhui	1716.94	721.96	36.11	2.61	1.85	5.23	0.41	26.02	0.81
江　西	Jiangxi	4626.80	908.55	129.56	1.97	0.43	30.84	9.89	86.43	16.80
河　南	Henan	877.43	560.96	10.24	1.32	1.40	7.52			38.87
湖　北	Hubei	4832.72	1448.41	168.72	21.79	0.36	48.44	3.65	94.48	2.47
湖　南	Hunan	2752.14	839.06	43.70	6.91	1.64	15.98	4.62	14.55	9.25
广　西	Guangxi	29.06	13.25	0.03			0.03			
重　庆	Chongqing	2376.69	1829.27	86.48	13.05	0.02	20.48	0.48	52.45	22.12
四　川	Sichuan	6536.19	3812.00	213.86	27.97	4.61	73.55	9.75	97.99	7.31
贵　州	Guizhou	2451.10	2185.75	105.59	5.40	0.08	27.56	11.18	61.37	
云　南	Yunnan	2870.95	1568.58	167.18	11.57	1.16	70.77	2.87	80.80	8.48
陕　西	Shaanxi	2885.86	928.24	273.11	12.57	0.10	112.48	3.08	144.88	209.83
甘　肃	Gansu	1688.45	272.09	15.95	11.89		1.74	0.38	1.94	4.83
青　海	Qinghai	4.66	3.19	2.97	0.03		0.87	0.47	1.60	
东南诸河区	**Rivers in Southeast**	**3895.50**	**1311.87**	**109.15**	**13.71**	**2.60**	**34.11**	**7.16**	**51.58**	**61.21**
浙　江	Zhejiang	2402.38	498.38	45.47	8.40	1.86	17.88	5.16	12.17	20.65
安　徽	Anhui									
福　建	Fujian	1493.12	813.49	63.69	5.31	0.74	16.23	1.99	39.41	40.56
珠江区	**Pearl River**	**5488.72**	**2129.16**	**235.74**	**12.78**	**0.77**	**99.50**	**5.88**	**116.81**	**20.75**
湖　南	Hunan	154.77	56.25	1.23	0.01		0.47		0.75	0.03
广　东	Guangdong	1418.72	573.39	41.34	3.33	0.07	24.58	2.64	10.72	1.07
广　西	Guangxi	1923.03	287.81	86.06	1.45	0.50	26.20	0.88	57.03	7.78
海　南	Hainan	37.74	0.39	5.01		0.20	4.54	0.01	0.26	
贵　州	Guizhou	798.72	631.23	39.46	0.97		21.94	1.77	14.79	4.36
云　南	Yunnan	1155.74	580.08	62.64	7.03		21.77	0.58	33.26	7.51
西南诸河区	**Rivers in Southwest**	**1882.92**	**723.90**	**102.67**	**13.32**	**0.10**	**28.96**	**2.26**	**58.03**	**2.95**
云　南	Yunnan	1840.15	719.87	100.31	11.90	0.10	28.39	1.89	58.03	2.95
西　藏	Tibet	42.30	3.56	1.89	0.95		0.57	0.37		
青　海	Qinghai	0.47	0.47	0.47	0.47					
西北诸河区	**Rivers in Northwest**	**1926.20**	**537.95**	**100.17**	**0.20**	**0.27**	**66.62**	**22.03**	**11.06**	**14.30**
内蒙古	Inner Mongolia	827.34	356.84	57.14		0.27	40.14	16.73		14.30
甘　肃	Gansu	609.86	18.69	2.48	0.17		0.64	0.65	1.02	
青　海	Qinghai	30.27	4.23	2.24	0.03		0.21		2.00	
新　疆	Xinjiang	458.73	158.19	38.31			25.63	4.65	8.04	

5-5 历年开发建设项目水土保持方案

Soil and Water Conservation Plan of Development and Construction Project by Years

年份 Year	水土保持方案审批数量 (项) Approved Soil and Water Conservation Plan (unit)	水土保持方案总投资 (万元) Total Investment of Soil and Water Conservation Plan (10^4 yuan)	防治责任范围 (千公顷) Responsible Scope of Erosion Control (10^3 hm^2)	减少土壤流失量 (万吨) Reduction of Soil Loss (10^4 t)	水土保持设施验收数量 (个) Soil Conservation Works Checked and Accepted (unit)
2003	21537	822095	2532	941304	6559
2004	21049	1451349	782	272514	6298
2005	22517	2076362	901	151076	6259
2006	26783	2882328	784	192992	5023
2007	21720	3518973	899	121317	4332
2008	27389	3505679	789	117368	5648
2009	22194	5645749	1609		
2010	24832	10102652	1304	113742	5205
2011	26296	14948872	1103		4842

注　2008 年、2009 年数据未统计上海地区。

Note　Figures of 2008 and 2009 don't include the data of Shanghai.

5-6 2011年全国生产建设项目水土保持方案（按地区分）

Soil and Water Conservation Plan of Development and Construction Project of 2011 (by Regions)

地区	Region	生产建设项目水土保持方案审批数量（个） Approved Soil and Water Conservation Plan (unit)	水土保持方案总投资（万元） Total Investment of Soil and Water Conservation Plan (10^4 yuan)	防治责任范围（公顷） Responsible Scope of Erosion Control (10 hm^2)	设计拦挡弃土弃渣（万立方米） Spoil Disposal (10^4m^3)	实施返还治理示范工程数量（个） Pilot Project with Compensation Funds for Erosion Control (unit)	水土保持设施验收数量（个） Soil Conservation Works Checked and Accepted (unit)
合 计	**Total**	**26296**	**14948872.39**	**1103013.44**	**389702.84**	**1343**	**4842**
北 京	Beijing	608	454370.92	13423.02	1788.60		10
天 津	Tianjin	24	8662.20	2853.30	2159.80	3	8
河 北	Hebei	704	573483.01	64171.67	10927.48	28	206
山 西	Shanxi	436	407947.20	53660.00	19707.97	159	17
内蒙古	Inner Mongolia	785	477028.70	72620.73	71276.33	16	99
辽 宁	Liaoning	423	294402.63	27696.44	45410.30	33	136
吉 林	Jilin	677	392623.20	32669.10	12743.20		211
黑龙江	Heilongjiang	194	132566.20	18283.20	12478.42	52	32
上 海	Shanghai	80	29678.00	10007.00	298.00	9	44
江 苏	Jiangsu	3468	820523.66	57319.57	1046.25	32	264
浙 江	Zhejiang	583	343938.00	16122.00	3274.00	26	134
安 徽	Anhui	585	266070.10	70923.00	3746.20	24	64
福 建	Fujian	1242	133504.02	83881.86	6183.66	110	476
江 西	Jiangxi	1850	599756.00	17495.00	13216.00	67	482
山 东	Shandong	216	121102.00	14599.00	1890.00	176	115
河 南	Henan	1012	422131.21	28522.68	16180.74	72	248
湖 北	Hubei	1461	627262.14	47218.00	5136.06	181	380
湖 南	Hunan	1357	4643399.00	24675.00	20157.00	1	261
广 东	Guangdong	1335	519830.00	44494.90	9564.20		137
广 西	Guangxi	165	143286.90	30414.29	3197.11		19
海 南	Hainan	783	612431.10	33302.91	19790.19		235
重 庆	Chongqing	2784	409685.54	38851.88	12264.18	24	52
四 川	Sichuan	1140	684827.12	76767.40	14727.46	13	462
贵 州	Guizhou	2340	1152968.00	50093.00	40050.00	60	313
云 南	Yunnan	77	65361.40	6230.30	3023.80		0
西 藏	Tibet	498	123701.53	23740.00	6642.89	197	123
陕 西	Shaanxi	570	118600.00	43782.00	3745.80	40	195
甘 肃	Gansu	285	160983.18	53414.63	28542.25		3
青 海	Qinghai	229	50543.20	14785.50	74.40	6	38
宁 夏	Ningxia	385	158206.23	30996.06	460.55	14	72
新 疆	Xinjiang	26296	14948872.39	1103013.44	389702.84	1343	4842

主要统计指标解释

水土流失 是由于水力、重力、风力等外力引起的水土资源和土地生产力遭到破坏和损失的现象。造成水土流失的原因可分为自然原因和人类活动原因两类。遭到水土流失侵害和损失的农用地面积称水土流失面积。

水土流失治理面积（又称水土保持面积） 指在山丘地区水土流失面积上，按照综合治理的原则，采取各种治理措施，如：水平梯土（田）、淤地坝、谷坊、造林种草、封山育林育草等治理水土流失面积总和。

水平梯田 指在坡地上沿等高线修建的、断面呈阶梯状的田块。(注：在我国南方，旱作梯田称梯地或梯土，种植水稻的称梯田)

坝地 在沟道拦蓄工程上游因泥沙淤积形成的地面较平整的可耕作土地。

水保林 以防治水土流失为主要功能的人工林和天然林。根据其功能的不同，可分为坡面防护林、沟头防护林、沟底防护林、塬边防护林、护岸林、水库防护林、防风固沙林、海岸防护林等。

种草 在水土流失地区，为蓄水保土，改良土壤，发展畜牧，美化环境，促进畜牧业发展而进行的草本植物培育活动。

小流域治理面积 是以小流域为单元，根据流域内的自然条件，按照土壤侵蚀的类型特点和农业区划方向，在全面规划的基础上，合理安排农、林、牧、副各业用地，布置水土保持农业技术措施，林草措施与工程措施，相互协调、相互促进形成综合的水土流失防治体系。凡列入县级以上治理规划，并进行重点治理的，流域面积大于 5 平方千米，小于 50 平方千米的小流域治理面积均进行统计。

Explanatory Notes of Main Statistical Indicators

Soil erosion Damage or losses of water resources and land productivity caused by external forces, such as water power, gravity and wind etc. Soil erosion is usually caused by two reasons of natural conditions or human activities. The damaged or lost cultivated land for agricultural purpose caused by soil erosion is termed as eroded area.

Controlled area of soil erosion (also named soil and water conservation area) The sum of improved eroded areas in Mountainous or hilly areas, has implemented comprehensive control measures in line with the principle of integrated management, including terraced fields, silt retention dam, check dam, reforestation, grass plantation, ban of wood cutting and grazing.

Leveled Terraced field Cultivated land with a cascade section built along the contour lines on slope-land. (Note: In the south part of China, dry terraces are called terrace land or terrace earth and paddy terraces are called terraced fields).

Gully dammed field Relatively leveled cultivated land created by upstream silt arrested by silt retention dam in the gully.

Water conservation forest Artificial and nature forests used mainly for control of soil and water loss. According to their functions, the names of slope protection forest, gully head protection forest, gully bottom protection forest, plateau edge protection forest, bank protection forest, reservoir protection forest, wind and sand protection forest and sea coast protection forest are given.

Planted grassland Activities of planting and cultivating grass in eroded area for conserving soil and water, soil improvement, pasture development, environment beatification and promoting development of animal husbandry.

Improved area of small watershed Taking small watershed as a unit, land use for agricultural, forestry, husbandry and agricultural by-product production are implemental based on natural conditions of watershed as well as type and feature of soil erosion, agricultural zoning and general planning, which are integrated with agricultural technology, forest-grass and structural measures, and forms a comprehensive soil and water erosion prevention and control system. If a watershed with an area larger than 5 square kilometers and smaller than 50 square kilometers, within the list of management plan at and above the county level as major project, it should be included in the statistics.

6 水利建设投资

Investments in Water Development

简要说明

水利建设投资统计资料主要包括水利固定资产投资、项目、完成、工程量情况以及工程能力和效益等。

本部分资料主要按地区分组。历史资料汇总 1949 年至今数据。

Brief Introduction

Statistical data of investments in water development mainly includes investment of fixed asset, project, completion of investment, completed civil works, capacity and benefit of project etc..

The data is divided into groups based on river basins and regions. Historical data is collected from 1949 until present.

6-1 主 要 指 标

Key Indicators

单位：万元 unit: 10^4 yuan

指标名称	Item	2005	2006	2007	2008	2009	2010	2011
中央水利建设计划投资	Investment Plan of Central Government in Water Projects	2715788	2987103	3088220	6254207	6370307	9840567	11407487
水利建设投资完成额	Completed Investment for Water Project Construction	7468483	7938444	9448538	10882012	18940321	23199265	30860284
按投资来源分：	Divided by Sources:							
（1）国家预算内拨款	National Budget Allocation	1330632	1931541	2700258	3903636	9299491	9180534	8988189
（2）国家预算内专项	Special Funds from National Budget	1793636	1847169	1956989	1604711	1287604	947861	291662
（3）国内贷款	Domestic Loan	941809	806606	833576	969469	1528610	3374355	2703080
（4）利用外资	Foreign Investment	192643	143434	94756	105085	75675	13058	44176
（5）自筹资金	Self-Raising Funds	2421951	2123367	2199399	2353630	3338654	3161926	4068349
（6）水利建设基金	Water Project Construction Funds	302698	361223	677814	604949	1054664	2151824	796110
（7）财政专项	Financial Special Funds	—	—	—	—	—	—	5648074
（8）重大水利工程建设基金	Major Water Project Construction Funds	—	—	—	—	—	—	4378294
（9）其他投资	Other Investment	485115	725104	985746	1340535	2355623	4369707	3942350
按投资用途分：	Based on Investment Purposes:							
（1）防洪工程	Flood Control Projects	2928299	2881214	3184809	3700390	6748123	6846472	10183029
（2）水资源工程	Water Resources Projects	2231172	3176997	4050906	4678489	8660425	10705379	12841335
（3）水土保持及生态建设	Soil and Water Conservation and Ecological Restoration Projects	391856	422184	603164	768749	867355	858998	953860
（4）水电工程	Hydropower Development	654724	573234	664919	773709	720419	1053896	1090134
（5）行业能力建设	Capacity Building	326570	201919	204573	266448	264842	444325	402459
（6）其他	Others	935862	682897	740166	694229	1679157	3290195	5389467

注 1. 从2003年开始，中央水利建设计划投资包括南水北调当年投资。
2. 2007年中央水利建设计划投资不包括当年中央财政转移支付地方水利专项资金32亿元和小型农田水利建设中央财政专项补助资金10亿元。
3. 2008年中央水利建设计划投资不包括当年小型农田水利建设中央财政专项补助资金30亿元。

Note 1. Investment plans of central government for water project construction since 2003 include those for South-North Water Diversion Project.
2. In 2007, investment plans of central government for water project construction exclude 3.2 billion yuan of Central Government funds transferred to special funds of local governments and 1 billion yuan of special funds to small on-farm irrigation and drainage works from the Central Government Finance.
3. In 2008, investment plans of central government for water project construction exclude 3 billion yuan of special funds to small on-farm irrigation and drainage works from the Central Government Finance.

6-2 历年水利建设施工和投产项目个数

Number of Water Projects Under-Construction and Put-into-Operation by Years

单位：个 unit: unit

年份 Year	施工项目 Under-Construction	#新开工项目 Newly-Started Project	部分投产项目 Partially Put-into-Operation	全部投产项目 Fully Put-into-Operation
1989	1928	782		669
1990	1987	799		652
1991	2001	804		585
1992	2253	978		684
1993	2268	963		694
1994	2300	931		678
1995	2286	931		571
1996	2146	920		635
1997	2320	1091		753
1998	2932	1699		696
1999	2632	1033		722
2000	3456	1901		1106
2001	3344	1792	397	825
2002	4203	2171	827	1103
2003	5196	2834	1305	1376
2004	4307	1816	1313	1249
2005	4855	2095	1709	1407
2006	4614	2158	1596	1422
2007	4852	2203	1428	1584
2008	7529	4418	1380	2683
2009	10715	5992	1025	5499
2010	10704	5811	979	6346
2011	14623	10281	715	7968

注 1. 1989～2000 年，未细分当年部分投产与全部投产，均为“全部投产项目”。

2. 本表只包括当年正式施工的水利工程设施项目和机构能力建设项目，不包括建设投资计划安排的水利前期、规划及专题研究等项目。

Note 1. The data in 1989-2000 do not separate into partially-operated and fully-operated projects, and merged into the number of projects putting into operation of the year.

2. The table only includes constructed water project and capacity building project, excluding projects of early-stage preparation of feasibility study, planning and special-subject studies.

6-3 2011年水利建设施工和投产项目个数（按地区分）

Number of Water Projects Under-Construction and Put-into-Operation in 2011 (by Regions)

单位：个 unit: unit

地区	Region	施工项目 Under-Construction	#新开工项目 Newly-Started Project	部分投产项目 Partially Put-into-Operation	全部投产项目 Fully Put-into-Operation
合计	**Total**	**14623**	**10281**	**715**	**7968**
北京	Beijing	47	18	1	15
天津	Tianjin	48	32	3	30
河北	Hebei	378	316	7	246
山西	Shanxi	496	411	12	312
内蒙古	Inner Mongolia	213	138	30	92
辽宁	Liaoning	414	289	8	277
吉林	Jilin	157	94	1	23
黑龙江	Heilongjiang	476	236	110	40
上海	Shanghai	109	53		32
江苏	Jiangsu	431	277	22	242
浙江	Zhejiang	1150	695	38	521
安徽	Anhui	284	106	14	116
福建	Fujian	344	289	5	157
江西	Jiangxi	295	163	5	75
山东	Shandong	743	592	34	502
河南	Henan	450	344	97	168
湖北	Hubei	1087	821	45	680
湖南	Hunan	769	564	47	608
广东	Guangdong	599	181	32	305
广西	Guangxi	818	485		288
海南	Hainan	142	134	1	83
重庆	Chongqing	946	674	29	575
四川	Sichuan	414	323	18	284
贵州	Guizhou	1346	1215	33	1026
云南	Yunnan	950	719	26	373
西藏	Tibet	140	99		68
陕西	Shaanxi	204	131	21	110
甘肃	Gansu	341	241	39	223
青海	Qinghai	244	183	3	205
宁夏	Ningxia	160	149	4	47
新疆	Xinjiang	428	309	30	245

注 本表只包括当年正式施工的水利工程设施项目和机构能力建设项目，不包括建设投资计划安排的水利前期、规划及专题研究等项目。

Note The table only includes constructed water project and capacity building project, excluding projects of early-stage preparation of feasibility study, planning and special-subject studies.

6-4 历年水利建设投资规模和进展

Investment Scale and Progress of Water Project Construction by Years

单位：万元

unit: 10^4 yuan

年份 Year	在建项目实际需要总投资 Total Needed Investment for Projects Under-Construction	累计完成投资 Accumulated Completed Investment	累计新增固定资产 Accumulated Newly-Increased Fixed Assets	#当年新增 Newly-Increased of the Year	未完工程累计完成投资 Completed Investment of Uncompleted Project
2004	57472646	33787604	22889594	4788389	10897896
2005	59195516	31451336	20427098	5741035	11016751
2006	61205439	32795254	22999308	5414850	9794480
2007	57498856	33186759	22947692	7255913	10236968
2008	66787193	38436646	25225183	8451275	13211463
2009	78208336	46208244	31295254	15546720	14912990
2010	99662055	56693583	38715221	18497877	17978362
2011	117692905	68877470	42433768	19512353	—

注　本表只包括当年正式施工的水利工程设施项目和机构能力项目。

Note　The data only includes water infrastructures and capacity building projects formally initiated of the year.

6-5 2011年水利建设投资规模和进展（按地区分）

Investment Scale and Progress of Water Project Construction in 2011 (by Regions)

单位：万元 unit: 10^4 yuan

地区	Region	在建项目实际需要总投资 Total Needed Investment of Project under Construction	累计完成投资 Accumulated Completed Investment	累计新增固定资产 Accumulated Newly-Increased Fixed Assets	#当年新增 Newly-Increased of the Year
合 计	**Total**	**117692905**	**68877470**	**42433768**	**19512353**
北 京	Beijing	1161500	983854	851504	49163
天 津	Tianjin	778532	590966	178959	116419
河 北	Hebei	5408814	3582468	1974902	492958
山 西	Shanxi	2826894	2192571	868535	385047
内蒙古	Inner Mongolia	3061966	1761147	1291579	351888
辽 宁	Liaoning	6347317	2391849	2274734	584931
吉 林	Jilin	2322057	1248842	408610	191410
黑龙江	Heilongjiang	4768695	1515457	1498936	815571
上 海	Shanghai	1712204	1010711	380167	380167
江 苏	Jiangsu	5526830	3408748	2156223	1549944
浙 江	Zhejiang	10422155	5848861	2664086	1233877
安 徽	Anhui	2666814	2309439	1823498	599345
福 建	Fujian	937675	521701	439362	289539
江 西	Jiangxi	3910697	1576505	897958	516233
山 东	Shandong	5620812	4095638	2941832	1116077
河 南	Henan	10401706	5436522	2844901	816510
湖 北	Hubei	7654249	5096765	2511965	581923
湖 南	Hunan	1472715	1274903	1257767	1070946
广 东	Guangdong	5748030	3791282	1778406	1103669
广 西	Guangxi	2563722	1946370	1881029	989525
海 南	Hainan	635870	398111	393562	163401
重 庆	Chongqing	4931673	3353163	1877600	1205581
四 川	Sichuan	4470442	2251701	1349072	716431
贵 州	Guizhou	2397575	1295212	1116663	784304
云 南	Yunnan	4516230	2585836	1224592	787557
西 藏	Tibet	822867	380555	379595	196113
陕 西	Shaanxi	4507737	1502466	960969	643608
甘 肃	Gansu	2386832	1829830	1279940	611668
青 海	Qinghai	570805	402311	241425	170933
宁 夏	Ningxia	1033533	513499	469930	183362
新 疆	Xinjiang	6105956	3780188	2215468	814254

注　本表只包括当年正式施工的水利工程设施项目和机构能力项目。

Note　The data only includes water infrastructures and capacity building projects formally initiated of the year.

6-6　历年水利建设投资完成额

Completed Investment for Water Project Construction by Years

单位：万元　　unit: 10^4 yuan

年份 Year	完成投资合计 Total Completed Investment	中央投资 Central Government Investment	其他投资 Others
1950	9200		
1951	19500		
1952	32800		
1953	34000		
1954	23100		
1955	35800		
1956	74200		
1957	75900		
1958	213266		
1959	245190		
1960	333941		
1961	96041		
1962	77990		
1963	86760		
1964	100800		
1965	101600		
1966	161400		
1967	145800		
1968	88100		
1969	135700		
1970	170400		
1971	210000		
1972	227900		
1973	240900		
1974	236700		
1975	260600		
1976	291400		
1977	286600		
1978	353300		
1979	370400		
1980	270700		
1981	135700		
1982	174737		
1983	211296		
1984	206828		
1985	201580		
1986	228702		
1987	271012		
1988	306454		
1989	355508		
1990	487203		
1991	648677		
1992	971670		
1993	1249260		
1994	1687353		
1995	2063156		
1996	2385240		
1997	3154061		
1998	4676865		
1999	4991476		
2000	6129331	2954199	3175132
2001	5607065	2757822	2849243
2002	8192153	4149894	4042259
2003	7434176	3124746	4309430
2004	7835450	2925784	4909666
2005	7468483	2547065	4921418
2006	7938444	2987571	4950873
2007	9448538	3550444	5898094
2008	10882012	4169558	6712455
2009	18940321	8453697	10486624
2010	23199265	9604835	13594430
2011	30860284	14353990	16506294

6-7 历年水利建设到位投资

Allocated Investment for Water Project Construction by Years

单位：万元 unit: 10^4 yuan

年份 Year	计划投资 Planned Investment	到位投资合计 Total Allocated Investment	中央投资 Central Government Investment	其他投资 Others
2000	6109753	5415598	2770183	2645415
2001	8158739	5820373	3063614	2756759
2002	7873236	6985271	3552762	3432509
2003	8137149	6794217	2926763	3867454
2004	7902719	6393526	2315087	4078439
2005	8273650	7122425	2439757	4682668
2006	9327119	8404460	3428579	4975881
2007	10264653	9208767	3403233	5805533
2008	16040746	14184747	6497568	7687178
2009	17026927	17243218	6560403	10682815
2010	27075729	25800210	13639088	12161123
2011	33481528	32243193	15535845	16707349

6-8 2011年水利建设到位投资和投资完成额（按地区分）

Allocated and Completed Investment of Water Project Construction in 2011 (by Regions)

单位：万元 unit: 10^4 yuan

地区	Region	计划投资 Planned Investment	到位投资			完成投资		
			合计 Total Allocated Investment	#中央投资 Central Government Investment	地方投资 Local Government Investment	合计 Total Completed Investment	#中央投资 Central Government Investment	地方投资 Local Government Investment
合 计	**Total**	**33481528**	**32243193**	**15535845**	**12826665**	**30860284**	**14353990**	**12236742**
北 京	Beijing	87044	64691	37939	26470	155732	56183	93754
天 津	Tianjin	243325	199846	102094	43520	288201	85354	58836
河 北	Hebei	1480646	1351116	820821	244871	1160131	536196	212775
山 西	Shanxi	965752	864887	283825	519580	820044	238298	509652
内蒙古	Inner Mongolia	719054	762796	326232	259567	609441	255694	210913
辽 宁	Liaoning	795960	652663	224944	264248	668465	201461	248098
吉 林	Jilin	559090	470697	272414	182233	317340	144348	156092
黑龙江	Heilongjiang	1175984	1178488	356983	821505	815571	146660	668910
上 海	Shanghai	489772	350433	5509	344924	417995	9369	354315
江 苏	Jiangsu	2503305	2312916	517453	1494777	2340437	549663	1463511
浙 江	Zhejiang	2486643	2481268	225799	1528738	2315980	166194	1452487
安 徽	Anhui	966505	900418	581436	316982	846022	558111	287374
福 建	Fujian	576375	440658	239678	176051	357982	136393	186475
江 西	Jiangxi	1193450	1035482	635995	349354	831134	462271	303438
山 东	Shandong	1628594	1629721	909214	675730	1803989	1037365	642840
河 南	Henan	2705454	2812704	1713722	440190	2396848	1644513	208586
湖 北	Hubei	2483759	2312555	2069916	231157	3048786	2845361	175451
湖 南	Hunan	1408299	1211375	645371	549729	1084485	583327	486679
广 东	Guangdong	1007100	992215	248047	660861	1130613	194388	845390
广 西	Guangxi	1027273	1027339	640758	386581	1028181	674591	353590
海 南	Hainan	218178	216611	153837	57998	168650	109465	54220
重 庆	Chongqing	1266807	1551309	516195	635142	1517419	454729	658183
四 川	Sichuan	1277809	1273200	662041	466898	1106808	521906	442344
贵 州	Guizhou	981404	896573	521094	350632	891193	492892	370074
云 南	Yunnan	1317073	1224976	576494	596039	1284562	509386	606354
西 藏	Tibet	292372	292372	292372		198928	198928	
陕 西	Shaanxi	1084316	1115764	444718	375382	1101821	381436	420099
甘 肃	Gansu	609446	640002	403815	169316	619676	401257	155135
青 海	Qinghai	239652	263013	129940	100902	236781	100456	107952
宁 夏	Ningxia	296109	263285	192615	62486	215050	140780	63371
新 疆	Xinjiang	1394979	1453818	784573	494802	1082020	517015	439844

注 本年投资来源中只单列中央和地方政府投资，利用外资、企业和私人投资以及贷款等投资包含在合计项目中。

Note Investment sources of the year only include central and local government investment, the use of foreign capital, enterprise and private investment, and loans are included in the total.

6-9 历年中央水利建设计划投资

Investment Plan of Central Government in Water Projects by Years

单位：万元　　　　unit: 10^4 yuan

年份 Year	合计 Total	中央计划投资 合计 Total Investment Plan of Central Government	国家预算内拨款 National Budget Allocation	国家预算内专项资金 Special Funds from National Budget	银行贷款 Bank Loan	水利建设基金 Water Project Construction Funds	利用外资 Foreign Investment	自筹资金 Self-Raising Funds	其他 Others	地方配套 Local Counterpart Funds
1990	538198									
1991	655166									
1992	1028934									
1993	1376411									
1994	1886707									
1995	2231891									
1996	2688028	1055600	439600		335000		185000	500	95500	1632428
1997	3384137	1368861	627800		345775	219590	166000	9696		2015276
1998	7101177	3623900	802700	2177900	326900	140000	156400	20000		3477277
1999	7035634	3376228	593800	2334410	105658	180000	149000	13360		3659406
2000	6109753	2641132	573750	1776382	15000	180000	66000	30000		3468621
2001	5731680	3799585	542912	2991024		180000	85649			1932095
2002	5731139	3210070	723500	2235070		140000	111500			2521069
2003	6562394	3272983	802500	2311472		110000	49011			3289411
2004	5239960	2788097	687420	1982876		110000	7801			2451863
2005	4955283	2715788	721895	1883644		110000	249			2239495
2006	6254734	2987103	1587945	1294158		105000				3267631
2007	6326569	3088220	1386312	1578908		120000	3000			3238349
2008	11772273	6254207	5494207			120000			640000	5518066
2009	10674744	6370307	4800307			120000			1450000	4304437
2010	18868884	9840567	7010567			150000			2680000	9028317
2011	20518583	11407487	6540567			280000			4586920	9111096

注　1. 从2003年开始，中央水利建设计划投资包括南水北调当年投资。
2. 2007年中央水利建设计划投资不包括当年中央财政转移支付地方水利专项资金32亿元。
3. 2008年中央水利建设计划投资不包括当年小型农田水利建设中央财政专项补助资金30亿元。
4. 2008～2011年的“其他”是指中央财政专项补助资金。

Note 1. Investment plans of central government for water project construction since 2003 include those for South-North Water Diversion Project.
2. In 2007, investment plans of central government for water project construction exclude 3.2 billion yuan of Central Government funds transferred to special funds of local governments.
3. In 2008, investment plans of central government for water project construction exclude 3 billion yuan of special funds to small on-farm irrigation and drainage works from the Central Government Finance.
4. Others in 2008-2011 refers to special subsidy funds from Central Government Finance.

6-10 2011年中央水利建设计划投资（按地区分）

Investment Plan of Central Government in Water Projects in 2011 (by Regions)

单位：万元　　　　unit: 10^4 yuan

地区	Region	合计 Total	中央计划投资 合计 Total Investment Plan of Central Government	国家预算内拨款 National Budget Allocation	水利建设基金 Water Project Construction Funds	其他 Others	地方配套 Local Counterpart Funds
合　计	**Total**	**20518583**	**11407487**	**6540567**	**280000**	**4586920**	**9111096**
北　京	Beijing	48297	28121	24421		3700	20176
天　津	Tianjin	150547	41447	34047		7400	109100
河　北	Hebei	472865	311723	202523		109200	161142
山　西	Shanxi	308683	221786	141346		80440	86897
内蒙古	Inner Mongolia	450462	297354	204566		92788	153108
辽　宁	Liaoning	438704	232982	149382		83600	205722
吉　林	Jilin	516020	279009	184769		94240	237011
黑龙江	Heilongjiang	556001	376179	213639		162540	179822
上　海	Shanghai	9066	5373	2973		2400	3693
江　苏	Jiangsu	917744	354642	251142		103500	563102
浙　江	Zhejiang	579578	214087	117581		96506	365491
安　徽	Anhui	815559	576470	329586		246884	239089
福　建	Fujian	426828	282928	136920		146008	143900
江　西	Jiangxi	921101	646829	260359		386470	274272
山　东	Shandong	638273	303510	157690		145820	334763
河　南	Henan	736363	542297	330201		212096	194066
湖　北	Hubei	767173	590475	237995		352480	176698
湖　南	Hunan	930952	720760	246166		474594	210192
广　东	Guangdong	597207	236748	153428		83320	360459
广　西	Guangxi	874377	633683	366143		267540	240694
海　南	Hainan	181320	157937	35162	38275	84500	23383
重　庆	Chongqing	823745	501117	312235		188882	322628
四　川	Sichuan	1056667	674930	415442	40000	219488	381737
贵　州	Guizhou	882813	558025	301237	90000	166788	324788
云　南	Yunnan	874119	591493	325573		265920	282626
西　藏	Tibet	253803	216703	99023	75000	42680	37100
陕　西	Shaanxi	494072	355406	220966		134440	138666
甘　肃	Gansu	440515	332366	264926		67440	108149
青　海	Qinghai	172975	121270	76810		44460	51705
宁　夏	Ningxia	246010	175765	121133	4300	50332	70245
新　疆	Xinjiang	612436	504455	341991		162464	152981
中央直属	Organizations Directly under the Central	3279308	321617	281192	32425	8000	2957691

注　1. 中央水利建设计划投资包括南水北调当年投资。

2. “其他”是指中央财政专项补助资金。

Note　1. Investment plans of central government for water project construction include those for South-North Water Diversion Project.

2. Others refers to special subsidy funds from Central Government Finance.

6-11　2011年中央水利建设计划投资（按流域分）

Investment Plan of Central Government in Water Projects in 2011 (by River Basins)

单位：万元　　　　unit: 10^4 yuan

直属单位	Institutions Directly under MWR	合计 Total	中央计划投资 合计 Total Investment Plan of Central Government	国家预算内拨款 National Budget Allocation	水利建设基金 Water Project Construction Funds	其他 Others	地方配套 Local Counterpart Funds
合　计	**Total**	**20518583**	**11407487**	**6540567**	**280000**	**4586920**	**9111096**
松辽流域	Songliao River Basin	1514527	891972	551592		340380	622555
海河流域	Haihe River Basin	1001649	614334	413594		200740	387315
淮河流域	Huaihe River Basin	2088742	1182564	686360		496204	906178
黄河流域	Yellow River Basin	3229502	2363476	1567731	31725	764020	866026
长江流域	Yangtze River Basin	5671766	3959049	1913535	115000	1930514	1712717
珠江流域	Pearl River Basin	2540735	1591411	860988	128275	602148	949324
太湖流域	Taihu Basin	1318938	582184	332270	5000	244914	736754
中央直属	Other Institutions under the Ministry	3152724	222497	214497		8000	2930227

6-12 2011年中央水利建设计划投资（按项目类型分）

Investment Plan of Central Government in Water Projects in 2011 (by Types)

单位：万元 unit: 10^4 yuan

工程类别	Type of Project	合计 Total	中央计划投资 合计 Total Investment Plan of Central Government	国家预算内拨款 National Budget Allocation	水利建设基金 Water Project Construction Funds	其他 Others	地方配套 Local Counterpart Funds
合　计	**Total**	**20518583**	**11407487**	**6540567**	**280000**	**4586920**	**9111096**
一、防洪工程	**Flood Control Projects**	**8168695**	**5517990**	**2185565**	**72425**	**3260000**	**2650705**
1. 大江大河治理	Large River Harness	4041877	2529739	1197314	32425	1300000	1512138
2. 控制性枢纽工程	Dam Project	745013	230549	190549	40000		514464
3. 病险库加固	Reservoir Reinforcement	1960610	1863591	183591		1680000	97019
4. 大中型病险水闸	Large-Size & Medium-Size Risky Water Gates	103122	66409	66409			36713
5. 城市防洪堤	Urban Flood Control Embankment						
6. 行蓄洪区安全建设	Flood Retention Basin Construction	201210	110498	110498			90712
7. 重点海堤	Main Sea Dyke	298000	110000	110000			188000
8. 国际界河	International Boundary River	60355	48523	48523			11832
9. 防汛通信	Flood Control Information System						
10. 水文建设	Hydrology	478508	278681	278681			199827
11. 防汛机动抢险队	Mobile Flood Disaster Relief Team						
12. 平垸行洪退田还湖移民建镇	Town Ship Resettlement Area Built for Returning Polder Land to Lakes						
13. 山洪灾害	Mountain Flood Disaster	280000	280000			280000	
二、水土保持及生态环境工程	**Soil and Water Conservation and Ecological Recovery Projects**	**531880**	**411754**	**344834**		**66920**	**120126**
1. 重点治理	Key Projects	292239	200000	200000			92239
2. 农村水电增效扩容改造		66920	66920			66920	
3. 生态修复	Ecological Recovery	172721	144834	144834			27887
三、水资源工程	**Water Resources Projects**	**11299771**	**5289299**	**3821724**	**207575**	**1260000**	**6010472**
1. 节水灌溉工程	Water-Saving Irrigation	66670	40000	40000			26670
2. 人畜饮水	Human and Livestock Drinking Water	3107059	2020000	2020000			1087059
3. 大型灌区建设	Large-Scale Irrigation District Construction	959650	570000	570000			389650
4. 重点水源工程	Main Water Source Project	5735933	1289299	1081724	207575		4446634
5. 小型农田水利设施	Small on-Farm Irrigation and Drainage Facilities	1260000	1260000			1260000	
6. 牧区节水灌溉示范	Water-Saving Irrigation Demonstration Areas in Pasture Land	12709	10000	10000			2709
7. 灌排泵站	Irrigation & Drainage Pumping Station	157750	100000	100000			57750
四、专项工程	**Special Projects**	**518237**	**188444**	**188444**			**329793**
1. 基础设施建设	Basic Infrastructures	30567	30567	30567			
2. 科研教育	Research and Education						
3. 前期工作	Early-Stage Work	40000	40000	40000			
4. 小水电及农村电气化工程	Small Hydropower Development & Rural Electrification	392556	80000	80000			312556
5. 其他	Others	55114	37877	37877			17237

6-13 历年分资金来源中央政府水利建设投资完成额

Completed Investment of Central Government for Basic Water Project Construction by Financial Resources and Years

单位：万元　　　　unit: 10^4 yuan

年份 Year	投资完成合计 Total Completed Investment	国家预算内拨款 National Budget Allocation	国家预算内专项资金 Special Funds from National Budget	国内贷款 Domestic Loan	债券 Bonds	水利建设基金 Water Project Construction Funds	利用外资 Foreign Investment	自筹资金 Self-Raising Funds	其他 Others
2000	2954199	494184	2111404	40520	10122	134169	136323	14711	12766
2001	2757822	562460	1933136	15028		91391	131171	17807	6829
2002	4149894	656938	3191917	49200	6690	112367	114273	8692	9817
2003	3124746	537661	2319549	75825	2080	116441	24625	6890	41674
2004	2925784	845984	1891397	46866		75751	38935	8831	18020
2005	2547065	659224	1769155			90406		3499	24782
2006	2987571	1160369	1728516			70474		3389	24824
2007	3550444	1694283	1737805			83395		16833	18128
2008	4169558	2499243	1326835			215404		2660	125415
2009	8453697	6651275	694317			528613		4111	575381
2010	9604835	6077624	162274			1679759		2338	1682839

年份 Year	投资完成合计 Total Completed Investment	国家预算内拨款 National Budget Allocation	国家预算内专项资金 Special Funds from National Budget	财政专项资金 Financial Special Funds	重大水利工程建设基金 Major Water Project Construction Funds	水利建设基金 Water Project Construction Funds	利用外资 Foreign Investment	自筹资金 Self-Raising Funds	其他 Others
2011	14353990	5865385	18996	3459382	4219353	294695		7217	488962

6-14 2011 年分资金来源中央政府水利建设投资完成额（按地区分）

Completed Investment of Central Government for Basic Water Project Construction by Financial Resources in 2011(by Regions)

单位：万元

unit: 10^4yuan

地区	Region	完成投资							
		合计 Total Completed Investment	国家预算内拨款 National Budget Allocation	国家预算内专项资金 Special Funds from National Budget	财政专项资金 Financial Special Funds	水利建设基金 Water Project Construction Funds	重大水利工程建设基金 Major Water Project Construction Funds	自筹资金 Self-Raising Funds	其他 Others
合　计	**Total**	**14353990**	**5865385**	**18996**	**3459382**	**294695**	**4219353**	**7217**	**488962**
北　京	Beijing	56183	34536		86		19119		2442
天　津	Tianjin	85354	36835	3655	15177		12379		17308
河　北	Hebei	536196	148632		130249		193403		63912
山　西	Shanxi	238298	104613		121812				11873
内蒙古	Inner Mongolia	255694	172011	4352	74672				4659
辽　宁	Liaoning	201461	149592		51868				
吉　林	Jilin	144348	90022		51126	3200			
黑龙江	Heilongjiang	146660	119632		27028				
上　海	Shanghai	9369	6554		2815				
江　苏	Jiangsu	549663	244227		125308	40000	112457		27671
浙　江	Zhejiang	166194	94432		71762				
安　徽	Anhui	558111	357052		156627		24292	394	19746
福　建	Fujian	136393	104956	3000	17460	8977	2000		
江　西	Jiangxi	462271	161415		271991				28865
山　东	Shandong	1037365	202915		158355	31168	615194		29733
河　南	Henan	1644513	341836	20	189303	35409	1000683		77262
湖　北	Hubei	2845361	383030		218377		2239666	1823	2466
湖　南	Hunan	583327	247017	4163	327984				4163
广　东	Guangdong	194388	149839	455	44094				
广　西	Guangxi	674591	354001		318605	996			988
海　南	Hainan	109465	24620		46570	38275			
重　庆	Chongqing	454729	268115		116750				69864
四　川	Sichuan	521906	340802	3218	134275	40716		440	2456
贵　州	Guizhou	492892	284363		87260	90420			30849
云　南	Yunnan	509386	267309		242077				
西　藏	Tibet	198928	170796		28132				
陕　西	Shaanxi	381436	233258	133	104373	1185		4470	38018
甘　肃	Gansu	401257	296739		87124				17394
青　海	Qinghai	100456	64898		35558				
宁　夏	Ningxia	140780	71023		59226	4300			6231
新　疆	Xinjiang	517015	340315		143338	50	160	90	33062

6-15 历年分资金来源地方政府水利建设投资完成额

Completed Investment of Local Government Funding for Water Project Construction by Financial Resources and Years

单位：万元 unit: 10^4 yuan

年份 Year	完成投资 合计 Total Completed Investment	国家预算内拨款 National Budget Allocation	国家预算内专项资金 Special Funds from National Budget	国内贷款 Domestic Loan	债券 Bonds	水利建设基金 Water Project Construction Funds	利用外资 Foreign Investment	自筹资金 Self-Raising Funds	其他 Others
2000	3175132	228710	40862	437885	20233	188800	96164	1885598	276880
2001	2849243	328967		310452	12744	118488	144344	1724053	210195
2002	4042259	472630		502878	5045	163528	88225	2478586	331367
2003	4309430	520660	26544	838338		178465	78795	2464967	201661
2004	4909666	412915	31012	979490		212152	83381	2954103	236614
2005	3153043	671408	24481			212292		1911277	333585
2006	3328865	771171	118653			290750		1781509	366782
2007	4323681	1005975	219184			594419		2182566	321537
2008	4988317	1404392	277876			389544		2350969	565535
2009	8088050	2648216	593286			526050		3334543	985954
2010	9188067	3102910	785587			472065		3159588	1667918

年份 Year	完成投资 合计 Total Completed Investment	国家预算内拨款 National Budget Allocation	国家预算内专项资金 Special Funds from National Budget	财政专项资金 Financial Special Funds	重大水利工程建设基金 Major Water Project Construction Funds	水利建设基金 Water Project Construction Funds	土地出让收益 Land Revenue	自筹资金 Self-Raising Funds	其他 Others
2011	12236742	3122803	272666	2188692	158941	501415	121455	4061132	1809637

注 本表的国家预算内专项资金是通过其他渠道下达的中央转贷地方国债资金。2011 年“其他”中含水资源费完成投资。

Note The special funds from national budget in this table are sourced from national bonds transferred from the Central Government to local government. The “others” of 2011 in the table include completed value of water resources fee.

6-16 2011 年分资金来源地方政府水利建设投资完成额（按地区分）

Completed Investment of Local Government Funding for Water Project Construction by Financial Resources in 2011 (by Regions)

单位：万元　　　　unit: 10^4 yuan

地区	Region	完成投资 合计 Total Completed Investment	国家预算内拨款 National Budget Allocation	国家预算内专项资金 Special Funds from National Budget	财政专项资金 Financial Special Funds	水利建设基金 Water Project Construction Funds	重大水利工程建设基金 Major Water Project Construction Funds	土地出让收益 Land Revenue	水资源费 Water Resources Fee	自筹资金 Self-Raising Funds	其他 Others
合 计	**Total**	**12236742**	**3122803**	**272666**	**2188692**	**501415**	**158941**	**121455**	**182411**	**4061132**	**1627226**
北 京	Beijing	93754	62949			18486				2367	9952
天 津	Tianjin	58836	4991	500	7690	7156				30516	7983
河 北	Hebei	212775	56889		48636	414		910		85363	20562
山 西	Shanxi	509652	5509	3768	48836	16355	44552		165114	101551	123965
内蒙古	Inner Mongolia	210913	71670			74914	10000		415	37140	16774
辽 宁	Liaoning	248098	81027	14680	71940			3736	100	17930	58684
吉 林	Jilin	156092	91081	400	5150	38195			4000	17266	
黑龙江	Heilongjiang	668910	33328							635582	
上 海	Shanghai	354315	354315								
江 苏	Jiangsu	1463511	722343	62872	160654	45748		12720		402326	56849
浙 江	Zhejiang	1452487	376709	1968	367826	174318	6147	49017	2552	276041	197910
安 徽	Anhui	287374	13769		27005	8525	14739			161362	61974
福 建	Fujian	186475	78953	8617	3544	11060	2059	2000		71672	8571
江 西	Jiangxi	303438	36849	22139	27841	1208				102164	113236
山 东	Shandong	642840	17183	4395	150862	2526			42	466426	1407
河 南	Henan	208586	2610	7775	108457	1610				660	87475
湖 北	Hubei	175451	21788	216	76912				1845	17116	57573
湖 南	Hunan	486679	86030			600			2153	336112	61784
广 东	Guangdong	845390		260	469971	10167				325451	39541
广 西	Guangxi	353590	198164		52554	39929				62683	259
海 南	Hainan	54220	14303		22739			189		16	16973
重 庆	Chongqing	658183	17181	42171	55706	3922	923	588	282	269894	267516
四 川	Sichuan	442344	14320	1215	72231		55609			297389	1580
贵 州	Guizhou	370074	277270		38925	9413	60		10	38843	5553
云 南	Yunnan	606354	101416	81999	136563		6674	50000		140474	89227
西 藏	Tibet										
陕 西	Shaanxi	420099	67531	33	136273	27883		2295	5247	3471	177366
甘 肃	Gansu	155135	11611	19657	66278	8527	16752		650		31660
青 海	Qinghai	107952	20867		8166					3763	75157
宁 夏	Ningxia	63371	4282		23933	41	1425			5013	28677
新 疆	Xinjiang	439844	277865			419				152541	9018

注　本表的国家预算内专项资金是通过其他渠道下达的中央转贷地方国债资金。

Note　The special funds from national budget are sourced from the national bonds transferred from the Central Government to local governments.

6-17 历年分中央和地方项目水利建设投资完成额

Completed Investment for Water Project Construction Divided by Central and Local Governments and Years

单位：万元 unit: 10^4 yuan

年份 Year	完成投资合计 Total Completed Investment	中央项目完成投资 Completed Investment of Central Government Projects	#国家预算内投资 Investment from National Budget	#国家预算内专项资金 Special Funds from National Budget	地方项目完成投资 Completed Investment of Local Government Projects	#国家预算内投资 Investment from National Budget	#国家预算内专项资金 Special Funds from National Budget
2000	6129331						
2001	5607065						
2002	8192153	1250858	893363	509424	6941295	3427941	2682493
2003	7434176	964952	643859	339213	6469224	2760555	2006880
2004	7835450	1429738	566833	408592	6405712	692066	1513817
2005	7468483	1227628	988583	457260	6240855	2438382	1336376
2006	7938444	1610784	650071	457745	6327660	510299	1270771
2007	9448538	1544575	1380809	284705	7903963	3954252	1672284
2008	10882012	1092053	845889	111390	9789959	5267405	1493320
2009	18940321	2068697	1458349	73712	16871624	10183409	1213892
2010	23199265	4427984	2619536	14650	18771281	9054547	922861
2011	30860284	5974864	4732388	—	24885419	15369941	—

注 国家预算内投资包括预算内拨款（指财政预算内经营性或非经营性资金支出）、预算内专项资金和水利建设基金。

Note Investment from national budget includes allocation from budget (here refers to business and non-business expenditure from national budget), and special funds from budget and water project construction funds.

6-18 2011年分中央和地方项目水利建设投资完成额（按地区分）

Completed Investment for Water Project Construction Divided by Central and Local Governments in 2011 (by Regions)

单位：万元

unit: 10^4 yuan

地区	Region	完成投资合计 Total Completed Investment	中央项目完成投资 Completed Investment of Central Government Projects			地方项目完成投资 Completed Investment of Local Government Projects		
				#国家预算内投资 Investment from National Budget			#国家预算内投资 Investment from National Budget	
					#国家预算内拨款 Allocation from National Budget			#国家预算内拨款 Allocation from National Budget
合 计	**Total**	**30860284**	**5974864**	**4732388**	**409529**	**24885419**	**15369941**	**8578660**
北 京	Beijing	155732	45418	40194	21075	110314	94982	76410
天 津	Tianjin	288201	166018	24846	12467	122183	63537	29359
河 北	Hebei	1160131	485235	203725	10322	674896	374498	195199
山 西	Shanxi	820044	584	584	584	819460	344861	109538
内蒙古	Inner Mongolia	609441	3895	3895	3895	605546	403724	239786
辽 宁	Liaoning	668465				668465	369109	230620
吉 林	Jilin	317340	4415	4415	4415	312925	274759	176688
黑龙江	Heilongjiang	815571	804	804	804	814767	179184	152156
上 海	Shanghai	417995	1202	1202	1202	416793	362482	359667
江 苏	Jiangsu	2340437	313182	178501	26844	2027255	1335107	939726
浙 江	Zhejiang	2315980	470	470	470	2315510	1092690	470670
安 徽	Anhui	846022	38826	38289	13997	807196	563720	356824
福 建	Fujian	357982				357982	240626	183909
江 西	Jiangxi	831134				831134	521443	198264
山 东	Shandong	1803989	769743	708713	63082	1034246	473885	157016
河 南	Henan	2396848	1672408	1075616	39504	724440	612087	304943
湖 北	Hubei	3048786	2449838	2430461	190795	598948	509528	214023
湖 南	Hunan	1084485	8379	6226	5626	1076106	659568	327421
广 东	Guangdong	1130613	6572	6572	6572	1124041	668214	143267
广 西	Guangxi	1028181	3311	3311	3311	1024870	960940	548855
海 南	Hainan	168650				168650	146507	38923
重 庆	Chongqing	1517419				1517419	504768	285296
四 川	Sichuan	1106808				1106808	662385	355121
贵 州	Guizhou	891193				891193	787711	561633
云 南	Yunnan	1284562				1284562	836038	368725
西 藏	Tibet	198928				198928	198928	170796
陕 西	Shaanxi	1101821	3756	3756	3756	1098065	566912	297033
甘 肃	Gansu	619676	255	255	255	619421	506433	308095
青 海	Qinghai	236781	442	442	442	236339	129047	85323
宁 夏	Ningxia	215050	111	111	111	214939	164119	75194
新 疆	Xinjiang	1082020				1082020	762148	618181

注 国家预算内投资包括预算内拨款（指财政预算内经营性或非经营性资金支出）、预算内专项资金和水利建设基金。

Note Investment from national budget includes allocation from budget (here refers to business and non-business expenditure from national budget), and special funds from budget and water project construction funds.

6-19 历年分资金来源水利建设投资完成额

Completed Investment for Water Project Construction by Financial Sources and Years

单位：万元 unit: 10^4 yuan

年份 Year	完成投资 合计 Total Completed Investment	国家投资 National Investment	国内贷款 Domestic Loan	债券 Bonds	水利建设基金 Water Project Investment Funds	企业私人投资 Company and Private Investment	利用外资 Foreign Investment	自筹投资 Self-Raising Funds	以工代赈 Labor for Subsidy	其他 Others
1989	355508	227082	14537				11131	86035		16723
1990	487203	278314	20532				22100	135075		31182
1991	648677	339331	48209				59562	172800		28775
1992	1092231	365583	90528				54233	302079	120561	159247
1993	1352846	388237	234441				60343	376303	112057	181465
1994	1687140	421409	389491				148003	500900		227337
1995	2062088	529962	476092				247177	564120		244737
1996	2432539	668533	527637	595			246354	728528	47301	213591
1997	3154061	860940	456094	5040	199311		330697	1010467		291512

年份 Year	完成投资 合计 Total Completed Investment	国家预算内拨款 National Budget Allocation	国家预算内专项资金 Special Funds from National Budget	国内贷款 Domestic Loan	债券 Bonds	水利建设基金 Water Project Investment Funds	企业私人投资 Company and Private Investment	利用外资 Foreign Investment	自筹投资 Self-Raising Funds	财政专项资金 Financial Special Funds	其他 Others
1998	4676865	995338	1107358	562135		180526		209127	1302536		319845
1999	4991476	857574	1398239	369829	219563	236018		203968	1409224		297061
2000	6129331	722894	2152266	478405	30355	322969		232487	1900309		289646
2001	5607065	891427	1933136	325480	12744	209879		275515	1741860		217024
2002	8192153	1129568	3191917	552078	11735	275895		202498	2487278		341184
2003	7434176	1058321	2346093	914163	2080	294907		103420	2471857		243335
2004	7835450	1258899	1922409	1026356		287902		122315	2962934		254634
2005	7468483	1330632	1793636	941809		302698	507175	192643	1914776		485114
2006	7938444	1931541	1847169	806606		361223	338470	143434	1784897		725104
2007	9448538	2700258	1956989	833576	400	677814	383498	94756	2199398		601848
2008	10882012	3903636	1604711	969469		604949	358735	105085	2353630		981800
2009	18940321	9299491	1287604	1528610		1054664	414027	75675	3338654		1941596
2010	23199265	9180534	947861	3374355	25299	2151824	480135	13058	3161926		3864273
2011	30860284	8988189	291662	2703080	38614	796110	749193	44176	4068349	5648074	7532837

6-20 2011 年分资金来源水利建设投资完成额（按地区分）（一）

Completed Investment for Water Project Construction by Financial Sources in 2011 (by Regions) (1)

单位：万元 unit: 10^4 yuan

地区	Region	完成投资 合计 Total Completed Investment	国家预算内拨款 National Budget Allocation	国家预算内专项资金 Special Funds from National Budget	国家财政专项资金 Financial Special Funds	国内贷款 Domestic Loan	水利建设基金 Water Project Investment Funds	企业和私人投资 Company and Private Investment	利用外资 Foreign Investment	自筹投资 Self-Raising Funds	其他 Others
合 计	**Total**	**30860284**	**8988189**	**291662**	**5648074**	**2703080**	**796110**	**749193**	**44176**	**4068349**	**7532837**
北 京	Beijing	155732	97485		86	5224	18486			2367	32084
天 津	Tianjin	288201	41826	4155	22867	123864	7156	16583		30516	41234
河 北	Hebei	1160131	205521		178885	395132	414	956		85363	293860
山 西	Shanxi	820044	110122	3768	170648	53230	16355	10425		101551	353945
内蒙古	Inner Mongolia	609441	243681	4352	74672	21935	74914	76450		37140	76297
辽 宁	Liaoning	668465	230620	14680	123808	189956		8729		17930	81286
吉 林	Jilin	317340	181103	400	56276	16850	41395			17266	4050
黑龙江	Heilongjiang	815571	152960		27028					635582	
上 海	Shanghai	417995	360869		2815			54311			
江 苏	Jiangsu	2340437	966570	62872	285962	294650	85748	270	4820	402326	237220
浙 江	Zhejiang	2315980	471141	1968	439587	401486	174318	78369		276041	446038
安 徽	Anhui	846022	370821		183632		8525		537	161756	120751
福 建	Fujian	357982	183909	11617	21004	7644	20037	10021	238	71672	31840
江 西	Jiangxi	831134	198264	22139	299832	9592	1208	41452		102164	156482
山 东	Shandong	1803989	220098	4395	309216	120102	33694	2462		466426	647596
河 南	Henan	2396848	344446	7795	297759	520656	37019			660	1188513
湖 北	Hubei	3048786	404818	216	295289	20142		4715	655	18939	2303751
湖 南	Hunan	1084485	333047	4163	327984	2820	600	2780		336112	76979
广 东	Guangdong	1130613	149839	715	514065	78271	10167	5579		325451	46527
广 西	Guangxi	1028181	552166		371160		40925			62683	1247
海 南	Hainan	168650	38923		69309		38275	4515		16	17612
重 庆	Chongqing	1517419	285296	42171	172456	108458	3922	153070	26320	269894	446980
四 川	Sichuan	1106808	355121	4433	206506	124018	40716			297829	78185
贵 州	Guizhou	891193	561633		126186	17066	99832	360	9952	38843	37322
云 南	Yunnan	1284562	368725	81999	378640	84831		14252		140474	215640
西 藏	Tibet	198928	170796		28132						
陕 西	Shaanxi	1101821	300789	166	240646	46457	29067	230815		7941	244925
甘 肃	Gansu	619676	308350	19657	153402	2445	8527	11797			115498
青 海	Qinghai	236781	85765		43724	295		339		3763	102895
宁 夏	Ningxia	215050	75305		83159		4341	1098		5013	46134
新 疆	Xinjiang	1082020	618181		143338	57956	469	19846	1654	152631	87945

注 该表“其他”项中含有债券、重大水利建设基金、土地出让收益、水资源费完成额。

Note “Others” in the table include completed value of bonds, major water project construction funds, land revenue, water resources fee.

6-21 2011 年分资金来源水利建设投资完成额（按地区分）（二）

Completed Investment for Water Project Construction by Financial Sources in 2011 (by Regions) (2)

单位：万元 unit: 10^4 yuan

地区	Region	完成投资 合计 Total Completed Investment	政府投资 Government Investment	中央 Central	地方 Local	国内贷款 Domestic Loan	企业和私人投资 Company and Private Investment	利用外资 Foreign Investment	债券 Bonds	其他 Others
合 计	**Total**	**30860284**	**26590732**	**14353990**	**12236742**	**2703080**	**749193**	**44176**	**38614**	**734489**
北 京	Beijing	155732	149937	56183	93754	5224				571
天 津	Tianjin	288201	144190	85354	58836	123864	16583			3564
河 北	Hebei	1160131	748971	536196	212775	395132	956			15073
山 西	Shanxi	820044	747949	238298	509652	53230	10425			8440
内蒙古	Inner Mongolia	609441	466607	255694	210913	21935	76450			44449
辽 宁	Liaoning	668465	449559	201461	248098	189956	8729		1455	18766
吉 林	Jilin	317340	300440	144348	156092	16850				50
黑龙江	Heilongjiang	815571	815571	146660	668910					
上 海	Shanghai	417995	363684	9369	354315		54311			
江 苏	Jiangsu	2340437	2013174	549663	1463511	294650	270	4820		27523
浙 江	Zhejiang	2315980	1618681	166194	1452487	401486	78369		27032	190412
安 徽	Anhui	846022	845485	558111	287374			537		
福 建	Fujian	357982	322869	136393	186475	7644	10021	238		17210
江 西	Jiangxi	831134	765709	462271	303438	9592	41452			14381
山 东	Shandong	1803989	1680206	1037365	642840	120102	2462			1220
河 南	Henan	2396848	1853099	1644513	208586	520656				23093
湖 北	Hubei	3048786	3020813	2845361	175451	20142	4715	655	260	2201
湖 南	Hunan	1084485	1070006	583327	486679	2820	2780			8879
广 东	Guangdong	1130613	1039778	194388	845390	78271	5579			6986
广 西	Guangxi	1028181	1028181	674591	353590					
海 南	Hainan	168650	163685	109465	54220		4515			450
重 庆	Chongqing	1517419	1112912	454729	658183	108458	153070	26320	8852	107808
四 川	Sichuan	1106808	964250	521906	442344	124018				18539
贵 州	Guizhou	891193	862965	492892	370074	17066	360	9952		851
云 南	Yunnan	1284562	1115740	509386	606354	84831	14252			69739
西 藏	Tibet	198928	198928	198928						
陕 西	Shaanxi	1101821	801536	381436	420099	46457	230815		1015	21998
甘 肃	Gansu	619676	556392	401257	155135	2445	11797			49042
青 海	Qinghai	236781	208408	100456	107952	295	339			27738
宁 夏	Ningxia	215050	204150	140780	63371		1098			9801
新 疆	Xinjiang	1082020	956859	517015	439844	57956	19846	1654		45705

注 政府投资指中央及地方各级政府完成的水利建设的各项财政资金（包括预算内非经营性基金、国债专项资金和水利建设基金等）和政府部门自筹投资等。

Note Government investment refers to all sorts of financial funds from Central Government and local governments at all levels (including non-business funds from budget, special funds and bonds and water project construction funds) and self-raising funds of governmental departments.

6-22 历年分用途水利建设投资完成额

Completed Investment for Water Project Construction by Purposes and Years

单位：万元 unit: 10^4 yuan

年份 Year	完成投资 合计 Total Completed Investment	水库 Reservoir	防洪 Flood Control	灌溉 Irrigation	除涝 Drainage	供水 Water Supply	水电 Hydropower	水保及生态 Soil Conservation and Ecological Restoration	机构能力建设 Capacity Building	前期工作 Early-Stage Work	其他 Others
1958	213266	86489	25338	65115	19993						16331
1959	245190	148925	6622	63854	5634						20155
1960	333941	171127	10196	117441	7804						27373
1961	96041	60217	2629	16339	3161						13696
1962	77990	40899	2966	9586	5773						18766
1963	86760	43349	9735	10915	15006						7755
1979	370400	99352	36856	96545	44911						92736
1980	270700	91673	29628	61211	27240						60948
1981	135700	52191	20783	23579	7469						31678
1982	174737	51607	8641	28606	8323						77560
1983	211296	56110	20271	36301	10250						88364
1984	206828	56174	23682	42147	13752						71073
1985	201580	53477	32567	43146	14887						57503
1986	228702	53937	43456	46689	12542	12272					59806
1987	271012	75211	58208	51691	17169	5222					63511
1988	306454	82400	71690	59632	17501	2533					72698
1989	355508	105133	72675	73017	20855	3674					80154
1990	487203	135140	102015	105913	21430	35619					87086
1991	648677	139023	138463	123888	28583	55188	98356				65176
1992	971670	198994	221794	161717	50616	95338	154145				89066
1993	1249260	308558	236551	176821	39098	119747	243324				125161
1994	1687353	436379	242735	162911	57023	237327	393176				157802
1995	2063156	589771	318514	182524	68919	139079	581660				182689
1996	2385240	919545	362152	231447	73659	143625	486151				168661
1997	3154061	1001367	510191	307183	65073	284668	791548				194031
1998	4676865	1131204	1570617	591833	91479	277736	704240				309756
1999	4991576	1122989	2266682	280571	109693	287314	473833	120034			995237
2000	6129331	960273	3049937	537250	110118	410900	563284	182927			314642
2001	5607065		3083006	703721	112183	806205	301137	176624	192108	88888	143538
2002	8192153		4407481	1000174	103544	1515592	466745	319977	169155	68250	141236
2003	7434176		3350814	1045892	88164	1206149	622774	519068	161628	93008	346678
2004	7835450		3579295	875545	90180	1307918	715307	587101	71699	103206	505200
2005	7468483		2781555	1065966	146744	1165206	654724	391856	224008	102562	935862
2006	7938444		2787116	1094704	94098	2082293	573234	422184	65560	136359	682897
2007	9448538		2985677	1039159	199132	3011747	664919	603164	88527	116046	740166
2008	10882012		3465187	1165918	235203	3512571	773709	768749	106007	160441	694229
2009	18940321		6287388	2482320	460735	6178105	720419	867355	106040	158802	1679157
2010	23199265		6635903	3342666	210569	7362713	1053896	858998	195615	248711	3290195
2011	30860284		9962265	4691165	220764	8150170	1090134	953860	402459	420380	4969087

注 1998年前未细分出水保及生态，均放于“其他”中；2001年以后，水库投资已按用途分摊到有关工程类型中。

Note Soil and water conservation and ecological restoration projects are grouped into other projects before the year of 1998. After the year of 2001, the investment of reservoir has been grouped into other types of projects in accordance with usage.

6-23 2011 年分用途水利建设投资完成额（按地区分）

Completed Investment for Water Project Construction by Purposes in 2011 (by Regions)

单位：万元 unit: 10^4 yuan

地区	Region	完成投资 合计 Total Completed Investment	防洪 Flood Control	灌溉 Irrigation	除涝 Drainage	供水 Water Supply	水电 Hydropower	水保及生态 Soil Conservation and Ecological Restoration	机构能力建设 Capacity Building	前期工作 Early-Stage Work	其他 Others
合　计	**Total**	**30860284**	**9962265**	**4691165**	**220764**	**8150170**	**1090134**	**953860**	**402459**	**420380**	**4969087**
北　京	Beijing	155732	69378	1795		20164		38163	9542	9388	7303
天　津	Tianjin	288201	78977	7229	6671	147337		19486	2822	7436	18243
河　北	Hebei	1160131	118821	58451	2456	775940	6204	18039	89565	51548	39107
山　西	Shanxi	820044	224092	104697		283063	23055	66568	2162	5610	110797
内蒙古	Inner Mongolia	609441	239818	87105		207626	53678	13489	5785	985	955
辽　宁	Liaoning	668465	328302	71890	6954	193126	2611	40081	9498	2403	13601
吉　林	Jilin	317340	153835	19726		110797	11256	2850	8231	7273	3372
黑龙江	Heilongjiang	815571	84326	572469		132555	7240	6667	12110		204
上　海	Shanghai	417995	214369	23367	2070	10209		45657	488	1189	120646
江　苏	Jiangsu	2340437	1298770	222416	52387	408300		109464	12663	15384	221054
浙　江	Zhejiang	2315980	934553	141599	23563	380894	55152	82374	48482	92636	556726
安　徽	Anhui	846022	511197	107911	3596	148777	10489	18809	7073	11191	26979
福　建	Fujian	357982	161396	30750	1081	111756	2908	5667	785	9345	34294
江　西	Jiangxi	831134	475131	174398	70	136110	16964	13218	2910	461	11872
山　东	Shandong	1803989	359383	239300	7475	643835	38	26867	46703	11114	469273
河　南	Henan	2396848	273113	185588	27640	1243227	2209	9480	7768	11706	636116
湖　北	Hubei	3048786	267197	130194	21213	245750	20173	55294	13526	15569	2279869
湖　南	Hunan	1084485	731600	122531	1110	118957	47476	16350	25153	8692	12616
广　东	Guangdong	1130613	675008	121940	33015	211240	31037	12744	2311	4261	39058
广　西	Guangxi	1028181	545838	149591	29022	212324	55398	1449	17466	5356	11737
海　南	Hainan	168650	88184	59505	150	13329	5120	1775	32	100	455
重　庆	Chongqing	1517419	582568	240296	980	275305	177398	75531	20690	44683	99968
四　川	Sichuan	1106808	225877	278379		191148	347716	24704	1412	9503	28068
贵　州	Guizhou	891193	127849	235569	120	452464	18467	23402	15452	6053	11818
云　南	Yunnan	1284562	326195	417494	1191	396464	54240	19528	190	20124	49136
西　藏	Tibet	198928	22493	30875		133526	4997	3054	3983		
陕　西	Shaanxi	1101821	375343	162349		342333	30813	36540	12398	3168	138877
甘　肃	Gansu	619676	135439	152766		248048	17316	50273	14807		1027
青　海	Qinghai	236781	62532	51478		100449	5480	13837	336	1350	1319
宁　夏	Ningxia	215050	66030	73057		44090		12514	6453	344	12563
新　疆	Xinjiang	1082020	204650	416451		211027	82702	89987	1662	63509	12033

6-24 历年各水资源分区水利建设投资完成额

Completed Investment for Water Project Construction by Zoning of Water Resources Regions and Years

单位：亿元 unit: 10^8 yuan

年份 Year	完成投资合计 Total Completed Investment	松花江区 Songhua River	辽河区 Liaohe River	海河区 Haihe River	黄河区 Yellow River	淮河区 Huaihe River	长江区 Yangtze River	珠江区 Pearl River	东南诸河区 Rivers in Southeast	西南诸河区 Rivers in Southwest	西北诸河区 Rivers in Northwest
1975	26.06			2.73	4.75	3.66	6.99				
1980	27.07	1.15	0.53	2.73	4.47	2.79	7.12	1.41			
1985	20.16	0.73	0.41	2.55	4.20	1.81	5.25	1.52			
1990	48.72	2.25	3.01	4.06	8.86	3.92	14.75	4.66			
1991	64.87	2.39	3.00	3.88	11.08	5.99	18.84	9.51			
1992	97.17	4.71	3.62	6.40	16.35	9.37	32.11	12.26			
1993	124.93	3.77	6.20	11.62	24.26	7.74	39.27	13.49			
1994	168.74	6.13	5.21	12.38	33.36	12.08	51.47	21.04			
1995	206.32	5.38	6.96	14.00	52.51	16.15	59.88	17.38			
1996	238.52	4.08	3.63	20.34	68.03	17.17	58.17	21.95			
1997	315.41	5.01	2.81	20.91	92.58	18.25	72.32	38.39			
1998	467.56	13.47	3.54	31.28	116.17	29.78	125.73	50.36			
1999	499.16	6.29	26.40	21.44	104.67	33.85	157.97	43.47			
2000	612.93	9.42	24.23	47.21	95.84	38.25	218.37	62.45			
2001	560.71	16.49	7.47	33.54	100.03	32.83	186.58	50.86			
2002	819.22	38.95	12.43	62.20	108.50	46.20	283.38	77.17			
2003	743.42	41.54	10.19	61.83	86.86	51.32	210.65	66.39			
2004	783.55	32.63	11.54	55.43	108.92	84.52	207.31	69.22			
2005	746.85	30.89	21.77	51.60	95.04	80.70	210.76	81.38	91.17	16.83	66.69
2006	793.84	31.44	23.88	112.82	78.46	87.15	219.32	76.83	73.69	16.48	73.80
2007	944.85	33.13	28.55	101.84	111.53	130.89	290.87	75.21	75.59	21.85	75.40
2008	1088.20	38.20	40.88	81.91	123.09	118.48	375.07	100.30	88.54	25.79	95.95
2009	1894.03	73.67	81.11	160.97	281.24	206.18	614.21	195.60	117.72	38.41	124.91
2010	2319.93	74.47	53.95	247.07	341.84	171.35	808.78	262.40	169.50	64.49	126.09
2011	3086.03	124.36	75.43	220.53	528.32	225.73	1230.97	285.94	194.66	68.42	131.67

注 2005年以前，本表按照流域统计当年投资完成额，其中东南诸河区、西南诸河区、西北诸河区未作细分。

Note Before the year of 2005, the completed investment of the year in this table is calculated based on river basins, and the data of rivers in southeast, rivers in southwest, rivers in northwest, are not given.

6-25　2011 年各水资源分区水利建设投资完成额（按地区分）

Completed Investment for Water Project Construction by Water Resources Regions in 2011 (by Regions)

单位：万元　　　　unit: 10^4 yuan

地区	Region	完成投资 合计 Total Completed Investment	松花江区 Songhua River	辽河区 Liaohe River	海河区 Haihe River	黄河区 Yellow River	淮河区 Huaihe River	长江区 Yangtze River	东南诸河区 Rivers in Southeast	珠江区 Pearl River	西南诸河区 Rivers in Southwest	西北诸河区 Rivers in Northwest
合　计	**Total**	**30860284**	**1243589**	**754337**	**2205332**	**5283153**	**2257274**	**12309688**	**1946594**	**2859406**	**684243**	**1316668**
北　京	Beijing	155732			155732							
天　津	Tianjin	288201			288201							
河　北	Hebei	1160131			1160131							
山　西	Shanxi	820044			293827	526217						
内蒙古	Inner Mongolia	609441	114683	81867	4545	382562						25784
辽　宁	Liaoning	668465		668465								
吉　林	Jilin	317340	313335	4005								
黑龙江	Heilongjiang	815571	815571									
上　海	Shanghai	417995						417995				
江　苏	Jiangsu	2340437					662428	1678009				
浙　江	Zhejiang	2315980						737368	1578612			
安　徽	Anhui	846022					385746	450276	10000			
福　建	Fujian	357982							357982			
江　西	Jiangxi	831134						831134				
山　东	Shandong	1803989			220767	814110	769112					
河　南	Henan	2396848			82129	1785625	439988	89106				
湖　北	Hubei	3048786						3048786				
湖　南	Hunan	1084485						1082806		1679		
广　东	Guangdong	1130613								1130613		
广　西	Guangxi	1028181						11398		1016783		
海　南	Hainan	168650								168650		
重　庆	Chongqing	1517419						1517419				
四　川	Sichuan	1106808						1106808				
贵　州	Guizhou	891193						755359		120441	15394	
云　南	Yunnan	1284562						395562		421240	467760	
西　藏	Tibet	198928									198928	
陕　西	Shaanxi	1101821				957888		143933				
甘　肃	Gansu	619676				397194		36630				185852
青　海	Qinghai	236781				204509		7100			2161	23011
宁　夏	Ningxia	215050				215050						
新　疆	Xinjiang	1082020										1082020

6-26 历年分隶属关系水利建设投资完成额

Completed Investment for Water Project Construction by Ownership and Years

单位：万元 unit: 10^4 yuan

年份 Year	完成投资 合计 Total Completed Investment	中央属 Central Government	省属 Provincial Governments	地市属 Prefectures and Cities	县属 Counties	其他 Others
1999	4991576	1275512	1626012	1216724	764316	109012
2000	6129331	1385363	2465371	1187976	974035	116586
2001	5607065	1219487	2237784	1070939	976605	102250
2002	8192153	1250858	3454247	1818716	1668332	
2003	7434176	964952	3239531	1458719	1699661	71313
2004	7835450	1429738	2900010	1642748	1518628	343126
2005	7468483	1227628	2548527	1882009	1579786	230533
2006	7938444	1610784	2260775	2010232	1825458	231196
2007	9448538	1544575	2891368	2389052	2266202	357341
2008	10882012	1092053	3193009	2675569	3667281	254100
2009	18940321	2068697	4693782	4906296	7119662	151884
2010	23199265	4427984	5147607	4886393	8160858	576423
2011	30860284	5974864	5766091	5401723	13539071	178534

6-27 2011年分隶属关系水利建设投资完成额（按地区分）

Completed Investment for Water Project Construction by Ownership in 2011 (by Regions)

单位：万元　　　　unit: 10^4 yuan

地区	Region	完成投资 合计 Total Completed Investment	中央属 Central Government	省属 Provincial Governments	地市属 Prefectures and Cities	县属 Counties	其他 Others
合　计	**Total**	**30860284**	**5974864**	**5766091**	**5401723**	**13539071**	**178534**
北　京	Beijing	155732	45418	110314			
天　津	Tianjin	288201	166018	81325	40858		
河　北	Hebei	1160131	485235	157328	241396	276172	
山　西	Shanxi	820044	584	330618	155743	320543	12556
内蒙古	Inner Mongolia	609441	3895	214217	146234	191213	53882
辽　宁	Liaoning	668465		107331	165536	395598	
吉　林	Jilin	317340	4415	130968	58685	123272	
黑龙江	Heilongjiang	815571	804	34079	610413	147031	23244
上　海	Shanghai	417995	1202	416793			
江　苏	Jiangsu	2340437	313182	327405	816515	883335	
浙　江	Zhejiang	2315980	470	82743	470390	1762377	
安　徽	Anhui	846022	38826	238537	309760	258899	
福　建	Fujian	357982		28799	119655	182534	26994
江　西	Jiangxi	831134		208023	294152	321487	7471
山　东	Shandong	1803989	769743	144253	209306	678610	2077
河　南	Henan	2396848	1672408	18369	207245	496885	1941
湖　北	Hubei	3048786	2449838	11768	35442	546979	4759
湖　南	Hunan	1084485	8379	9530	30163	1036213	200
广　东	Guangdong	1130613	6572	140407	286717	696918	
广　西	Guangxi	1028181	3311	578504	61389	384977	
海　南	Hainan	168650		57280	10603	100767	
重　庆	Chongqing	1517419		239835	26881	1226511	24193
四　川	Sichuan	1106808		422583	45434	638791	
贵　州	Guizhou	891193		276111	134763	480320	
云　南	Yunnan	1284562		251448	99309	933805	
西　藏	Tibet	198928		124250	21976	52702	
陕　西	Shaanxi	1101821	3756	442651	386838	267707	870
甘　肃	Gansu	619676	255	136070	115833	366014	1504
青　海	Qinghai	236781	442	54050	3434	178855	
宁　夏	Ningxia	215050	111	111813	15233	87893	
新　疆	Xinjiang	1082020		278690	281822	502665	18844

6-28 历年分建设性质水利建设投资完成额

Completed Investment of Water Projects by Types of Construction and Years

单位：万元 unit: 10^4 yuan

年份 Year	完成投资 合计 Total Completed Investment	新建 Newly-Constructed	扩建 Expansion	改建 Rehabilitation	建造生活设施 Domestic Facilities	迁建 Relocation Construction	恢复 Restoration	单纯购置 Procurement Only	前期工作 Early-Stage Work
2000	6129331	3118348	945106	1922485	5471	30586	98502	8833	
2001	5607065	3142493	798182	1555439	1419	3808	98859	5453	
2002	8192153	4370052	985730	2583175	4554	16425	225996	6221	
2003	7434176	4612389	748559	1922749	855	16889	125502	7234	
2004	7835450	5232176	787089	1648118	1697	552	160443	5376	
2005	7468483	5169892	913465	1254193	5989	435	116656	7852	
2006	7938444	5836456	679318	1243188		13730	58633	5082	102036
2007	9448538	6622152	809702	1855168		1888	78782	10328	70518
2008	10882012	6937057	809372	2881669	12990	14725	148107	8967	69126
2009	18940321	11696786	1340636	5704611	1291	10202	54847	6191	125403
2010	23199265	16492525	1262254	5091019		12872	228757	15949	95888
2011	30860284	21901730	1789445	6385538	6766	26135	278805	63158	408708

6-29 2011 年分建设性质水利建设投资完成额（按地区分）

Completed Investment of Water Projects by Types of Construction in 2011 (by Regions)

单位：万元 unit: 10^4 yuan

地区	Region	完成投资 合计 Total Completed Investment	新建 Newly-Constructed	扩建 Expansion	改建 Rehabilitation	建造生活设施 Domestic Facilities	迁建 Relocation	恢复 Restoration	单纯购置 Procurement Only	前期工作 Early-Stage Work
合 计	**Total**	**30860284**	**21901730**	**1789445**	**6385538**	**6766**	**26135**	**278805**	**63158**	**408708**
北 京	Beijing	155732	138703	500	5029					11501
天 津	Tianjin	288201	210910	25623	48507	109			312	2740
河 北	Hebei	1160131	859004	100	265429				32724	2875
山 西	Shanxi	820044	620565	15063	122579			1315	842	59679
内蒙古	Inner Mongolia	609441	445342	19619	142940				865	675
辽 宁	Liaoning	668465	562861	22580	62985			18941		1098
吉 林	Jilin	317340	264316		42461					10563
黑龙江	Heilongjiang	815571	725385	25030	65155					
上 海	Shanghai	417995	211922		204884					1189
江 苏	Jiangsu	2340437	1125856	421361	769933	1526	6348	10410	343	4660
浙 江	Zhejiang	2315980	1591039	63827	611154	1000	960	47895		105
安 徽	Anhui	846022	517223	21629	295529		11	1178	5	10447
福 建	Fujian	357982	286170	23421	32909			15482		
江 西	Jiangxi	831134	404173	81102	339860	1180		4819		
山 东	Shandong	1803989	1293348	102501	388593	1693	8463	7117	50	2223
河 南	Henan	2396848	2068092	10193	296993			11921	639	9010
湖 北	Hubei	3048786	2492855	51608	283199	1139		31558	1473	186954
湖 南	Hunan	1084485	282029	65126	706004			31326		
广 东	Guangdong	1130613	558256	208599	350125			9373		4261
广 西	Guangxi	1028181	678499	22719	325424			1540		
海 南	Hainan	168650	119280	4208	45162					
重 庆	Chongqing	1517419	1219100	90923	117238		10353	38583	3842	37381
四 川	Sichuan	1106808	1070511		33707					2590
贵 州	Guizhou	891193	752337	39705	59737			38358	480	577
云 南	Yunnan	1284562	892578	39246	352738					
西 藏	Tibet	198928	198107		821					
陕 西	Shaanxi	1101821	601855	392680	93489	119		2686	9953	1040
甘 肃	Gansu	619676	492833	2921	122207			1716		
青 海	Qinghai	236781	218839	740	13199			3458	200	345
宁 夏	Ningxia	215050	156738	35255	22679			376		
新 疆	Xinjiang	1082020	843005	3166	164871			753	11430	58796

6-30 历年分建设阶段水利建设投资完成额

Completed Investment of Water Projects by Construction Stages and Years

单位：万元 unit: 10^4 yuan

年份 Year	完成投资 合计 Total Completed Investment	筹建 Preparation	当年正式施工 Start Construction of the Year	当年收尾 Completed of the Year	全部停缓建 Suspended or Cancelled	单纯购置 Procurement Only	前期工作 Early-Stage Work
2000	6129331	3460	6066009	49828	303	9731	
2001	5607065	116523	5272460	208304	650	6080	
2002	8192153	164376	7780740	240816		6221	
2003	7434176	45986	7206884	170562	3510	7234	
2004	7835450	141607	7406704	273994	7763	5384	
2005	7468483		7394937	56826	8867	7852	
2006	7938444	40716	7651806	132829	14226	5082	93784
2007	9448538	61830	9017110	259879	11690	8836	89193
2008	10882012	82697	10607800	80926	11540	8967	90082
2009	18940321	352473	18322138	112391	23122	6191	124006
2010	23199265	211602	22783218	25864	8067	15949	154565
2011	30860284	556487	29784426	45422	2083	63158	408708

6-31 2011 年分建设阶段水利建设投资完成额（按地区分）

Completed Investment of Water Projects by Construction Stages in 2011 (by Regions)

单位：万元 unit: 10^4 yuan

地区	Region	完成投资合计 Total Completed Investment	筹建 Preparation	当年正式施工 Start Construction of the Year	当年收尾 Completed of the Year	全部停缓建 Suspended or Cancelled	单纯购置 Procurement Only	前期工作 Early-Stage Work
合 计	**Total**	**30860284**	**556487**	**29784426**	**45422**	**2083**	**63158**	**408708**
北 京	Beijing	155732	904	143327				11501
天 津	Tianjin	288201	21383	263766			312	2740
河 北	Hebei	1160131		1124532			32724	2875
山 西	Shanxi	820044	12503	746390	629		842	59679
内蒙古	Inner Mongolia	609441		607901			865	675
辽 宁	Liaoning	668465	70220	597147				1098
吉 林	Jilin	317340	12612	294165				10563
黑龙江	Heilongjiang	815571		815571				
上 海	Shanghai	417995		416806				1189
江 苏	Jiangsu	2340437	52015	2283419			343	4660
浙 江	Zhejiang	2315980	20284	2293463	1095	1033		105
安 徽	Anhui	846022	45527	781214	8829		5	10447
福 建	Fujian	357982	12828	345154				
江 西	Jiangxi	831134	10347	820787				
山 东	Shandong	1803989	5713	1790834	4859	310	50	2223
河 南	Henan	2396848	200	2386245	754		639	9010
湖 北	Hubei	3048786	12375	2847984			1473	186954
湖 南	Hunan	1084485	5327	1070039	8379	740		
广 东	Guangdong	1130613	9741	1115596	1015			4261
广 西	Guangxi	1028181	97866	927102	3213			
海 南	Hainan	168650	744	167906				
重 庆	Chongqing	1517419	17477	1458720			3842	37381
四 川	Sichuan	1106808	37029	1067088	100			2590
贵 州	Guizhou	891193	7679	865908	16549		480	577
云 南	Yunnan	1284562	31681	1252880				
西 藏	Tibet	198928		198928				
陕 西	Shaanxi	1101821	66391	1024437			9953	1040
甘 肃	Gansu	619676	4750	614926				
青 海	Qinghai	236781	890	235346			200	345
宁 夏	Ningxia	215050		215050				
新 疆	Xinjiang	1082020		1011794			11430	58796

6-32 历年分规模水利建设投资完成额

Completed Investment of Water Projects by Size of Project and Years

单位：万元 unit: 10^4 yuan

年份 Year	完成投资 合计 Total Completed Investment	大中型 Large and Medium	小型 Small	其他 Others
2000	6129331	3683398	2445343	
2001	5607065	3384402	2207202	15461
2002	8192153	3035528	5088159	68465
2003	7434176	2343713	4815522	274940
2004	7835450	2259955	5365376	210120
2005	7468483	3263029	3766332	439121
2006	7938444	2961707	4451579	525158
2007	9448538	3183673	5485744	779121
2008	10882012	2539432	8179610	162970
2009	18940321	4502610	14205434	232277
2010	23199265	6878706	16093909	226650
2011	30860284	9452390	20863449	544445

6-33　2011年分规模水利建设投资完成额（按地区分）

Completed Investment of Water Projects by Size of Project in 2011 (by Regions)

单位：万元　　unit: 10^4 yuan

地区	Region	完成投资 合计 Total Completed Investment	大中型 Large and Medium	小型 Small	其他 Others
合　计	**Total**	**30860284**	**9452390**	**20863449**	**544445**
北　京	Beijing	155732	25845	114155	15732
天　津	Tianjin	288201	161551	122183	4467
河　北	Hebei	1160131	482133	597079	80919
山　西	Shanxi	820044	143671	608307	68066
内蒙古	Inner Mongolia	609441	186030	421862	1549
辽　宁	Liaoning	668465	187542	471587	9336
吉　林	Jilin	317340	109600	191035	16705
黑龙江	Heilongjiang	815571	534000	278557	3014
上　海	Shanghai	417995		416806	1189
江　苏	Jiangsu	2340437	646724	1691042	2671
浙　江	Zhejiang	2315980	132235	2183275	470
安　徽	Anhui	846022	33146	803564	9312
福　建	Fujian	357982	25093	332236	652
江　西	Jiangxi	831134	80107	751027	
山　东	Shandong	1803989	862415	930634	10939
河　南	Henan	2396848	1655915	726364	14569
湖　北	Hubei	3048786	2298958	599820	150008
湖　南	Hunan	1084485	8379	1075906	200
广　东	Guangdong	1130613	140407	983634	6572
广　西	Guangxi	1028181	5049	1023034	98
海　南	Hainan	168650	55248	113402	
重　庆	Chongqing	1517419	229352	1243817	44251
四　川	Sichuan	1106808	422002	682016	2790
贵　州	Guizhou	891193	245687	644916	590
云　南	Yunnan	1284562	214395	1070167	
西　藏	Tibet	198928	118851	77449	2628
陕　西	Shaanxi	1101821	9600	1079593	12628
甘　肃	Gansu	619676	91708	514585	13384
青　海	Qinghai	236781	66920	169219	642
宁　夏	Ningxia	215050		214211	839
新　疆	Xinjiang	1082020	279828	731966	70226

6-34 历年分构成水利建设投资完成额

Completed Investment of Water Projects by Type of Construction and Years

单位：万元 unit: 10^4 yuan

年份 Year	完成投资合计 Total Completed Investment	建筑工程 Construction Project	安装工程 Installation	设备工器具购置 Procurement of Machinery and Equipment	其他 Others
2000	6129331	4534545	268650	367051	959085
2001	5607065	4052065	197296	227128	1130576
2002	8192153	6064058	274537	416958	1436599
2003	7434176	5670323	289401	352728	1121724
2004	7835450	5526833	276530	436531	1595556
2005	7468483	5306556	269855	398472	1493600
2006	7938444	5837364	318550	384313	1398217
2007	9448538	6725242	465282	568467	1689547
2008	10882012	7815009	674188	599969	1792847
2009	18940321	12972462	1133765	1250000	3584094
2010	23199265	15248673	1096243	1245116	5609232
2011	30860284	21032078	1216941	1152076	7459189

6-35 2011 年分构成水利建设投资完成额（按地区分）

Completed Investment of Water Projects by Type of Construction in 2011 (by Regions)

单位：万元　　unit: 10^4 yuan

地区	Region	完成投资 合计 Total Completed Investment	建筑工程 Construction Project	安装工程 Installation	设备工器具购置 Procurement of Machinery and Equipment	其他 Others
合　计	**Total**	**30860284**	**21032078**	**1216941**	**1152076**	**7459189**
北　京	Beijing	155732	118601	1010	4412	31709
天　津	Tianjin	288201	211173	4428	5688	66913
河　北	Hebei	1160131	764135	51160	84548	260288
山　西	Shanxi	820044	387728	40942	43116	348258
内蒙古	Inner Mongolia	609441	424143	50542	66469	68287
辽　宁	Liaoning	668465	464626	31490	30142	142208
吉　林	Jilin	317340	282712	5000	7065	22563
黑龙江	Heilongjiang	815571	774459	11185	26170	3756
上　海	Shanghai	417995	381139	1200	3944	31712
江　苏	Jiangsu	2340437	1675086	77366	63747	524238
浙　江	Zhejiang	2315980	1606718	83737	40297	585228
安　徽	Anhui	846022	679243	17565	34931	114283
福　建	Fujian	357982	254826	26230	14577	62350
江　西	Jiangxi	831134	678287	25456	34530	92861
山　东	Shandong	1803989	1041622	83418	90943	588006
河　南	Henan	2396848	1537066	52670	37268	769844
湖　北	Hubei	3048786	628404	44188	41827	2334367
湖　南	Hunan	1084485	936897	38883	36446	72259
广　东	Guangdong	1130613	969740	73065	20837	66972
广　西	Guangxi	1028181	688592	109855	124791	104942
海　南	Hainan	168650	123797	5776	1213	37864
重　庆	Chongqing	1517419	1073191	99676	65993	278560
四　川	Sichuan	1106808	894891	51910	49412	110595
贵　州	Guizhou	891193	657126	31310	27705	175051
云　南	Yunnan	1284562	1095038	54294	8834	126396
西　藏	Tibet	198928	190891	1235	2323	4479
陕　西	Shaanxi	1101821	868681	21741	37019	174379
甘　肃	Gansu	619676	474388	50822	48291	46175
青　海	Qinghai	236781	195879	5361	272	35269
宁　夏	Ningxia	215050	205058	5251	1065	3675
新　疆	Xinjiang	1082020	747942	60173	98201	175704

6-36 历年水利建设当年完成工程量

Completed Working Load by Years

单位：万立方米 unit: $10^4 m^3$

年份 Year	土方 Earth	石方 Rock	混凝土 Concrete
1954	17831	170	15
1955	28301	289	46
1956	56870	861	46
1957	59618	1084	125
1960	177946	15165	475
1961	19735	1809	116
1962	25287	1711	77
1963	27438	1679	104
1964	37869	2270	145
1965	64193	2881	186
1971	51085	1478	143
1972	125853	11652	370
1973	111397	13464	469
1974	115695	10671	417
1975	125712	13821	502
1976	163160	26423	712
1977	139104	15147	638
1978	139800	19600	808
1979	206100	16300	746
1980	55000	5400	506
1981	20800	2500	231
1982	19500	2100	245
1983	24300	2000	283
1984	26500	2300	268
1985	25200	2000	244
1986	24100	2000	225
1987	31000	2600	276
1988	29300	2300	298
1989	31650	2886	328
1990	33209	2712	437
1991	40143	3124	512
1992	54862	5054	583
1993	46099	5710	630
1994	41177	5127	707
1995	34955	6126	824
1996	34883	7865	807
1997	42755	5630	988
1998	101393	15023	1322
1999	104684	14022	1613
2000	129432	14456	2084
2001	92777	14716	1855
2002	139036	18178	2581
2003	94079	14677	2710
2004	132007	24057	2514
2005	138665	20718	2168
2006	201603	39847	1971
2007	140567	25099	2050
2008	170705	26686	2651
2009	198846	25333	4641
2010	226128	30505	4660
2011	282247	26001	6228

6-37 2011年水利建设当年完成工程量（按地区分）
Completed Working Load in 2011 (by Regions)

单位：万立方米 unit: $10^4 m^3$

地区	Region	当年计划 Planned of the Year			当年完成 Completed of the Year		
		土方 Earth	石方 Rock	混凝土 Concrete	土方 Earth	石方 Rock	混凝土 Concrete
合 计	**Total**	**292497**	**27079**	**6377**	**282247**	**26001**	**6228**
北 京	Beijing	616	54	4	201	18	2
天 津	Tianjin	7458	109	162	3743	24	162
河 北	Hebei	18157	316	287	17980	499	279
山 西	Shanxi	7725	725	70	6025	658	60
内蒙古	Inner Mongolia	11600	462	289	11579	445	289
辽 宁	Liaoning	9692	303	119	9763	355	115
吉 林	Jilin	6025	177	25	6024	177	25
黑龙江	Heilongjiang	3645	150	61	1299	130	36
上 海	Shanghai	3085	364	67	2735	93	41
江 苏	Jiangsu	27258	655	214	30127	658	263
浙 江	Zhejiang	10221	3014	417	10115	3210	389
安 徽	Anhui	7863	690	188	6969	604	154
福 建	Fujian	2048	428	90	1781	364	77
江 西	Jiangxi	8499	1465	384	7874	1422	306
山 东	Shandong	27858	1204	353	27293	1011	334
河 南	Henan	34866	390	524	34140	333	516
湖 北	Hubei	12725	1176	306	12999	1150	257
湖 南	Hunan	5830	1017	315	5665	1082	297
广 东	Guangdong	4759	694	229	5966	804	276
广 西	Guangxi	2315	370	190	2097	282	151
海 南	Hainan	1025	92	42	831	74	32
重 庆	Chongqing	7696	3644	467	7391	3517	439
四 川	Sichuan	5013	1562	222	4740	1527	441
贵 州	Guizhou	2595	998	170	2481	966	168
云 南	Yunnan	7579	3096	311	7363	2968	303
西 藏	Tibet	1292	371	59	1122	272	58
陕 西	Shaanxi	10267	989	78	10440	1020	79
甘 肃	Gansu	18090	658	233	18456	596	268
青 海	Qinghai	3095	445	60	2955	339	59
宁 夏	Ningxia	6840	174	55	6483	132	26
新 疆	Xinjiang	16759	1286	382	15611	1271	325

6-38 历年水利建设累计完成工程量

Accumulated Completed Working Load of Water Project by Years

单位：万立方米 unit: 10^4m^3

年份 Year	全部计划 Total Planned			累计完成 Total Completed		
	土方 Earth	石方 Rock	混凝土 Concrete	土方 Earth	石方 Rock	混凝土 Concrete
2000	746010	87963	31746	437914	52230	10192
2001	711388	119858	13089	427458	61541	6685
2002	651588	86461	12960	485593	57858	7886
2003	664041	87724	12965	462941	59674	8617
2004	6422138	1320016	108489	3837466	603405	68102
2005	3211069	660008	54245	1918733	301703	34051
2006	1077148	198978	17349	672085	110836	11386
2007	1083946	222242	17523	601617	91505	10944
2008	1049975	238789	19372	645032	99363	11721
2009	1060725	117890	21656	633610	77809	13828
2010	1188888	118309	24666	647565	80824	14956
2011	980995	120239	27143	690220	77171	16845

6-39 2011年水利建设累计完成工程量（按地区分）

Accumulated Completed Working Load of Water Project in 2011 (by Regions)

单位：万立方米 unit: 10^4m^3

地区	Region	全部计划 Total Planned			累计完成 Total Completed		
		土方 Earth	石方 Rock	混凝土 Concrete	土方 Earth	石方 Rock	混凝土 Concrete
合 计	**Total**	**980995**	**120239**	**27143**	**690220**	**77171**	**16845**
北 京	Beijing	6180	75	138	4926	46	130
天 津	Tianjin	12223	119	360	6614	33	311
河 北	Hebei	70038	1683	1181	60711	1177	840
山 西	Shanxi	22194	4407	313	17588	4282	257
内蒙古	Inner Mongolia	61027	4651	1907	48410	2610	1178
辽 宁	Liaoning	23028	2073	753	18730	1611	431
吉 林	Jilin	37284	2605	407	22177	973	156
黑龙江	Heilongjiang	46154	1431	430	10678	772	171
上 海	Shanghai	10156	3427	178	8201	173	129
江 苏	Jiangsu	61812	1655	606	49947	999	402
浙 江	Zhejiang	36305	19163	1501	24128	13390	884
安 徽	Anhui	28364	1687	711	24278	1421	601
福 建	Fujian	3361	719	167	2297	552	110
江 西	Jiangxi	30078	6562	1288	15271	2467	648
山 东	Shandong	69522	3406	769	57316	2882	761
河 南	Henan	103765	3297	2069	74916	1893	960
湖 北	Hubei	29225	2801	1006	22186	1987	526
湖 南	Hunan	7165	1719	571	6342	1527	493
广 东	Guangdong	43259	6229	2034	30769	4179	1255
广 西	Guangxi	9233	1396	902	6121	1060	657
海 南	Hainan	1702	221	184	1108	100	42
重 庆	Chongqing	16450	11293	2457	12691	8504	978
四 川	Sichuan	11891	4860	1401	8115	2982	984
贵 州	Guizhou	4898	2417	613	3380	1440	310
云 南	Yunnan	18084	8487	869	12541	5361	497
西 藏	Tibet	2674	513	128	1893	437	104
陕 西	Shaanxi	47403	2302	432	14309	1473	211
甘 肃	Gansu	39359	3864	1284	31376	2921	1024
青 海	Qinghai	6079	916	158	4908	641	102
宁 夏	Ningxia	18243	497	97	13032	268	47
新 疆	Xinjiang	103833	15764	2230	75261	9011	1644

6-40 历年水利建设房屋建筑面积和竣工房屋价值

Areas and Cost of Buildings of Water Project by Years

年份 Year	施工房屋面积（平方米）Area of Houses Constructed (m²)	#住宅 Living House	竣工房屋面积（平方米）Completed Area of House Construction (m²)	#住宅 Living House	竣工房屋价值（万元）Cost of Completed Houses (10^4 yuan)	#住宅 Living House
1975	1342800	537000	904200	355000	6961	2343
1976	1200400	455100	785600	294000	6131	1970
1977	1587200	626800	876200	329000	7096	2402
1978	1802100	714100	1258700	517000	10702	4033
1979	2554800	1164400	1588700	714000	14142	5783
1980			1597000	852000	17407	9202
1981	2017000	1355000	1284000	874000	17035	
1982	2438358	1704214	1357962	994664	15533	
1983	2026442	1378578	1238982	849588	21637	
1984	1868746	1018127	1155026	643856	17836	
1985	600456	338616	1130000	730000		
1986	824363	372849	990000	618000	18909	10815
1987	834363	444384	1088000	593000		
1988	1764111	728056	746000	416000	17083	8570
1989	1544608	683320	782916	364246	26149	9365
1990	1549120	772450	804328	457422	26221	13934
1991	1857321	937048	941511	420812	30718	14388
1992	2224053	1179727	942008	443237	34764	15383
1993	2540254	1353939	1251295	691426	58823	28309
1994	2039010	1099433	923290	497640	58086	24627
1995	1909074	987599	942177	511795	88221	32738
1996	1637962	842640	750128	366766	63237	28696
1997	1661510	889611	696040	348033	65615	26740
1998	2206108	1350879	1127242	702967	97326	55954
1999	1322318	691618	721906	433053	86482	53599
2000			582635	251512	75403	29191
2001	1069177	516367	611465	280038	51789	24037
2002	1039532	320273	549871	230001	65574	35568
2003	1059248	482288	548892	196774	58799	20132
2004	555608	182444	186899	66943	19250	10427
2005	1522939	898884	1063651	733026	124465	55880
2006	1021542	374901	664862	257512	130937	52332
2007	1107854	481058	797327	293081	174412	58260
2008	641966	79279	501095	61961	65124	6233
2009	895613	133589	699639	87977	97727	11533
2010	848336	231362	639419	196135	98772	20851

6-41 2010年水利建设房屋建筑面积和竣工房屋价值（按地区分）

Areas and Cost of Buildings of Water Project in 2010 (by Regions)

地区	Region	施工房屋面积（平方米）Area of Houses Constructed (m^2)	#住宅 Living House	竣工房屋面积（平方米）Completed Area of House Constrction (m^2)	#住宅 Living House	竣工房屋价值（万元）Cost of Completed Houses (10^4 yuan)	#住宅 Living House
合　计	**Total**	**848336**	**231362**	**639419**	**196135**	**98772**	**20851**
北　京	Beijing	2073		2073		49	
天　津	Tianjin	6407		4236		1350	
河　北	Hebei	3631	150	3631	150	127	11
山　西	Shanxi	19034	413	12032	73	2159	6
内蒙古	Inner Mongolia	42239		40839		3857	
辽　宁	Liaoning	10112		6945		1369	
吉　林	Jilin						
黑龙江	Heilongjiang						
上　海	Shanghai	2251		836		219	
江　苏	Jiangsu	15363	5795	6480		770	
浙　江	Zhejiang	98421	64597	82307	62497	12304	9483
安　徽	Anhui	19138		18938		3982	
福　建	Fujian	4638	240	4638	240	765	81
江　西	Jiangxi	85853	80600	82973	78000	5629	4708
山　东	Shandong	66924	1249	65227	1249	10329	191
河　南	Henan	93036	12362	69188	11902	13227	14
湖　北	Hubei	126353	7284	39017	6538	5182	1318
湖　南	Hunan	1564	205	64		25	
广　东	Guangdong	6132	2520	3456	2520	212	80
广　西	Guangxi	64438	6217	58036	5576	9062	505
海　南	Hainan						
重　庆	Chongqing	39631	14530	38203	13680	7372	2933
四　川	Sichuan	38546	19407	20419	2601	3348	233
贵　州	Guizhou	3384	900	2914	700	565	38
云　南	Yunnan	19325	4371	18750	4241	3091	480
西　藏	Tibet	3396	1099	3396	1099	68	
陕　西	Shaanxi	42816	6196	27723	1842	8322	267
甘　肃	Gansu	3485		3485		501	
青　海	Qinghai	1326	980	1060	980	10	
宁　夏	Ningxia	10729	1180	10203	1180	2166	156
新　疆	Xinjiang	18092	1067	12351	1067	2710	346

6-42 历年水利

Completed Works of

年份 Year	水库总库容（亿立方米） Total Storage Capacity of Reservoirs (10^8m^3)	农田有效灌溉面积（千公顷） Effective Irrigated Area (10^3hm^2)	除涝面积（千公顷） Drainage Area (10^3hm^2)	发电装机容量（千千瓦） Installed Capacity of Power Generation (10^3kW)	排灌装机容量（千千瓦） Installed Capacity of Irrigation and Drainage Works (10^3kW)	供水能力（万吨每日） Capacity of Water Supply ($10^4t/d$)
1989	118.95	998.69	593.27	888.80	225.50	
1990	129.09	1109.13	862.62	1170.40	329.30	
1991	125.04	1041.40	645.19	1922.60	244.90	
1992	120.41	1215.23	836.43	2443.30	200.90	
1993	152.69	1105.52	772.57	3038.20	151.20	
1994	312.91	1171.57	963.29	5294.70	231.60	
1995	342.12	1334.10	853.54	6661.80	286.00	
1996	321.66	1182.93	805.55	6523.40	250.00	860.36
1997	348.99	1056.73	1066.81	7117.20	235.30	1811.81
1998	348.65	1364.77	1095.81	5200.60	471.10	2283.35
1999	310.27	1014.89	133.59	4620.50	215.10	965.60
2000	359.15	798.07	89.79	4090.10	271.60	3961.42
2001	113.48	572.73	173.03	2080.80	114.90	5891.73
2002	250.95	485.93	183.69	1672.30	240.10	2044.47
2003	386.26	820.14	105.09	2708.90	575.50	2478.45
2004	263.05	603.68	165.83	2388.20	64.60	2345.35
2005	317.93	543.64	157.93	2292.60	63.90	1246.36
2006	411.13	556.21	143.41	2133.15	54.87	1851.47
2007	209.42	1261.63	322.64	1532.84	79.45	1734.38
2008	162.59	1189.33	577.59	1846.30	119.66	1283.14
2009	269.80	1929.17	546.46	4267.36	305.15	2311.20
2010	196.28	1115.39	472.66	3791.69	283.66	1585.08
2011	178.80	1010.88	316.17	2068.93	2002.47	6432.39

建设施工规模

Water Project by Years

改善灌溉面积（千公顷）Improved Irrigated Area (10^3hm^2)	改善除涝面积（千公顷）Drained Area (10^3hm^2)	新建及加固堤防（千米）Newly-Built & Strengthened Embankment (km)	水保治理面积（千公顷）Controlled Area of Soil Erosion (10^3hm^2)	解决饮水困难人口（万人）Population Access to Drinking Water (10^4 persons)	饮水安全达标人口（万人）Population with Safe Drinking Water (10^4 persons)	节水灌溉面积（千公顷）Water-Saving Irrigated Area (10^3hm^2)
681.85	413.85					
566.79	672.69					
678.60	680.71					
425.63	594.44					
517.28	313.48					
699.65	699.18					
1575.13	757.59					
1142.98	762.37					
1720.41	578.18					
2077.57	781.91	8478.08	1925.58	648.90		108.18
2565.22	1381.42	8437.96	1675.12	2139.88		195.79
1437.79	583.71	4695.94	1301.93	2406.42		351.48
1715.70	745.15	5667.73	2579.56	1226.59		262.53
1249.72	463.22	3653.70	1762.34	933.37		250.84
2244.32	678.08	5111.99	854.20		1562.82	488.97
1927.16	599.29	4895.22	783.51		2758.50	368.72
1849.77	1334.84	4273.42	1613.73		4088.10	254.76
2749.38	726.03	5002.74	2553.15		6715.80	343.85
3791.69	678.75	6362.94	1333.20		6574.41	411.17
4220.96	1597.80	10466.16	2641.66		5579.42	541.07

6-43 2011年水利建设

Completed Works of Water Project

地区	Region	水库总库容（亿立方米）Total Storage Capacity of Reservoirs (10^8m^3)	农田有效灌溉面积（千公顷）Effective Irrigated Area (10^3hm^2)	除涝面积（千公顷）Drained Area (10^3hm^2)	发电装机容量（千千瓦）Installed Capacity of Power Generation (10^3kW)	排灌装机容量（千千瓦）Installed Capacity of Irrigation and Drainage Works (10^3kW)	供水能力（万吨每日）Capacity of Water Supply ($10^4t/d$)
合　计	**Total**	**178.80**	**1010.88**	**316.17**	**2068.93**	**2002.47**	**6432.39**
北　京	Beijing						
天　津	Tianjin		0.10			1.50	
河　北	Hebei	3.55	58.31		5.50		552.33
山　西	Shanxi	2.43	46.71	0.17	6.47	8.71	34.13
内蒙古	Inner Mongolia	11.93	10.42		16.95		119.12
辽　宁	Liaoning	12.97	52.37	0.13	18.98		97.33
吉　林	Jilin	0.60	2.67		49.25	21.30	68.00
黑龙江	Heilongjiang	5.15	161.73			1.74	
上　海	Shanghai						
江　苏	Jiangsu	0.20	12.89	13.11		1223.26	116.93
浙　江	Zhejiang	0.77	65.43	214.82	42.60	5.20	379.54
安　徽	Anhui	0.25	8.15	3.17		4.44	3.00
福　建	Fujian	0.33	3.89	0.41	1.89	77.50	47.73
江　西	Jiangxi	0.60	5.24	0.72	17.19		14.04
山　东	Shandong	4.76	33.73	0.07		0.99	7.98
河　南	Henan	4.21	6.89	39.31	0.96		19.41
湖　北	Hubei	6.78	66.62	30.86	52.12	580.97	0.08
湖　南	Hunan	2.06	6.42	0.24	29.56		0.52
广　东	Guangdong	5.63	32.11	11.51	259.39	56.30	167.33
广　西	Guangxi			1.45			
海　南	Hainan	0.04	0.93		4.42		
重　庆	Chongqing	8.69	123.26		370.36	2.96	133.19
四　川	Sichuan	42.06	63.11		90.59	0.35	2.85
贵　州	Guizhou	5.75	55.46	0.23	73.91	0.59	46.08
云　南	Yunnan	13.18	90.67		6.00		69.76
西　藏	Tibet		22.35		4.00		
陕　西	Shaanxi	0.75	27.26		26.12	11.87	4306.57
甘　肃	Gansu	0.15	6.25		15.62		24.28
青　海	Qinghai	0.47	20.00		16.63		70.00
宁　夏	Ningxia	0.34	5.01				
新　疆	Xinjiang	45.14	22.90		960.42	4.80	152.19

施工规模（按地区分）
in 2011 (by Regions)

改善灌溉面积（千公顷）Improved Irrigated Area (10^3hm^2)	改善除涝面积（千公顷）Drained Area (10^3hm^2)	新建及加固堤防（千米）Newly-Built & Strengthened Embankment (km)	水保治理面积（千公顷）Controlled Area of Soil Erosion (10^3hm^2)	饮水安全达标人口（万人）Population with Safe Drinking Water (10^4 persons)	节水灌溉面积（千公顷）Water-Saving Irrigated Area (10^3hm^2)
4220.96	**1597.80**	**10466.16**	**2641.66**	**5579.42**	**541.07**
		3.60	2.00		0.11
1.00		66.36	3.80		4.69
160.01	7.09	43.60	164.54	377.38	87.51
131.68	0.63	667.96	66.04	137.03	6.49
71.04	113.33	496.93	51.89	130.62	29.63
55.89		251.30	12.28	135.09	21.09
7.08		497.50	4.59	110.00	1.35
399.61		96.28	30.55	150.23	7.17
0.00		56.84			
240.32	626.22	1240.62	2.61	241.46	6.64
59.04	11.00	443.35	16.34	58.38	4.57
173.76	80.27	155.66	41.05	335.93	0.57
20.37	0.07	52.01	22.49	126.60	8.91
41.26	29.25	215.37		109.15	2.13
178.68	22.06	514.98	113.10	407.12	61.72
118.26	526.43	389.15	4.14	452.99	5.33
1066.50	92.11	195.56	356.31	218.89	10.38
34.71	0.15	279.22	5.28	274.95	1.67
130.78	60.60	1958.63	17.15	414.94	1.72
0.67	1.97	226.47		33.98	
18.44		48.18	2.44	28.04	1.25
92.76	0.20	278.30	112.51	249.58	9.60
85.02		189.51	24.18	297.29	16.40
26.44	1.63	130.97	233.91	321.83	2.96
133.23	15.05	101.99	905.36	290.48	24.37
16.01		159.85	2.09	22.31	
133.71	1.97	412.13	320.52	313.11	49.65
54.90	5.97	531.49	58.27	154.22	33.65
24.57		176.96	53.39	34.95	2.55
6.72		53.20		25.31	3.52
738.49	1.80	532.21	14.82	127.57	134.79

6-44 历年水利建

Newly-Increased Benefits of Water

年份 Year	水库总库容（亿立方米） Total Storage Capacity of Reservoirs (10^8m^3)	农田有效灌溉面积（千公顷） Effective Irrigated Area (10^3hm^2)	除涝面积（千公顷） Drained Area (10^3hm^2)	发电装机容量（千千瓦） Installed Capacity of Power Generation (10^3kW)	排灌装机容量（千千瓦） Installed Capacity of Irrigation and Drainage Works (10^3kW)	供水能力（万吨每日） Capacity of Water Supply ($10^4t/d$)
1989	22.79	94.09	64.29	124.10	31.40	
1990	29.64	121.17	62.21	164.30	99.50	
1991	23.34	101.25	43.77	311.10	84.10	
1992	19.13	90.53	116.67	391.00	67.40	
1993	11.48	78.48	133.89	182.50	42.90	
1994	7.61	94.09	77.23	392.90	23.80	
1995	42.23	174.89	28.30	388.20	66.80	
1996	14.95	158.03	29.43	355.30	90.60	450.44
1997	11.86	94.61	89.65	719.80	28.10	145.12
1998	28.15	187.01	57.67	749.00	102.30	456.57
1999	46.61	198.23	42.83	885.60	19.40	82.84
2000	183.62	126.86	49.69	2139.10	21.90	529.80
2001	31.96	191.41	28.51	1317.40	34.80	2939.65
2002	29.19	156.47	171.29	543.10	89.20	281.64
2003	5.83	146.99	11.67	368.60	544.00	871.31
2004	12.86	252.11	71.99	725.80	20.80	530.81
2005	112.64	98.65	74.62	794.40	47.30	398.36
2006	267.39	139.45	55.46	1146.16	28.46	349.78
2007	55.71	314.09	206.89	754.18	59.78	488.23
2008	44.37	275.44	223.66	701.04	79.39	333.69
2009	50.96	550.52	286.11	912.68	89.77	740.58
2010	32.88	355.59	441.76	905.81	102.38	509.43
2011	48.54	470.26	284.13	566.30	1034.99	876.18

设新增效益

Project Construction by Years

改善灌溉面积（千公顷）Improved Irrigated Area (10^3hm^2)	改善除涝面积（千公顷）Drained Area (10^3hm^2)	新建及加固堤防（千米）Newly-Built & Strengthened Embankment (km)	水保治理面积（千公顷）Controlled Area of Soil Erosion (10^3hm^2)	解决饮水困难人口（万人）Population Access to Drinking Water (10^4 persons)	饮水安全达标人口（万人）Population with Safe Drinking Water (10^4 persons)	节水灌溉面积（千公顷）Water-Saving Irrigated Area (10^3hm^2)
204.49	208.73					
141.90	526.79					
341.81	226.40					
219.92	419.77					
187.43	86.12					
251.04	309.10					
330.28	161.89					
283.51	140.24					
839.09	1279.70					
956.97	163.28	4545.91	1699.45	470.38		76.49
1484.52	529.17	5772.04	1118.41	1950.07		132.73
927.62	463.75	2693.61	1011.98	1245.44		245.81
1232.00	494.73	2918.24	1681.30	985.68		155.79
467.11	129.29	2246.61	1717.64	700.92		178.87
889.95	284.08	2726.91	635.29		1321.43	287.75
1121.20	383.39	2370.23	517.35		2478.28	310.37
1055.83	1015.16	1968.95	1261.41		2967.62	175.60
1845.54	449.49	2385.49	2090.95		5896.54	298.76
2230.19	477.20	3651.83	1041.65		6314.49	343.42
2061.10	1339.87	6900.63	2353.30		5151.23	424.31

6-45 2011 年水利建设

Newly-Increased Benefits of Water

地区	Region	水库总库容（亿立方米）Total Storage Capacity of Reservoirs (10^8m^3)	农田有效灌溉面积（千公顷）Effective Irrigated Area (10^3hm^2)	除涝面积（千公顷）Drained Area (10^3hm^2)	发电装机容量（千千瓦）Installed Capacity of Power Generation (10^3kW)	排灌装机容量（千千瓦）Installed Capacity of Irrigation and Drainage Works (10^3kW)	供水能力（万吨每日）Capacity of Water Supply ($10^4t/d$)
合　计	**Total**	**48.54**	**470.26**	**284.13**	**566.30**	**1034.99**	**876.18**
北　京	Beijing						
天　津	Tianjin		0.10			1.50	
河　北	Hebei		7.80		4.00		68.52
山　西	Shanxi	2.36	37.86	0.17	6.47	0.35	32.93
内蒙古	Inner Mongolia	5.83	9.68		13.50		59.19
辽　宁	Liaoning	3.35	49.51	0.13	0.98		
吉　林	Jilin				4.37		
黑龙江	Heilongjiang						
上　海	Shanghai						
江　苏	Jiangsu	0.17	5.89	9.78		458.26	86.93
浙　江	Zhejiang	0.77	65.03	214.82	26.58	4.58	99.03
安　徽	Anhui	0.25	7.35			1.64	3.00
福　建	Fujian	0.33	2.79	0.41	1.00	77.50	47.50
江　西	Jiangxi	0.15	2.87	0.72	8.50		8.44
山　东	Shandong	4.44	27.77	0.07		0.99	7.98
河　南	Henan	4.17	6.89	38.67	0.58		19.41
湖　北	Hubei	3.23	36.91	17.52	44.84	442.77	
湖　南	Hunan	1.95	5.54	0.24	27.83		0.52
广　东	Guangdong		2.09		17.42	34.45	26.49
广　西	Guangxi			1.38			
海　南	Hainan		0.93		4.42		
重　庆	Chongqing	2.40	32.18		76.08	0.15	40.87
四　川	Sichuan	1.02	31.20		79.59	0.35	2.85
贵　州	Guizhou	4.65	43.94	0.23	55.11	0.59	30.82
云　南	Yunnan	3.53	30.28		1.10		10.41
西　藏	Tibet		5.75				
陕　西	Shaanxi	0.20	25.93		13.52	11.87	285.57
甘　肃	Gansu	0.15	6.25		10.60		11.76
青　海	Qinghai	0.04			1.41		
宁　夏	Ningxia	0.19	5.01				
新　疆	Xinjiang	9.36	20.70		168.42		33.95

新增效益（按地区分）

Project Construction in 2011 (by Regions)

改善灌溉面积（千公顷）Improved Irrigated Area (10^3hm^2)	改善除涝面积（千公顷）Drained Area (10^3hm^2)	新建及加固堤防（千米）Newly-Built & Strengthened Embankment (km)	水保治理面积（千公顷）Controlled Area of Soil Erosion (10^3hm^2)	饮水安全达标人口（万人）Population with Safe Drinking Water (10^4 persons)	节水灌溉面积（千公顷）Water-Saving Irrigated Area (10^3hm^2)
2061.10	**1339.87**	**6900.63**	**2353.30**	**5151.23**	**424.31**
		3.60	3.00		0.11
1.00		66.36	5.70		4.59
121.61		15.71	229.74	377.38	44.47
102.22	0.63	655.61	83.42	137.03	3.83
49.98		60.72	74.00	130.62	25.46
53.22		249.55	18.42	135.09	18.14
4.13		496.90	3.96	110.00	0.33
		76.59	25.05	119.60	0.87
		56.84			
218.78	618.89	1107.78	3.70	209.46	6.64
55.84	11.00	260.56	22.23	57.90	4.18
13.07	56.53	63.86	59.22	318.42	0.20
8.20	0.07	37.55	33.54	110.54	7.52
6.61	27.28	125.05		77.56	1.93
165.50	22.06	242.80	168.00	406.05	49.23
78.91	500.44	282.88	6.10	370.95	5.33
250.74	63.51	174.37	522.80	214.50	7.95
30.48	0.15	166.59	7.92	274.95	1.67
43.90	16.25	672.02	21.65	350.29	1.40
0.67	1.97	111.81		33.98	
17.84		32.99	3.66	28.04	1.24
54.36	0.20	223.96	152.90	239.66	4.15
77.38		181.80	34.15	285.12	13.26
25.62	1.62	66.74	337.90	274.44	1.54
105.90	10.88	87.34	1223.19	254.24	8.08
12.78		54.74	3.14	22.31	
118.49	1.97	168.01	304.90	275.21	43.29
50.69	5.97	514.65	87.40	151.22	33.51
20.56		141.78	73.65	33.80	2.37
6.72		53.20		25.31	3.52
365.90	0.47	448.28	20.62	127.57	128.83

主要统计指标解释

水利建设投资 指水利系统固定资产投资。主要包括水利系统基本建设投资、部分更新改造投资等，防洪岁修、小农水等财政投资未包括在内。

建设项目 指按照以总体设计进行施工，由一个或若干个具有内在联系的工程组成的总体。基本建设项目指经批准在一个总体设计或初步设计范围内进行建设，经济上实行统一核算，行政上有独立的组织形式，实行统一管理的基本建设单位。

基本建设项目按规模分为大中型项目和小型项目，水利上基本建设项目大中型项目划分标准是：①水库，库容1亿立方米以上（包括1亿立方米，下同）；②灌溉面积，灌溉面积50万亩以上；③水电工程，发电装机5万千瓦以上；④其他水利工程，除国家指定外均不作为大中型项目。

建设阶段 指建设项目报告期所处的建设阶段。分为以下几个阶段。

（1）筹建项目：指正在进行前期工作尚未正式施工的项目。

（2）施工项目：指报告期内进行过建筑或安装施工活动的项目。

（3）本年正式施工项目：指本年正式进行过建筑或安装活动的建设项目。

（4）本年新开工项目：指报告期内新开工的建设项目。

（5）本年续建项目：指本年以前已经正式开工，跨入本年继续进行建筑安装和购置活动的建设项目。

（6）建成投产项目：指报告期内按设计文件规定建成主体工程和相应配套的辅助设施，形成生产能力或工程效益，经过验收合格，并且已正式投入生产或交付使用的建设项目。

（7）本年收尾项目：是指以前年度已经全部建成投入生产或交付使用，但尚有少量不影响正常生产和使用的辅助工程或生产性工程在报告期继续施工的项目。

（8）停缓建项目：指根据国民经济宏观调控及其他原因，经有关部门批准停止建设或近期内不再建设的项目。停缓建项目分为全部停缓建项目和部分停缓建项目。

1）全部停缓建项目是指经有关部门批准不再建设或短期内整个项目停止建设的项目。

2）部分停缓建项目是指建设项目仍在施工，但其中的部分单项工程经有关部门批准停止或近期内不再建设并已停止施工的项目。报告期部分停缓建项目仍应作为施工项目统计。

（9）全部竣工项目：指整个建设项目按设计文件规定的主体工程和辅助、附属工程全部建成，并已正式验收移交生产或使用部门的项目。

建设性质 基本建设项目的建设性质根据整个建设项目的情况确定，分为以下几种。

（1）新建：一般是指从无到有、“平地起家”开始建设的企业、事业和行政单位或独立的工程。现有企业、事业、行政单位一般不属于新建。但如有的单位原有基础很小，经过建设后新增的资产价值超过该企业、事业、行政单位原有固定资产价值（原值）3倍以上的也应作为新建。

（2）扩建：指在厂内或其他地点，为扩大原有产品的生产能力（或效益）或增加新的产品生产能力，而增建主要的生产车间（或主要工程）、分厂、独立的生产线的企业、事业单位。行政、事业单位在原单位增建业务用房（如学校增建教学用房、医院增建门诊部、病房等）也作为扩建。

现有企业、事业单位为扩大原有主要产品生产能力或增加新的产品生产能力，增建一个或几个主要生产车间（或主要工程）、分厂，同时进行一些更新改造工程的，也应作为扩建。

（3）改建：指对原有设施进行技术改造或更新（包括相应配套的辅助性生产、生活福利设施），没有增建主要生产车间、分厂等的企业、事业单位。

（4）单纯建造生活设施：指在不扩建、改建生产性工程和业务用房的情况下，单纯建造职工住宅、托儿所、子弟学校、医务室、浴室、食堂等生活福利设施的企业、事业及行政单位。

（5）迁建：指为改变生产力布局或由于城市环境保护和安全生产的需要等原因而搬迁到另地建设的企业、事业单位。

（6）恢复：指自然灾害、战争等原因，使原有的固定资产全部或部分报废，以后又投资恢复建设的单位。

（7）单纯购置：指现有企业、事业、行政单位单纯购置不需要安装的设备、工具、器具，而不进行工程建设的单位。

隶属关系 基本建设项目按建设单位直属或主管上级机关确定。

隶属关系分为中央、省（自治区、直辖市）、地区（州、盟、省辖市）、县（旗、县级市）和其他五大类。

（1）中央：指中共中央、人大常委会和国务院各部、委、局、总公司以及直属机构直接领导和管理的基本建设项目和企业、事业、行政单位。这些单位的固定资产投资计划由国务院各部门直接编制和下达，建设中所需要的统配物资和主要设备以及建设中的问题都由中央有关部门安排和解决。

（2）省（自治区、直辖市）：由省（自治区、直辖市）政府及业务主管部门直接领导和管理的基本建设项目和企业、事业、行政单位。

（3）地区（州、盟、省辖市）：由地区、自治州、盟、省辖市直接领导和管理的基本建设项目和企业、事业、行政单位。

（4）县（旗、县级市）：由县、自治旗、县级市直接领导和管理的基本建设项目和企业、事业、行政单位。

（5）其他：不隶属以上各级政府及主管部门的建设项目和企业、事业单位，如外商投资企业和无主管部门的企业等。

Explanatory Notes of Main Statistical Indicators

Water project construction investment Investment of fixed assets in the water sector, mainly covers the investment of basic water infrastructures and some rehabilitation projects, but excluding annual maintenance of flood control works and financial allocation to small irrigation, drainage and rural water supply schemes.

Construction project A project encloses one or more interdependent schemes and is implemented in accordance with overall design. Capital construction project refers to a construction unit that approved to be constructed under overall design or the scope of preliminary design, which is under one accounting system and unified management, and has an independent organization.

Capital construction project can be divided into large or medium project and small project according to its scale. The criteria of identifying large and medium water projects are:① reservoir, installed capacity is over 100 million m^3 (including 100 million m^3, hereinafter the same); ② irrigated area, irrigated area is over 500 thousand mu; ③ hydropower project, installed capacity is over 50,000kW; ④ other water projects, specially designated by the state.

Construction phrase The phase of project construction during the period of report. The project construction phases are divided as following:

(1) Preparation project: the project that is conducting preparatory work and has not formally been constructed.

(2) Construction project: the project that is under construction or installation during the report period.

(3) Construction project of the year: the project that has formally started construction or installation in the statistical year.

(4) Newly started project of the year: the construction project that is newly initiated in the statistical year.

(5) Continued project of the year: the project that has formally started and continued construction, installation and purchase activities in the statistical year.

(6) Completed investment project: key parts of the project and supporting facilities have passed check and acceptance and been formally put into operation or service in the statistical period.

(7) Nearly-completed project of the year: the project has completed construction and placed into operation, but several supporting facilities that do not affect the normal production and utilization continue to be constructed in the statistical period.

(8) Suspend or cancel project: the project is required to stop or suspended after the approval of relevant department, due to national macroeconomic regulation and control or other reasons. The stopped or suspended projects can be divided into completely stopped or suspended project and partially stopped or suspended project.

1) Complete stopped or suspended project refers to the project that no longer constructed or will not be constructed in a short period of time, according to the approved of the relevant department.

2) Partial stopped or suspended project refers to the project that still under construction, but part of the project is no longer constructed or will not be constructed in a short period of time, according to the approval of the relevant department. Stopped or suspended project in the statistical period is still listed as construction projects in statistics.

(9) Totally-completed project: the project that has completed the key parts and supporting facilities of the project according to the design, and has passed check and acceptance and transferred to production or user for operation.

Construction type The types of infrastructures are identified based on the feature of entire constructed project, and are divided into:

(1) Newly-constructed project: refers to enterprise, non-governmental organization and governmental department or independent project that starts from nothing. The currently existed enterprise, non-governmental organization or governmental department does not belong to newly-constructed project. However, if the original scope of unit is rather small and the newly-added assets exceeds three times of the original assets of the enterprise, non-governmental organization and governmental department after construction, it is also regarded as new-constructed project.

(2) Expanded construction: refers to enterprises and non-governmental organizations that build new workshop (or key project), branch or independent production line within the plant or other places, in order to expand the existing production capacity (or benefit) or increase production capacity of new product. The construction of office building of non-governmental organization and governmental department (for example newly-constructed teaching building of college, university or school, newly-built clinics and wards of hospitals) is also regarded as expanded construction.

Enterprises and non-governmental organizations construct one or more key workshops (or key project) or branches, in order to increase the original production capacity or add production capacity of new product, together with rehabilitation project are also listed as expanded construction projects.

(3) Rehabilitation project: Enterprises and non-governmental organizations conduct technical rehabilitation or re-modernization (including production support facilities or living and welfare facilities), but without expansion of main workshop or branch.

(4) Construction of living facilities: enterprise, non-governmental organization and governmental department build living and welfare facilities only, such as apartment building of employee, kindergarten, school for children of employee, clinic, bathroom, and canteen without expansion or rehabilitation of buildings for production or office buildings.

(5) Relocated construction: relocation of enterprise or non-governmental organizations to other places due to the change of production pattern, requirement of urban environment protection or safe production.

(6) Recovery construction: a unit with investment for recovery construction because of natural disaster or war that completely or partially destroys its fixed assets.

(7) Procurement only: Enterprise, non-governmental organization or governmental department purchases equipment, tool or instrument only, without installation or construction.

Relationship of administrative subordination Capital construction project is defined on the basis of managerial authorities that construction unit is directly under its jurisdiction or higher competent authority in-charge.

Relationship of administrative subordination is divided into five categories: Central Government, province (autonomous region, municipality directly under the central government), prefecture (autonomous district, municipality directly under the provincial government), county (autonomous county, county-level municipality) and others.

(1) Central Government: Capital construction project, enterprise, non-governmental organization or governmental department directly under administration or management of the Central Committee of Chinese Communist Party, Standing Committee of Chinese People's Congress, or ministries, commissions, bureaus under the State Council and parent companies. Investment plan of fixed assets of these entities are directly worked out and transmitted by the relevant departments under the State Council; allocated materials or equipment for construction are arranged by the relevant Central Government departments.

(2) Province (autonomous region, municipality directly under the central government): Capital construction project, enterprise, non-governmental organization or governmental department directly under administration and management of provincial governments (autonomous region, municipality directly under the central government) or competent department directly in charge.

(3) Prefecture (autonomous district, municipality directly under the provincial government): Capital construction project, enterprise, non-governmental organization or governmental department directly under administration and management of government of prefecture, autonomous district or municipality directly under the provincial government.

(4) County (autonomous county, county-level municipality): Capital construction project, enterprise, non-governmental organization or governmental department directly under administration and management of government of county, autonomous county or county-level city.

(5) Others: Capital construction project, enterprise, non-governmental organization or governmental department not in the scope of administration and management of government agencies mentioned above, such as foreign investment enterprise or enterprise without supervised agency.

7 农村水电

Rural Hydropower Development

简要说明

农村水电统计资料主要包括小水电电站和设备建设情况、水力发电设备容量和发电容量、农村水电电网、输变配电设备情况等。主要按地区分组汇总。

自2008年起农村水电由以往水利系统水电变更为装机5万千瓦及5万千瓦以下水电。

2008年以前水利系统水电统计包括水利系统综合利用枢纽电站数据等，1000千瓦以下水电站均打捆上报。

Brief Introduction

Statistical data of rural hydropower development mainly includes construction of small hydropower stations and utilities, installed capacity and output of hydropower generating units, electricity network of rural hydropower, electricity transmission and distribution facilities, etc. The data is divided into groups according to regions.

The data of rural hydropower development is collected on the basis of installed capacity of hydropower at 50,000kW and below 50,000kW since 2008.

The data collected before 2008 includes multi-purpose dam projects, and the grouped data of small hydropower stations under 1,000kW are used.

7-1 历年农村水电发电设备装机容量

Installed Capacity of Rural Hydropower by Years

年份 Year	农村水电新增发电设备装机容量（千瓦） Newly-Increased Installed Capacity of Rural Hydropower (kW)	年末农村水电发电设备装机容量（千瓦） Installed Capacity of Rural Hydropower by the End of the Year (kW)	发电设备平均利用小时（小时） Average Utilization Hours of Power Generation Equipment (h)
1949		3634	1414
1950	60	3696	1435
1951	1435	5125	1438
1952	399	5524	1428
1953	84	5608	1441
1954	895	6503	1384
1955	465	6968	1499
1956	3571	10539	1581
1957	9615	20153	1512
1958	57187	77340	1498
1959	72942	150282	1503
1960	101168	251450	1572
1961		216182	1561
1962	11238	227420	1560
1963	27538	254958	1600
1964	30040	285000	1560
1965	45000	330000	1515
1966	50000	380000	1578
1967	60000	440000	1591
1968	60000	500000	1600
1969	229522	729522	1600
1970	339440	1018963	1600
1971	567270	1536231	1935
1972	350000	1830855	1830
1973	414530	2200762	1840
1974	442740	2593500	1877
1975	539700	3083200	2169
1976	568200	3601400	1983
1977	763800	4315200	1971
1978	1001300	5266500	1893
1979	1112900	6329400	1883
1980	696100	6929500	1938
1981	748100	7573600	2006
1982	606100	8079700	2237
1983	525000	8504700	2450
1984	928400	9066400	2467
1985	644900	9521000	2650
1986	313100	10095300	2536
1987	1111200	11106300	2744
1988	784400	11792100	2820
1989	683043	12356000	2917
1990		13180300	2913
1991		13853400	2803
1992		14419100	3019
1993	800164	15167235	3255
1994	547493	10539760	
1995	948314	16646083	3475
1996	1191742	19200752	3385
1997	1413352	20519603	3512
1998	1651781	22024180	3430
1999	1588535	23480690	3231
2000	1506127	24851721	3372

7-2 历年农村水电发电量

Amount of Electricity Generation of Rural Hydropower by Years

年份 Year	农村水电年发电量 （万千瓦时） Annual Electricity Generation of Rural Hydropower (10^4 kWh)	比上年增长 （%） Increase Comparing to the Year Before (%)
1949	523	
1950	531	1.5
1951	738	39.0
1952	795	7.7
1953	808	1.6
1954	936	15.8
1955	1045	11.6
1956	1581	51.3
1957	3023	91.2
1958	11601	283.8
1959	22542	94.3
1960	39542	75.4
1961	33742	−14.7
1962	35478	5.1
1963	39773	12.1
1964	44460	11.8
1965	52800	18.8
1966	60800	15.2
1967	70400	15.8
1968	80000	13.6
1969	116742	45.9
1970	163034	39.7
1971	296000	81.6
1972	335000	13.2
1973	405000	20.9
1974	486800	20.2
1975	668600	37.3
1976	714200	6.8
1977	850700	19.1
1978	997300	17.2
1979	1192000	19.5
1980	1271900	6.7
1981	1444000	13.5
1982	1722300	19.3
1983	1992900	15.7
1984	2083600	4.6
1985	2413400	15.8
1986	2442400	1.2
1987	2790200	14.2
1988	3158000	13.2
1989	3524900	11.6
1990	3928300	11.4
1991	3732700	−5.0
1992	4420100	18.4
1993	4764661	7.8
1994	3204091	−32.8
1995	5537593	72.8
1996	6196009	11.9
1997	6834036	10.3
1998	7133922	4.4
1999	7200704	0.9
2000	7998249	11.1

7-3 历年农村水电装机容量及年发电量

Installed Capacity and Annual Generation of Rural Hydropower by Years

年份 Year	农村水电装机容量 （千瓦） Installed Capacity of Rural Hydropower (kW)	农村水电年发电量 （万千瓦时） Annual Electricity Generation of Rural Hydropower (10^4 kWh)	农村水电新增装机容量 （千瓦） Newly-Increased Installed Capacity (kW)
2001	26262406	8714102	1419454
2002	28489286	9472446	1883648
2003	30832992	9791633	2618834
2004	34661348	9779541	3591322
2005	38534445	12090340	4127272
2006	43183551	13612942	5459520
2007	47388997	14370080	4593193
2008	51274371	16275901	4194106
2009	55121211	15672470	3807072
2010	59240191	20444256	3793551
2011	62123430	17566867	3277465

7-4　2011 年农村水电装机容量及年发电量（按地区分）

Installed Capacity and Annual Generation of Rural Hydropower in 2011 (by Regions)

地　区	Region	农村水电年末装机容量（千瓦） Installed Capacity of Rural Hydropower (kW)	农村水电年发电量（万千瓦时） Annual Electricity Generation of Rural Hydropower (10^4 kWh)	农村水电新增装机容量（千瓦） Newly-Increased Installed Capacity (kW)
合　计	**Total**	**62123430**	**17566867**	**3277465**
北　京	Beijing	42920	2418	
天　津	Tianjin	5800	1283	800
河　北	Hebei	379373	43023	8390
山　西	Shanxi	178398	28887	6291
内蒙古	Inner Mongolia	80025	14602	16740
辽　宁	Liaoning	313348	88562	3140
吉　林	Jilin	452065	118762	52755
黑龙江	Heilongjiang	259585	47933	17980
江　苏	Jiangsu	51416	8103	160
浙　江	Zhejiang	3768133	840546	79560
安　徽	Anhui	919345	177611	79900
福　建	Fujian	7038769	1882212	22415
江　西	Jiangxi	2753900	628689	140859
山　东	Shandong	79223	12448	3541
河　南	Henan	382256	79403	13900
湖　北	Hubei	2960954	745140	76365
湖　南	Hunan	5401186	1356717	343223
广　东	Guangdong	7055838	1567208	131871
广　西	Guangxi	3952628	949351	253940
海　南	Hainan	356895	122518	11175
重　庆	Chongqing	1778214	495646	103440
四　川	Sichuan	7618344	3067068	544267
贵　州	Guizhou	2328709	614174	220238
云　南	Yunnan	8903959	2837884	717610
西　藏	Tibet	167207	33007	500
陕　西	Shaanxi	1011627	352885	97545
甘　肃	Gansu	1810292	695028	109240
青　海	Qinghai	820685	359893	37965
宁　夏	Ningxia	3200	800	
新　疆	Xinjiang	843960	245975	168525
新疆生产建设兵团	Xinjiang Production and Construction Corps	292275	105539	
部直属	Organization Directly under the Ministry	112900	43555	15130

7-5 历年年末输变配电设备

Installed Power Transmission and Distribution Equipment at the End of the Year by Years

年份 Year	变电所总容量（千伏安）Total Storage Capacity of Switchyard (kVA)	变压器总容量（千伏安）Total Storage Capacity of Transformer (kVA)	高压线路（千米）High-Pressure Transmission Line (km)	低压线路（千米）Low-Pressure Transmission Line (km)
2002	50779480	58628453	1020018	2158102
2003	54580398	61844457	1082549	2334065
2004	63583050	67770640	1110746	2470468
2005	70161609	71325744	1119668	2490911
2006	30403474	29645661	476642	965547
2007	41942477	39162242	609663	1321037
2008	42121613	37266114	563907	1260067
2009	42465559	34629678	515040	1116782
2010	48378124	37083012	540715	1152621
2011	52798271	37431610	534737	1108602

7-6 2011年年末输变配电设备（按地区分）

Installed Power Transmission and Distribution Equipment at the End of 2011 (by Regions)

地区	Region	变电所总容量（千伏安）Total Storage Capacity of Switchyard (kVA)	变压器总容量（千伏安）Total Storage Capacity of Transformer (kVA)	高压线路（千米）High-Pressure Transmission Line (km)	低压线路（千米）Low-Pressure Transmission Line (km)
合　计	**Total**	**52798271**	**37431610**	**534737**	**1108602**
北　京	Beijing		19175	66	34
天　津	Tianjin				
河　北	Hebei				
山　西	Shanxi	129330	109865	2810	2303
内蒙古	Inner Mongolia	62450	5045	130	50
辽　宁	Liaoning				
吉　林	Jilin	614480	544107	6563	4369
黑龙江	Heilongjiang				
江　苏	Jiangsu	1	2520	29	
浙　江	Zhejiang	290000	851730	743	1186
安　徽	Anhui	334575	279509	6216	20191
福　建	Fujian				
江　西	Jiangxi				
山　东	Shandong	2	3250	26	8
河　南	Henan	117850	189175	6114	11660
湖　北	Hubei				
湖　南	Hunan	6610690	3832511	51346	98944
广　东	Guangdong	969890	130933	3139	10533
广　西	Guangxi	9448650	8780438	107872	135053
海　南	Hainan		21910		
重　庆	Chongqing				
四　川	Sichuan	16938011	12877211	187775	643962
贵　州	Guizhou	4338738	2816470	51377	82905
云　南	Yunnan	2024750	699412	12775	16368
西　藏	Tibet	58220	178454	11581	4615
陕　西	Shaanxi	816370	528098	10210	14953
甘　肃	Gansu	3159179	2969188	50877	49057
青　海	Qinghai	24600	142740	1758	1159
宁　夏	Ningxia				
新　疆	Xinjiang				
新疆生产建设兵团	Xinjiang Production and Construction Corps	3808685	2036277	22872	11180
部直属	Organization Directly under the Ministry	3051800	413593	457	72

7-7 历年新增输变配电设备

Newly-Increased Power Transmission and Distribution Equipment by Years

年份 Year	变电所总容量（千伏安）Total Storage Capacity of Switchyard (kVA)	变压器总容量（千伏安）Total Storage Capacity of Transformer (kVA)	高压线路（千米）High-Pressure Transmission Line (km)	低压线路（千米）Low-Pressure Transmission Line (km)
2002	5642849	5362828	75801	260248
2003	6623092	5821911	80241	178433
2004	9819672	7682270	57380	312806
2005	8327685	6294266	43492	58650
2006	3875365	4193753	19872	77041
2007	5227365	3199561	23204	69539
2008	6051940	2195958	21749	116773
2009	5842525	2717898	26318	44557
2010	5913300	2984107	34020	81892
2011	7798387	3492278	33210	28179

7-8 2011年新增输变配电设备（按地区分）

Newly-Increased Power Transmission and Distribution Equipment in 2011 (by Regions)

地区	Region	变电所总容量（千伏安）Total Storage Capacity of Switchyard (kVA)	变压器总容量（千伏安）Total Storage Capacity of Transformer (kVA)	高压线路（千米）High-Pressure Transmission Line (km)	低压线路（千米）Low-Pressure Transmission Line (km)
合　计	**Total**	**7798387**	**3492278**	**33210**	**28179**
北　京	Beijing				
天　津	Tianjin				
河　北	Hebei				
山　西	Shanxi	4700	8570	5	12
内蒙古	Inner Mongolia				
辽　宁	Liaoning				
吉　林	Jilin	85470	75264	93	115
黑龙江	Heilongjiang				
江　苏	Jiangsu	1		24	
浙　江	Zhejiang		74939	117	20
安　徽	Anhui		470	41	12
福　建	Fujian				
江　西	Jiangxi				
山　东	Shandong	2	200	7	4
河　南	Henan				
湖　北	Hubei				
湖　南	Hunan	241000	134105	1103	1848
广　东	Guangdong	955890	124433	3048	10506
广　西	Guangxi	1477360	1785574	16150	3270
海　南	Hainan		21910		
重　庆	Chongqing				
四　川	Sichuan	852920	426449	3800	3508
贵　州	Guizhou	175200	162990	893	4047
云　南	Yunnan	441950	34140	706	895
西　藏	Tibet	18400	22786	4144	746
陕　西	Shaanxi	6000	2110	138	240
甘　肃	Gansu	444950	355580	1632	2050
青　海	Qinghai	11450	79480	83	71
宁　夏	Ningxia				
新　疆	Xinjiang				
新疆生产建设兵团	Xinjiang Production and Construction Corps	690094	121181	1068	833
部直属	Organization Directly under the Ministry	2393000	62098	158	2

7-9 历年有农村水电的县通电情况

Counties with Electricity Generated by Hydropower by Years

年份 Year	乡（镇）Township (town)		居民 Residents	
	行政区划数（个）Administrative Regions (unit)	农村水电网联网乡（镇）（个）Townships Connected with Rural Electrification Network (unit)	总户数（户）Total Household (household)	户通电率（%）Percentage of Electricity Access (%)
2002	28630	43	192906050	97.53
2003	26704	10141	182856700	98.44
2004	25886	10269	187390297	98.85
2005	25201	8488	188151249	99.14
2006	24343		194455879	99.30
2007	23936		198154188	99.48
2008	24269	5793	207980548	99.60
2009	24071	5048	211655947	99.69
2010	24039	4625	213874537	99.75
2011	24290	4962	214692370	99.74

7-10 2011年有农村水电的县通电情况（按地区分）

Counties with Electricity Generated by Hydropower in 2011 (by Regions)

地区	Region	乡（镇）Township（town）		居民 Residents		
		行政区划数（个）Administrative Regions (unit)	农村水电网联网乡（镇）（个）Townships Connected with Rural Electrification Network (unit)	总户数（户）Total Household (household)	户通电率（%）Percentage of Electricity Access (%)	无电人口（人）Population without Electricity (person)
合　计	**Total**	**24290**	**4962**	**214692370**	**99.74**	**2114089**
北　京	Beijing	107		1319000	100.00	
天　津	Tianjin					
河　北	Hebei	713		5980702	100.00	
山　西	Shanxi	440	27	2819685	99.97	3774
内蒙古	Inner Mongolia	81		925327	100.00	
辽　宁	Liaoning	390		3704387	100.00	
吉　林	Jilin	289	58	3725013	100.00	
黑龙江	Heilongjiang	390		3121389	100.00	
江　苏	Jiangsu	82		1500442	100.00	
浙　江	Zhejiang	1139	29	12103685	100.00	
安　徽	Anhui	476	49	4478648	100.00	
福　建	Fujian	891	1	7484226	100.00	
江　西	Jiangxi	1399		12406254	99.98	11048
山　东	Shandong	506		9544707	100.00	
河　南	Henan	904		10827209	100.00	
湖　北	Hubei	732		10566213	99.98	6664
湖　南	Hunan	2068	479	16735192	99.98	12994
广　东	Guangdong	1230	61	16076000	99.99	7201
广　西	Guangxi	1096	517	12790974	99.94	28011
海　南	Hainan	177		2141294	99.90	6874
重　庆	Chongqing	906		11013783	99.96	10735
四　川	Sichuan	4224	2490	26341721	99.42	621628
贵　州	Guizhou	1346	669	9516573	99.94	19973
云　南	Yunnan	1297	72	12272709	99.05	561332
西　藏	Tibet	624	281	605749	83.74	481955
陕　西	Shaanxi	896	99	6004591	99.95	11212
甘　肃	Gansu	836	40	3922501	99.90	16638
青　海	Qinghai	306	58	1504909	98.90	54309
宁　夏	Ningxia			60604	100.00	
新　疆	Xinjiang	732	20	4628303	97.26	259741
新疆生产建设兵团	Xinjiang Production and Construction Corps	13	12	570580	100.00	

7-11　历年农村水电电网供电情况

Electricity Supply by Rural Power Network and by Year

年　份 Year	网内发电设备容量（千瓦） Storage Capacity of Generation Equipment (kW)	网内发电量（万千瓦时） Power Generation (10^4kWh)	厂用电量（万千瓦时） Electricity Used by Power Plant (10^4kWh)	售电量（万千瓦时） Electricity Consumption (10^4kWh)	购入网外电量（万千瓦时） Out-Network Procurement of Electricity (10^4kWh)	输出网外电量（万千瓦时） Sale of Electricity to Other Grids (10^4kWh)
2002	22524654	7759396	171622	10434233	4405732	2025865
2003	19665229	7018970	170814	10725979	5150140	1980698
2004	21427078	7318308	197545	12011519	6011657	2023133
2005	19179004	6988869	151286	10662175	4865026	2024130
2006	14510485	5235694	104777	8152497	3776703	1707433
2007	16851722	5917131	105143	9334458	4323730	2122614
2008	9482546	5898658	109533	9437153	3735951	1321324
2009	8038590	3905598	99262	7392290	3941988	898184
2010	8324694	4873957	73797	8795146	179935	998791
2011	15947576	5164218	80822	9351381	5012174	1223749

7-12　2011 年各地区农村水电电网供电情况

Electricity Supply by Rural Power Network by Region in 2011

地　区	Region	网内发电设备容量(千瓦) Storage Capacity of Generation Equipment (kW)	网内发电量(万千瓦时) Power Generation (10^4kWh)	厂用电量(万千瓦时) Electricity Used by Power Plant (10^4kWh)	售电量(万千瓦时) Electricity Consumption (10^4kWh)	购入网外电量(万千瓦时) Out-Network Procurement of Electricity (10^4kWh)	输出网外电量(万千瓦时) Sale of Electricity to Other Grids (10^4kWh)
合　计	**Total**	**15947576**	**5164218**	**80822**	**9351381**	**5012174**	**1223749**
北　京	Beijing						
天　津	Tianjin						
河　北	Hebei						
山　西	Shanxi	86330	17466	321	22315	7050	6778
内蒙古	Inner Mongolia						
辽　宁	Liaoning						
吉　林	Jilin	114135	79572	448	134318	59307	31168
黑龙江	Heilongjiang						
江　苏	Jiangsu		78	15	366		366
浙　江	Zhejiang	3295	1760	17	182589	195898	
安　徽	Anhui	979375	25329	287	26733	4104	
福　建	Fujian						
江　西	Jiangxi						
山　东	Shandong	3598					
河　南	Henan						
湖　北	Hubei						
湖　南	Hunan	996979	458050	6523	749407	360436	61726
广　东	Guangdong	900	4306	13	4293	10	4293
广　西	Guangxi	5835233	656917	7096	1970643	1450666	68695
海　南	Hainan						
重　庆	Chongqing						
四　川	Sichuan	3646460	2519633	45413	3337787	1227217	494347
贵　州	Guizhou	11955	289849	3070	1230233	1017580	95169
云　南	Yunnan	611350	489886	2350	678813	212336	275587
西　藏	Tibet	125531	33204	1381	29065	495	7874
陕　西	Shaanxi	64045	99537	2525	210348	124674	161798
甘　肃	Gansu						
青　海	Qinghai	26390	9026	136	8461		
宁　夏	Ningxia						
新　疆	Xinjiang						
新疆兵团	Xinjiang Production and Construction Corps	782270	479606	11225	766008	352400	15948
部直属	Organization Directly under the Ministry	2659730					

主要统计指标解释

农村水电 农村水电是以小水电站为主体，直接为农村经济社会发展服务的水电站及供电网络。

发电量 指电厂（发电机组）在报告期内生产的电能量。

售电量 指电力企业出售给用户或其他电力企业的用于消费或生产的电量。

Explanatory Notes of Main Statistical Indicators

Rural hydropower Hydropower stations and supply network, taking small hydropower station as its main part, provide services to rural areas for social and economic development.

Annual Electricity generation Electricity produced by power generating plants (electricity generating units) in the report period.

Electricity sale The quantity of electricity sold by electricity enterprises to the users or other electricity enterprises for consumption.

8 水文站网

Hydrological Network

简要说明

水文站网统计资料主要包括水文站、水位站、雨量站、水质站、地下水监测站等水文测站的数量及其按测站类别、观测项目、测验方法分类的数据，以及从业人员和经费等。

本部分资料按流域所属机构和地区分组。历史资料汇总 1949 年至今数据。

1. “水文测站”资料包括水文站、水位站、雨量站、水质站、地下水监测站、实验站、拍报水情站、发布预报站和固定洪调点资料等。

2. “观测项目”包括流量、水位、水质、泥沙、水温、冰情、比降、地下水、蒸发、降水、水文调查等。

3. “测验方法”包括常年驻测、汛期驻测、全年巡测、委托观测、站队结合等。

Brief Introduction

Statistical data of hydrological network mainly includes number of hydrological station, gauging station, precipitation station, water quality station, groundwater monitoring station etc, and data sorted according to the types of monitoring stations, observation items and methods, as well as working staff and expenses.

The data is divided into groups based on the organization and the region where river basin belongs to. Historical data is collected from 1949 until present.

1. The data of hydrological observation stations includes hydrological station, gauging station, precipitation station, water quality station, groundwater monitoring station, experiment station, perennial hydrologic reporting station, forecast report station, and fixed flood regulation point, etc.

2. Observation items include flow, water level, water quality, sediment, water temperature, ice condition, gradient, groundwater, evaporation, precipitation and hydrologic investigation and so on.

3. Measuring methods include perennial stationary gauging, stationary gauging in flood season, full-year tour gauging, contracting gauging, measured by both stations and mobile teams.

8-1 历年水文站网、职工人数和经费

Hydrological Network, Employees and Expenses by Years

年份 Year	水文站网（处）Hydrological Network（unit）						报汛站（处）Hydrometric Station（unit）	职工人数（人）Number of employee (person)	经费（万元）Expenses (10^4 yuan)	
	水文站 Hydrological Station	水位站 Gauging Station	雨量站 Precipitation Station	地下水监测站 Groundwater Monitoring Station	水质站 Water Quality Station	实验站 Experiment Station			事业费 Operating Expenses	基建费 Capital Investment
1949	148	203	2					756	1.9	
1950	419	425	234			1	386	1892	68.9	
1951	796	701	1145			8	685	4208	388.7	
1952	933	831	1554			3	875	5811	550.7	
1953	1059	1006	1754			8	1173	7292	813.8	
1954	1229	1132	1973			9	1652	8589	1134.5	
1955	1396	1205	2337			11	1962	10312	1581.1	
1956	1769	1449	3371			24	2251	13952	2156.8	
1957	2023	1500	3695			41	2778	14167	2304.8	
1958	2766	1308	5494			132	3548	13806	2174.6	
1959	2995	1338	5487			282	4922	16861	2322.5	
1960	3611	1404	5684			318	6013	16867	2470.3	
1961	3402	1252	5587			149	5102	17266	1740.1	
1962	2842	1199	5980			104	5049	15524	1909.4	
1963	2664	1096	6178			96	5051	16862	1881.0	
1964	2692	1116	7252			90	5058	19424	2064.7	
1965	2751	1129	7909			88		19520	2022.0	
1966	2883	1155	10280			49	4838	18369	3174.8	470.4
1967	2681	1127	9477			82	6133	18272	2881.5	269.0
1968	2559	1048	9500			67	5403	18405	2638.3	221.7
1969	2579	1101	10173			32	5390	17661	2846.8	194.9
1970	2663	1144	10154			37	5501	16866	2874.0	229.7
1971	2727	1191	10486			38	6294	17038	2837.7	343.8
1972	2674	1071	10356			62	5576	17516	3200.0	443.1
1973	2690	1329	10447	1322	134	52	6629	17902	2824.2	671.5
1974	2778	1349	11416	3702	80	31	6110	18170	2886.0	812.3

注 1. 表中1949～1965年间经费统计为事业费和基建费之和。
2. 1958～1964年实验站数的统计中均包括了部分径流站。
3. 1960年水文站数为年报统计数，偏大。经查核，水文年鉴刊布有流量资料的为3365站，年报数仅供参考。
4. 1957～1965年测站数中包括水利（电）勘测部门的站。
5. 1959～1965年水文职工数中包括水利（电）勘测部门的水文工作人员。
6. 水文站数据含外部门管理的处数。

Note 1. No separate statistical data of operating expenses and capital investment are given for the data during 1949-1965.
2. The statistics of experiment stations during 1958-1964 includes parts of runoff stations.
3. Hydrological stations in 1960 is based on Annual Report. After recheck, the stations with runoff data in the Hydrology Year-Book are 3,365, and the data of Annual Report is for reference only.
4. Observation stations during 1957-1965 include station under water (power) reconnaissance and design institutions.
5. Employee of hydrological stations during 1959-1965 include hydrological engineers and workers working for water (power) reconnaissance and design institutions.
6. Hydrological stations include stations under the other departments.

8-1 续表 continued

年份 Year	水文站网（处）Hydrological Network（unit）						报汛站（处） Hydrometric Station（unit）	职工人数（人） Number of employee (person)	经费（万元） Expenses (10^4 yuan)	
	水文站 Hydrological Station	水位站 Gauging Station	雨量站 Precipitation Station	地下水监测站 Groundwater Monitoring Station	水质站 Water Quality Station	实验站 Experiment Station			事业费 Operating Expenses	基建费 Capital Investment
1975	2840	1196	10738	7681	520	24	6949	19180	3193.9	869.3
1976	2882	1336	11855	6858	663	29	8563	19981	3432.3	1215.0
1977	2917	1326	12817		609	26	8369	20886	3661.5	1118.5
1978	2922	1320	13309	11326	758	33	9010	21571	4293.7	1413.4
1979	3034	1202	14424	12992	681	45	8265	22856	7432.3	1889.1
1980	3294	1320	15732	16112	747	53	8731	24374	7562.1	1701.7
1981	3341	1317	15969	13343	848	57	8646	26240	7805.1	1085.2
1982	3401	1373	16437		1209	60	8369	27076	8182.9	1374.2
1983	3418	1413	16545	12487	1024	60	8401	27744	8621.0	1677.7
1984	3396	1425	16734	12134	977	63	8418	28316	9942.0	1669.0
1985	3384	1420	16406	12188	1011	63	8381	28426	10910.9	1959.9
1986	3400	1380	16697	11893	1648	58	8583	28549	12581.9	2405.7
1987	3397	1316	16448	11880	1946	56	8539	28793	12863.8	2447.5
1988	3450	1263	16273	13648	1846	64	8843	28516	14201.0	2715.3
1989	3269	1258	15605			58	8617	28257	15583.4	2645.6
1990	3265	1178	15602		2052	61	8604	28065	17233.2	4189.7
1991	3238	1201	15356	13523	2113	60	8482	28211	21285.0	5378.4
1992	3172	1149	15368	11400	2327	56	8525	28202	22725.8	6476.0
1993	3099	1156	15505			48	7485	27439	23981.0	6469.3
1994	3090	1148	14202	11807	1944	66	7423	27278	34160.9	7729.7
1995	3039	1158	14613	11518	1839	69	7165	26404	35347.0	11312.2
1996	3006	1107	14158	11179	2401	61	6987	26555	36321.0	12744.7
1997	3040	1093	14191	10874	2572	128	7296	26118	40386.3	14049.7
1998	3683	1084	13910	11509	2694	129	7484	25929	64311.5	15372.1
1999	3657	1079	13855	11528	2753	125	7584	25238	63628.5	15115.7
2000	3124	1093	14242	11768	2861	81	7559	25146	78514.3	24346.4
2001	3146	1084	14337	11786	3025	75	7716	25180	90125.6	30209.0
2002	3130	1073	14454	11620	3228	74	7893	25436	114414.0	31307.0
2003	3158	1135	14196	12116	3695	80	7648	25640	139392.0	26230.0
2004	3182	1134	14108	11757	3946	70	7595	25906	133830.0	31515.0
2005	3191	1160	14373	12313	4557	69	7815	26133	152446.0	22673.0
2006	3183	1180	13866	12598	5140	78	8220	26654	170812.0	45421.0
2007	3162	1221	14211	12551	5468	90	8561	26237	199286.0	43031.0
2008	3171	1244	14602	12683	5668	51	9678	26480	237430.0	56371.0
2009	3183	1407	15750	12522	6097	49	10294	26438	283268.0	59182.0
2010	3193	1467	17245	12991	6535	57	12786	26366	295179.0	75445.0
2011	3219	1523	19082	13489	7750	53	12444	26270	366162.0	338178.0

8-2 2011 年水文站网（按地区分）

Hydrological Network in 2011 (by Regions)

单位：处 unit: unit

地区	Region	水文站合计 Total Hydrological Station	河道 River Course	水库 Reservoir	湖泊 Lake	潮流量 Tide Flow	水位站合计 Total Gauging Station	河道 River Course	水库 Reservoir	湖泊 Lake	潮水 Tide
合　计	**Total**	**3039**	**2722**	**240**	**32**	**45**	**1523**	**811**	**367**	**139**	**206**
北　京	Beijing	43	43								
天　津	Tianjin	23	23				2	2			
河　北	Hebei	135	114	19	2		15	4	4	7	
山　西	Shanxi	69	62	7							
内蒙古	Inner Mongolia	143	141	2			9	4	3	2	
辽　宁	Liaoning	97	96	1			9	6			3
吉　林	Jilin	107	99	8			14	14			
黑龙江	Heilongjiang	119	109	10			47	43	2	2	
上　海	Shanghai	9				9	44				44
江　苏	Jiangsu	153	147	6			136	97	6	17	16
浙　江	Zhejiang	90	76	11		3	130	98			32
安　徽	Anhui	116	68	45	1	2	91	47	26	16	2
福　建	Fujian	55	54	1			43	32			11
江　西	Jiangxi	107	107				85	49	29	7	
山　东	Shandong	135	97	37	1		17	9		5	3
河　南	Henan	128	104	24			17	13	4		
湖　北	Hubei	99	85	8	6		86	16	58	12	
湖　南	Hunan	110	109	1			12	12			
广　东	Guangdong	77	71	3		3	93	38	1		54
海　南	Hainan	13	11	2			8	5			3
广　西	Guangxi	126	123	2		1	21	17			4
四　川	Sichuan	133	133				30	29		1	
重　庆	Chongqing	20	20				121	121			
贵　州	Guizhou	87	87				3	3			
云　南	Yunnan	154	146	3	5		6	3		3	
西　藏	Tibet	35	35				5	4		1	
陕　西	Shaanxi	77	77				5	5			
甘　肃	Gansu	96	84	12							
青　海	Qinghai	38	38				1			1	
宁　夏	Ningxia	28	28				8	8			
新　疆	Xinjiang	128	127	1			1			1	
新疆生产建设兵团	Xinjiang Production and Construction Corps	20	12	8			117		117		
长江委	Yangtze River Water Resources Commission	118	74	18	17	9	263	87	107	61	8
黄　委	Yellow River Water Resources Commission	117	109	8			72	42	10	2	18
珠　委	Pearl River Water Resources Commission	17				17	8				8
海　委	Haihe River Water Resources Commission	11	8	3			3	3			
松辽委	Songliao River Water Resources Commission	3	3								
淮　委	Huaihe River Water Resources Commission										
太湖局	Taihu Basin Authority	3	2			1	1			1	

注　水文站处数为水文部门管理的数量。

Note　The data of hydrological stations are under the hydrological department.

8-2 续表 continued

地区	Region	雨量站合计 Total Precipitation Station	常年 Perennial	汛期 Flood Season	水质站 Water Quality Station	蒸发站 Evaporation Station	地下水监测站 Groundwater Monitoring Station
合　计	**Total**	**19082**	**14883**	**4199**	**7750**	**19**	**13489**
北　京	Beijing	140	123	17	565		885
天　津	Tianjin	28	11	17	178		491
河　北	Hebei	928	705	223	234	1	896
山　西	Shanxi	804	723	81	135		809
内蒙古	Inner Mongolia	642	541	101	45		958
辽　宁	Liaoning	434	304	130	61	2	659
吉　林	Jilin	285	236	49	113	1	1285
黑龙江	Heilongjiang	626	405	221	105		1067
上　海	Shanghai	10	10		326		3
江　苏	Jiangsu	238	230	8	809		1168
浙　江	Zhejiang	495	495		727		10
安　徽	Anhui	661	627	34	388	1	185
福　建	Fujian	401	401		133	1	21
江　西	Jiangxi	2765	795	1970	277		20
山　东	Shandong	663	346	317	450		2670
河　南	Henan	1353	463	890	494		1439
湖　北	Hubei	610	606	4	222		33
湖　南	Hunan	491	491		79		
广　东	Guangdong	940	940		384	1	10
海　南	Hainan	175	175		19		
广　西	Guangxi	960	960		164		3
四　川	Sichuan	534	521	13	280		61
重　庆	Chongqing	829	829		129	9	
贵　州	Guizhou	945	945		77		
云　南	Yunnan	1151	1151		256		
西　藏	Tibet	35	35		47		21
陕　西	Shaanxi	683	683		42		
甘　肃	Gansu	330	330		114		189
青　海	Qinghai	86	80	6	111		30
宁　夏	Ningxia	155	125	30	41		230
新　疆	Xinjiang	9	9		215		336
新疆生产建设兵团	Xinjiang Production and Construction Corps				16	1	1
长江委	Yangtze River Water Resources Commission	25	25		215	1	2
黄　委	Yellow River Water Resources Commission	651	563	88	61	1	6
珠　委	Pearl River Water Resources Commission				109		
海　委	Haihe River Water Resources Commission						1
松辽委	Songliao River Water Resources Commission				3		
淮　委	Huaihe River Water Resources Commission						
太湖局	Taihu Basin Authority				126		

8-2 续表 continued

地区	Region	实验站合计 Total Experiment Station	径流 Runoff	蒸发 Evaporation	测验方法 Experiment Method	水库 Reservoir	地下水 Groundwater	兼水文站 Used as Hydrological Station Despite of Other Usage
合　计	**Total**	**53**	**22**	**16**	**1**	**1**	**13**	**16**
北　京	Beijing	2	2					2
天　津	Tianjin							
河　北	Hebei	2	1	1				
山　西	Shanxi	2					2	
内蒙古	Inner Mongolia							
辽　宁	Liaoning	3	2	1				1
吉　林	Jilin	7	3	4				
黑龙江	Heilongjiang	4	3	1				3
上　海	Shanghai							
江　苏	Jiangsu	1	1					
浙　江	Zhejiang	1	1					
安　徽	Anhui	6	4	1			1	4
福　建	Fujian	1		1				
江　西	Jiangxi	1		1				1
山　东	Shandong							
河　南	Henan							
湖　北	Hubei							
湖　南	Hunan							
广　东	Guangdong	1		1				
海　南	Hainan							
广　西	Guangxi							
四　川	Sichuan							1
重　庆	Chongqing							
贵　州	Guizhou	1		1				1
云　南	Yunnan							
西　藏	Tibet	3	2	1				2
陕　西	Shaanxi							
甘　肃	Gansu	1					1	
青　海	Qinghai							
宁　夏	Ningxia							
新　疆	Xinjiang	1	1					
新疆生产建设兵团	Xinjiang Production and Construction Corps	2		1			1	
长江委	Yangtze River Water Resources Commission	3		1			2	1
黄　委	Yellow River Water Resources Commission	9	1	1		1	6	
珠　委	Pearl River Water Resources Commission							
海　委	Haihe River Water Resources Commission							
松辽委	Songliao River Water Resources Commission							
淮　委	Huaihe River Water Resources Commission	1	1					
太湖局	Taihu Basin Authority	1			1			

8-2 续表 continued

地区	Region	拍报水情测站合计 Total Hydrologic Reporting Station	水文站 Hydrological Station	水位站 Gauging Station	雨量站 Precipi-tation Station	发布预报测站 Forecast Report Station	辅助断面 Supple-mentary Cross Section	固定洪调点 Fixed Flood Regulation Point	其他部门管理的水文站 Hydrological Stations Managed by Other Department
合　计	**Total**	**12444**	**2982**	**1363**	**8099**	**1005**	**1745**	**350**	**180**
北　京	Beijing	155	81		74	21			18
天　津	Tianjin	45	40	2	3				5
河　北	Hebei	712	228	7	477	50	116		5
山　西	Shanxi	322	65		257	2			
内蒙古	Inner Mongolia	241	131		110				
辽　宁	Liaoning	249	93	7	149	58		6	21
吉　林	Jilin	229	92	7	130	43			
黑龙江	Heilongjiang	622	105	39	478	81	14		
上　海	Shanghai	43	3	34	6	3			
江　苏	Jiangsu	480	332	77	71	7	23	12	
浙　江	Zhejiang	289	66	77	146	18	81		12
安　徽	Anhui	550	121	202	227	70	87		7
福　建	Fujian	208	43	45	120	47			2
江　西	Jiangxi	352	76	99	177	87	2		14
山　东	Shandong	501	122	11	368	60	181		
河　南	Henan	1221	107	124	990	54	130	50	2
湖　北	Hubei	515	81	15	419	24	6		16
湖　南	Hunan	612	109	12	491	48	17		1
广　东	Guangdong	786	77	238	471	81	39		5
海　南	Hainan	21	13	8		7	12		
广　西	Guangxi	1107	126	21	960	44	7		34
四　川	Sichuan	414	122	35	257	35			12
重　庆	Chongqing	113	17	9	87	24			
贵　州	Guizhou	647	87	3	557	10	2		3
云　南	Yunnan	519	120	2	397		43		
西　藏	Tibet	24	18	2	4				
陕　西	Shaanxi	391	83	15	293	35	9		3
甘　肃	Gansu	80	80				22	207	
青　海	Qinghai	35	32	1	2	14	13	31	
宁　夏	Ningxia	30	14		16		15	44	10
新　疆	Xinjiang	68	67	1		67			10
新疆生产建设兵团	Xinjiang Production and Construction Corps	137	20	117					
长江委	Yangtze River Water Resources Commission	211	83	103	25				
黄　委	Yellow River Water Resources Commission	492	109	46	337	12	833		
珠　委	Pearl River Water Resources Commission	3	3				29		
海　委	Haihe River Water Resources Commission	14	11	3		3			
松辽委	Songliao River Water Resources Commission	3	3						
淮　委	Huaihe River Water Resources Commission								
太湖局	Taihu Basin Authority	3	2	1			64		

8-2 续表 continued

地区	Region	流量 Flow	水位 Water Level	水质 Water Quality	观测项目类别 Observation Items: 泥沙 Sediment: 悬移质 Suspended Load	推移质 Bed Load	河床质 Bedsand	颗粒分析 Particle Analysis
合 计	**Total**	**3827**	**5279**	**7750**	**1417**	**26**	**153**	**430**
北 京	Beijing	61	60	565	17			11
天 津	Tianjin	48	71	178	20			7
河 北	Hebei	222	240	234	110			54
山 西	Shanxi	69	69	135	67			34
内蒙古	Inner Mongolia	143	166	45	86			4
辽 宁	Liaoning	97	106	61	77			35
吉 林	Jilin	130	121	113	46			
黑龙江	Heilongjiang	119	166	105	25			
上 海	Shanghai	9	60	326	1			
江 苏	Jiangsu	200	354	809	21			
浙 江	Zhejiang	218	216	727	15			
安 徽	Anhui	169	386	388	35			2
福 建	Fujian	55	97	133	28			
江 西	Jiangxi	107	163	277	30			14
山 东	Shandong	140	157	450	45			3
河 南	Henan	128	198	494	42			
湖 北	Hubei	139	248	222	16			5
湖 南	Hunan	110	121	79	29			11
广 东	Guangdong	86	238	384	24			5
海 南	Hainan	25	21	19	5			
广 西	Guangxi	126	147	164	40			
四 川	Sichuan	137	167	280	59			16
重 庆	Chongqing	20	141	129	14			
贵 州	Guizhou	87	90	77	33			
云 南	Yunnan	154	160	256	60			
西 藏	Tibet	35	40	47	12			
陕 西	Shaanxi	82	96	42	65			20
甘 肃	Gansu	136	149	114	63			
青 海	Qinghai	51	43	111	31			1
宁 夏	Ningxia	44	36	41				
新 疆	Xinjiang	158	159	215	82			4
新疆生产建设兵团	Xinjiang Production and Construction Corps	137	138	16	14	2	2	2
长江委	Yangtze River Water Resources Commission	118	379	215	70	24	29	90
黄 委	Yellow River Water Resources Commission	134	189	61	78		78	66
珠 委	Pearl River Water Resources Commission	46	54	109	44		44	44
海 委	Haihe River Water Resources Commission	16	25		10			
松辽委	Songliao River Water Resources Commission	3	3	3	3			2
淮 委	Huaihe River Water Resources Commission	1						
太湖局	Taihu Basin Authority	67	5	126				

8-2 续表 continued

地区	Region	观测项目类别 Observation Items							
		水温 Water Temperature	冰情 Ice Condition	比降 Gradient	地下水 Groundwater	蒸发 Evaporation	降水 Precipitation	水文调查 Hydrological Investigation	辅助气象项目 Assistant Metrological Project
合 计	**Total**	**1195**	**1065**	**1229**	**13493**	**1590**	**1408**	**22319**	**1743**
北 京	Beijing	25	32	15	885	37	26	140	30
天 津	Tianjin	10	46		491		7	49	17
河 北	Hebei	73	107	11	896	277	44	1069	
山 西	Shanxi	59	19	62	809	72		804	69
内蒙古	Inner Mongolia	76	105	100	958	100	103	642	20
辽 宁	Liaoning	50	66	74	659	118	40	539	97
吉 林	Jilin	73	79	62	1285	26	27	400	74
黑龙江	Heilongjiang	127	142	45	1067		76	770	115
上 海	Shanghai	11			3		14	57	10
江 苏	Jiangsu	7		1	1168	7	36	438	
浙 江	Zhejiang	33		12	10		77	631	4
安 徽	Anhui	35		30	189	197	50	824	
福 建	Fujian	21		41	21		27	497	
江 西	Jiangxi	9		35	20	68	51	2911	
山 东	Shandong	2	89	39	2670	153	48	803	109
河 南	Henan	35	19	45	1439	210	47	1498	130
湖 北	Hubei	19		45	33	36	43	788	611
湖 南	Hunan	25		67				611	
广 东	Guangdong		6	52	10	52	34	1110	14
海 南	Hainan	5		9			6	196	8
广 西	Guangxi	43		67	3	12	72	1103	
四 川	Sichuan	21	3	30	61	16	72	695	
重 庆	Chongqing			4		72	9	970	
贵 州	Guizhou	43						945	
云 南	Yunnan	42				51	152	1310	
西 藏	Tibet	35	35		21	6	35	72	
陕 西	Shaanxi	21	6	80		41	52	765	34
甘 肃	Gansu	42	74	81	189	20	71	330	207
青 海	Qinghai	17	34	23	30		37	122	44
宁 夏	Ningxia	5	16	15	230	19		175	70
新 疆	Xinjiang	103	90	60	336		87	102	
新疆生产建设兵团	Xinjiang Production and Construction Corps	20	19		1		6	8	2
长江委	Yangtze River Water Resources Commission	40		15	2		14	164	
黄 委	Yellow River Water Resources Commission	57	67	104	6		36	763	75
珠 委	Pearl River Water Resources Commission							1	
海 委	Haihe River Water Resources Commission	8	8	2	1		6	13	
松辽委	Songliao River Water Resources Commission	3	3	3			2	2	3
淮 委	Huaihe River Water Resources Commission								
太湖局	Taihu Basin Authority						1	2	

8-2 续表 continued

地区	Region	水文站测验方法 Observation Methods of Hydrological Stations					
		常年驻测 Perennial Stationary Gauging	汛期驻测 Stationary Gauging in Flood Season	全年巡测 Full-Year Tour Gauging	委托观测 Contracted Gauging	桥测 Bridge Gauging	站队结合 Measurement by both Stations and Mobile Teams
合 计	**Total**	**2395**	**381**	**322**	**34**	**332**	**1022**
北 京	Beijing	45	2	14		18	
天 津	Tianjin	23		5			
河 北	Hebei	112	19	1	3	27	83
山 西	Shanxi	66	3			1	
内蒙古	Inner Mongolia	115	21	1	2	26	13
辽 宁	Liaoning	86	7	4		32	72
吉 林	Jilin	54	30	23		13	107
黑龙江	Heilongjiang	76	6	28		13	
上 海	Shanghai	9					
江 苏	Jiangsu	137	16			19	131
浙 江	Zhejiang	87		3	12	6	
安 徽	Anhui	144	18	4	3	18	88
福 建	Fujian	54					
江 西	Jiangxi	80	7	3		5	22
山 东	Shandong	21	70	57	2	35	78
河 南	Henan	117	8	3		20	56
湖 北	Hubei	58	14	27	4	15	59
湖 南	Hunan	100	3	8	1		68
广 东	Guangdong	51	7	19		1	28
海 南	Hainan	12	1			2	
广 西	Guangxi	118	1	7			6
四 川	Sichuan	62	58	13	4		
重 庆	Chongqing	20					
贵 州	Guizhou	87					
云 南	Yunnan	142		11			
西 藏	Tibet	28	2	5		6	3
陕 西	Shaanxi	58	24		1	3	43
甘 肃	Gansu	95			1	1	
青 海	Qinghai	32	2	4		3	
宁 夏	Ningxia	8	11	3			22
新 疆	Xinjiang	118	3	8	1	4	
新疆生产建设兵团	Xinjiang Production and Construction Corps	20					
长江委	Yangtze River Water Resources Commission	56	8	48			94
黄 委	Yellow River Water Resources Commission	90	40	6			46
珠 委	Pearl River Water Resources Commission	1		16			
海 委	Haihe River Water Resources Commission	10		1			
松辽委	Songliao River Water Resources Commission						3
淮 委	Huaihe River Water Resources Commission						
太湖局	Taihu Basin Authority	3				64	

8-2 续表 continued

地区	Region	水位站测验方法 Observation Methods of Hydrological Stations				雨量站测验方法 Observation Methods of Precipitation Stations			
		委托观测 Contracted Gauging	普通自记 Self-Recording	固态存储 Solid-State Storage	自动测报 Automatic Reporting	委托观测 Contracted Gauging	普通自记 Self-Recording	固态存储 Solid-State Storage	自动测报 Automatic Reporting
合 计	**Total**	**731**	**1000**	**990**	**2190**	**14060**	**3224**	**9835**	**13628**
北 京	Beijing					126	47	140	140
天 津	Tianjin	2				28		28	
河 北	Hebei	15	2	3	7	938	166	514	646
山 西	Shanxi					735	173	381	
内蒙古	Inner Mongolia	2				537	147	84	
辽 宁	Liaoning	6	2	3	3	434	461	262	262
吉 林	Jilin	14	14			285			285
黑龙江	Heilongjiang	24		105	105	626	10	579	475
上 海	Shanghai	8	19	60	41	4	12	55	41
江 苏	Jiangsu	103	90		316	232	128	86	219
浙 江	Zhejiang	84	78	79	102	519	341	408	361
安 徽	Anhui	66	148	38	294	657	225	13	806
福 建	Fujian	29	26	43	43	401	62	339	339
江 西	Jiangxi	13	58	61	107	225	30	2823	2798
山 东	Shandong	13	1	1		663	86	103	421
河 南	Henan	8	33		143	1353	360		1221
湖 北	Hubei	80	4	80	73	598	52	530	530
湖 南	Hunan		31		220	491	35	456	378
广 东	Guangdong	51	11	25	156	845	1	1	1184
海 南	Hainan		8			175	20	155	
广 西	Guangxi	2	133	147	147	960	143	1103	1103
四 川	Sichuan	18	8	3		517	77	119	178
重 庆	Chongqing	2			119	46	18		818
贵 州	Guizhou		3			557	187	87	454
云 南	Yunnan	4	95	64	59	481	177	652	613
西 藏	Tibet				1	35		10	11
陕 西	Shaanxi	6			9	424		132	127
甘 肃	Gansu					242		69	19
青 海	Qinghai				1	86	33	76	
宁 夏	Ningxia	2			6	155	22	96	
新 疆	Xinjiang	1	81	26	38	9	42	60	1
新疆生产建设兵团	Xinjiang Production and Construction Corps		117						
长江委	Yangtze River Water Resources Commission	165		216	118	25		25	25
黄 委	Yellow River Water Resources Commission	12	31	12		651	158	440	113
珠 委	Pearl River Water Resources Commission	1		8			1	1	
海 委	Haihe River Water Resources Commission		7	11	20		10	6	11
松辽委	Songliao River Water Resources Commission								
淮 委	Huaihe River Water Resources Commission								
太湖局	Taihu Basin Authority			5	62			2	49

主要统计指标解释

水文测站 为经常收集水文数据而在河、渠、湖、库上或流域内设立的各种水文观测场所的总称。

基本站 为公用目的，经统一规划设立，能获取基本水文要素值多年变化资料的水文测站。它应进行较长期的连续观测，资料长期存贮。

水文站 设在河、渠、湖、库上以测定水位和流量为主的水文测站，根据需要还可兼测降水、水面蒸发、泥沙、水质等有关项目。

水位站 以观测水位为主，可兼测降水量等项目的水文测站。

雨量站（降水量站） 观测降水量的水文测站。

水面蒸发站 观测水面蒸发量的水文测站。

水质站（水质监测站） 为掌握水质动态，收集和积累水质基本资料而设置的水文测站。

地下水监测站 为探求地下水运动规律，进行地下水动态观测的水文测站。

水文实验站 在天然和人为特定实验条件下，由一个或一组水文观测试验项目站点组成的专门场所。

巡测站 对部分或全部水文要素视其变化定时或不定时到现场进行测验的水文测站。

Explanatory Notes of Main Statistical Indicators

Hydrological station Hydrological station is the general term of hydrological observation places located in rivers, canals, lakes, reservoirs or inside river basins for gathering hydrological data.

Basic station Basic station is built for public purposes and designed according to unified plans to gather multi-years long series hydrological data. This kind of station carries out long time and continuous observation and stores gathered data for a long-term usage.

Hydrological station Hydrometric stations are placed in rivers, canals, lakes or reservoirs to mainly observe water level and water flow. When necessary, they are also used to observe precipitation, evaporation, sediment, water quality and other related elements.

Stage gauging station Hydrometric stations mainly observe water level, and can observe precipitation and other related data at the same time.

Rainfall station (Precipitation station) Rainfall station is used to observe the amount of precipitation.

Evaporation station Stations used to observe evaporation of water surface.

Water quality station (Water quality monitoring station) Water quality station is used to gather and accumulate basic data of water quality and dynamic condition of water quality.

Groundwater monitoring station Groundwater monitoring station is used to observe principle of groundwater movement and carry out dynamic observation of aquifer.

Hydrologic experimental station Hydrologic experimental station is specially formed by one or a series of experimental stations for hydrological observation under natural or artificial experimental conditions.

Tour hydrological station On-the-spot hydrometric stations observe all or part hydrological elements on the regular or irregular basis according to their changing situations.

9 从业人员情况

Employees

简要说明

从业人员情况统计资料主要包括水利部机关、直属单位、各省（自治区、直辖市）和计划单列市水利（水务）厅局的从业人员和技术工人情况等。

本部分资料分水利部机关和流域委员会、水利部在京直属单位、其他京外直属单位和地方水利部门。

Brief Introduction

Statistical data of this chapter presents the situation of employees of water sector, including staff and workers employed by the Ministry of Water Resources and organizations under the ministry, provinces (autonomous region and municipality) as well as planned separate cities.

The data is divided into groups of Ministry of Water Resources and river basin commission under the Ministry, affiliate organizations of the Ministry in Beijing and affiliate organizations of the Ministry out of Beijing and local water departments.

9-1 2011年水利部直属单位从业人员

Employees of Affiliate Organizations of the Ministry of Water Resources in 2011

单 位	Institution	单位个数（个）Number of Institutions (unit)	年末人数 Number at the End of the Year				
			单位从业人员（人）Employees (person)	*女性 Female	在岗职工 Fully Employed Staff	劳务派遣人员 Service Dispatching Employees	其他从业人员 Other Employees
水利部直属单位	**Affiliate Organizations Directly of the Ministry of Water Resources**	**677**	**80846**	**22474**	**75126**	**4092**	**1628**
水利部机关和流域机构	The Ministry and River Basin Commissions	549	57555	15567	54412	2445	698
水利部在京直属单位	Affiliate Organizations of the Ministry in Beijing	114	18496	5800	17149	563	784
其他京外直属单位	Affiliate Organizations of the Ministry out of Beijing	14	4795	1107	3565	1084	146

9-1 续表 continued

单　位	Institution	平均人数 Average Number			
		单位从业人员（人）Employees（person）	在岗职工 Fully Employed Staff	劳务派遣人员 Labor Dispatching Employees	其他从业人员 Other Employees
水利部直属单位	**Affiliate Organizations Directly of the Ministry of Water Resources**	**80758**	**75284**	**3894**	**1580**
水利部机关和流域机构	The Ministry and River Besin Commissions	57682	54649	2367	666
水利部在京直属单位	Affiliate Organizations of the Ministry in Beijing	18310	17065	481	764
其他京外直属单位	Affiliate Organizations of the Ministry out of Beijing	4766	3570	1046	150

9-2　2011年地方水利部门从业人员

Employees of Local Water Departments in 2011

单　位	Institution	单位个数（个）Number of Institutions (unit)	单位从业人员年末人数（人）Employees at the end of the Year (person)	#女性 Female	在岗职工 Fully Employed Staff	劳务派遣人员 Service Dispatching Employees	其他从业人员 Other Employees
地方水利部门	**Local water departments**	**41496**	**983953**	**279759**	**949630**	**9312**	**25011**
北京市水务局	Beijing Water Authority	292	10663	3482	10563		100
天津市水务局	Tianjin Water Authority	207	10266	2899	10192	3	71
河北省水利厅	Hebei Provincial Water Resources Department	1622	52813	16943	52460	20	333
山西省水利厅	Shanxi Provincial Water Resources Department	1929	40745	12562	40288	11	446
内蒙古自治区水利厅	Water Resources Department of Inner Mongolia Autonomous Region	930	31300	9701	31036		264
辽宁省水利厅	Liaoning Provincial Water Resources Department	1435	32847	9004	31557	63	1227
吉林省水利厅	Jilin Provincial Water Resources Department	1397	31858	8494	31858	90	12
黑龙江省水利厅	Heilongjiang Provincial Water Resources Department	1343	35653	8065	34161		
上海市水务局	Shanghai Water Authority	160	4638	1075	4135	85	1407
江苏省水利厅	Jiangsu Provincial Water Resources Department	2346	37204	8927	37040	460	43
浙江省水利厅	Zhejiang Provincial Water Resources Department	2052	33683	6270	33369	54	110
安徽省水利厅	Anhui Provincial Water Resources Department	1573	34331	8763	34274		314
福建省水利厅	Fujian Provincial Water Resources Department	918	15322	3791	15301	2	40
江西省水利厅	Jiangxi Provincial Water Resources Department	1407	24035	5958	23218		57
山东省水利厅	Shandong Provincial Water Resources Department	2695	54594	15528	53759	13	8
河南省水利厅	Henan Provincial Water Resources Department	1809	63036	20388	62668		
湖北省水利厅	Hubei Provincial Water Resources Department	1793	48649	14290	45183		817
湖南省水利厅	Hunan Provincial Water Resources Department	2514	66230	18213	60274	14	821
广东省水利厅	Guangdong Provincial Water Resources Department	1922	51144	14368	49706		
广西壮族自治区水利厅	Water Resources Department of Guangxi Zhuang Autonomous Region	1712	56656	16455	45346	96	272
海南省水务厅	Hainan Water Authority	192	9914	2971	9466	521	2945
重庆市水利局	Chongqing Water Resources Bureau	661	11173	3647	10955	201	5755
四川省水利厅	Sichuan Provincial Water Resources Department	2176	43153	13577	41988	418	1020
贵州省水利厅	Guizhou Provincial Water Resources Department	1771	15775	4312	15325		149
云南省水利厅	Yunnan Provincial Water Resources Department	2088	23688	6516	23568	6512	4798
西藏自治区水利厅	Water Resources Department of Tibet Autonomous Region	120	2723	770	2259		448
陕西省水利厅	Shaanxi Provincial Water Resources Department	1567	47287	15546	47266	21	197
甘肃省水利厅	Gansu Provincial Water Resources Department	1015	32110	9059	31537	332	833
青海省水利厅	Qinghai Provincial Water Resources Department	353	7105	2024	6910	90	360
宁夏回族自治区水利厅	Water Resources Department of Ningxia Hui Autonomous Region	248	10723	3067	10605		120
新疆维吾尔自治区水利厅	Water Resources Department of Xinjiang Uygur Autonomous Region	730	29397	8963	28418	69	395
大连市水务局	Dalian Water Authority	106	6480	1878	6378		21
宁波市水利局	Ningbo Water Resources Bureau	153	2257	432	2215	6	567
厦门市水利局	Xiamen Water Resources Bureau	34	421	81	421	5	190
青岛市水利局	Qingdao Water Resources Bureau	207	4844	1453	4844	53	65
深圳市水务局	Shenzhen Water Authority	19	1236	287	1087	173	806

9-2 续表 continued

单 位	Institution	平均人数 Average Number 单位从业人员（人）Employees（person）	在岗职工 Fully Employed Staff	劳务派遣人员 Labor Dispatching Employees	其他从业人员 Other Employees
地方水利部门	**Local water departments**	**980230**	**949624**	**9790**	**26278**
北京市水务局	Beijing Water Authority	10720	10610		107
天津市水务局	Tianjin Water Authority	10339	10265	3	72
河北省水利厅	Hebei Provincial Water Resources Department	53396	53098	90	331
山西省水利厅	Shanxi Provincial Water Resources Department	40228	39980	11	455
内蒙古自治区水利厅	Water Resources Department of Inner Mongolia Autonomous Region	31036	31036		122
辽宁省水利厅	Liaoning Provincial Water Resources Department	32714	31328	61	1231
吉林省水利厅	Jilin Provincial Water Resources Department	31297	31297	83	14
黑龙江省水利厅	Heilongjiang Provincial Water Resources Department	37332	35943		
上海市水务局	Shanghai Water Authority	4693	4185	85	1421
江苏省水利厅	Jiangsu Provincial Water Resources Department	37273	37070	459	42
浙江省水利厅	Zhejiang Provincial Water Resources Department	31609	31609	53	112
安徽省水利厅	Anhui Provincial Water Resources Department	34235	34104		314
福建省水利厅	Fujian Provincial Water Resources Department	15397	15299	2	39
江西省水利厅	Jiangxi Provincial Water Resources Department	24005	23262	165	57
山东省水利厅	Shandong Provincial Water Resources Department	54478	53700	13	8
河南省水利厅	Henan Provincial Water Resources Department	63049	62610		
湖北省水利厅	Hubei Provincial Water Resources Department	48138	45312		819
湖南省水利厅	Hunan Provincial Water Resources Department	64829	60319	14	764
广东省水利厅	Guangdong Provincial Water Resources Department	51272	49791		
广西壮族自治区水利厅	Water Resources Department of Guangxi Zhuang Autonomous Region	56197	45228	96	2056
海南省水务厅	Hainan Water Authority	9938	9466	521	3104
重庆市水利局	Chongqing Water Resources Bureau	11170	10948	701	5492
四川省水利厅	Sichuan Provincial Water Resources Department	43359	42257	419	1049
贵州省水利厅	Guizhou Provincial Water Resources Department	15693	15377		
云南省水利厅	Yunnan Provincial Water Resources Department	23688	23568	6289	4765
西藏自治区水利厅	Water Resources Department of Tibet Autonomous Region	2731	2259		448
陕西省水利厅	Shaanxi Provincial Water Resources Department	47266	47266	21	197
甘肃省水利厅	Gansu Provincial Water Resources Department	31799	31501	309	811
青海省水利厅	Qinghai Provincial Water Resources Department	7370	7066	90	345
宁夏回族自治区水利厅	Water Resources Department of Ningxia Hui Autonomous Region	10609	10518		120
新疆维吾尔自治区水利厅	Water Resources Department of Xinjiang Uygur Autonomous Region	29476	28472	69	395
大连市水务局	Dalian Water Authority	6448	6360		21
宁波市水利局	Ningbo Water Resources Bureau	2247	2207	6	514
厦门市水利局	Xiamen Water Resources Bureau	423	423	6	187
青岛市水利局	Qingdao Water Resources Bureau	4653	4652	53	73
深圳市水务局	Shenzhen Water Authority	1125	1240	171	793

9-3 2011 年水利部直属单位技术工人结构

Statistics of Skilled Workers of Affiliate Organizations of the Ministry of Water Resources in 2011

单 位	Institution	合计（人）Total (person)	无等级（人）Non-Graded Workers (person)	初级工（人）Elementary Workers (person)	#获证人数 with Certificate	#当年获证 Getting Certificate of the Year
水利部直属单位	**Affiliate Organizations Directly of the Ministry of Water Resources**	**34275**	**5125**	**4308**	**3469**	**240**
水利部机关和流域机构	The Ministry and River Basin Commissions	25057	2007	2528	2409	155
水利部在京直属单位	Affiliate Organizations of the Ministry in Beijing	7763	2573	1614	895	85
其他京外直属单位	Affiliate Organizations of the Ministry out of Beijing	1455	545	166	165	

9-3 续表 continued

单 位	Institution	中级工（人）Intermediate Workers (person)	#获证人数（人）with Certificate（person）	#当年获证 Getting Certificate of the Year	高级工（人）Senior Workers (person)	#获证人数 with Certificate	#当年获证 Getting Certificate of the Year
水利部直属单位	**Affiliate Organizations Directly of the Ministry of Water Resources**	**4947**	**4494**	**269**	**13599**	**13430**	**633**
水利部机关和流域机构	The Ministry and River Basin Commissions	3173	3165	202	11910	11896	490
水利部在京直属单位	Affiliate Organizations of the Ministry in Beijing	1495	1050	67	1345	1190	139
其他京外直属单位	Affiliate Organizations of the Ministry out of Beijing	279	279		344	344	4

9-3 续表 continued

单 位	Institution	技师（人）Technician (person)	#获证人数 with Certificate	#当年获证 Getting Certificate of the Year	高级技师（人）Senior Technician (person)	#获证人数 with Certificate	#当年获证 Getting Certificate of the Year
水利部直属单位	**Affiliate Organizations Directly of the Ministry of Water Resources**	**5747**	**5582**	**488**	**549**	**545**	**34**
水利部机关和流域机构	The Ministry and River Basin Commissions	5034	4990	467	405	402	25
水利部在京直属单位	Affiliate Organizations of the Ministry in Beijing	603	482	18	133	132	9
其他京外直属单位	Affiliate Organizations of the Ministry out of Beijing	110	110	3	11	11	

9-4 2011年地方水利部门技术工人结构

Statistics of Skilled Workers of Local Water Departments in 2011

单位	Institution	合计（人）Total (person)	无等级（人）Non-Graded Workers (person)	初级工（人）Elementary Workers (person)	#获证人数 with Certificate	#当年获证 Getting Certificate of the Year
地方水利部门	**Local water departments**	**502849**	**112166**	**82152**	**71705**	**3156**
北京市水务局	Beijing Water Authority	3254	674	514	401	60
天津市水务局	Tianjin Water Authority	4553	40	247	229	13
河北省水利厅	Hebei Provincial Water Resources Department	31556	4874	5179	4785	72
山西省水利厅	Shanxi Provincial Water Resources Department	21692	3958	6464	3587	156
内蒙古自治区水利厅	Water Resources Department of Inner Mongolia Autonomous Region	18599	7049	1370	1358	1
辽宁省水利厅	Liaoning Provincial Water Resources Department	16901	7636	1964	1920	57
吉林省水利厅	Jilin Provincial Water Resources Department	16564	7488	3793	2631	149
黑龙江省水利厅	Heilongjiang Provincial Water Resources Department	16350	7795	1512	1437	37
上海市水务局	Shanghai Water Authority	1349	201	326	324	17
江苏省水利厅	Jiangsu Provincial Water Resources Department	17230	1447	2691	2046	79
浙江省水利厅	Zhejiang Provincial Water Resources Department	6483	2092	260	260	30
安徽省水利厅	Anhui Provincial Water Resources Department	20841	2869	3253	2855	21
福建省水利厅	Fujian Provincial Water Resources Department	7413	1916	961	937	9
江西省水利厅	Jiangxi Provincial Water Resources Department	13156	2418	2205	2005	13
山东省水利厅	Shandong Provincial Water Resources Department	20538	7124	2945	2717	202
河南省水利厅	Henan Provincial Water Resources Department	39323	2332	6131	6023	401
湖北省水利厅	Hubei Provincial Water Resources Department	24909	1549	5050	4712	65
湖南省水利厅	Hunan Provincial Water Resources Department	39884	5823	8549	7818	249
广东省水利厅	Guangdong Provincial Water Resources Department	33735	15367	5122	4827	209
广西壮族自治区水利厅	Water Resources Department of Guangxi Zhuang Autonomous Region	28637	3536	3257	2975	269
海南省水务厅	Hainan Water Authority	7378	4966	1163	1146	27
重庆市水利局	Chongqing Water Resources Bureau	5349	2803	700	622	10
四川省水利厅	Sichuan Provincial Water Resources Department	20499	4142	2435	2081	52
贵州省水利厅	Guizhou Provincial Water Resources Department	4405	1509	796	708	25
云南省水利厅	Yunnan Provincial Water Resources Department	9641		1832	1029	6
西藏自治区水利厅	Water Resources Department of Tibet Autonomous Region	838	274	196	196	3
陕西省水利厅	Shaanxi Provincial Water Resources Department	26414	2450	4544	4224	413
甘肃省水利厅	Gansu Provincial Water Resources Department	15900	2591	3197	3058	257
青海省水利厅	Qinghai Provincial Water Resources Department	2598	202	731	701	18
宁夏回族自治区水利厅	Water Resources Department of Ningxia Hui Autonomous Region	5069	547	811	687	115
新疆维吾尔自治区水利厅	Water Resources Department of Xinjiang Uygur Autonomous Region	13863	2379	3085	2639	116
大连市水务局	Dalian Water Authority	4487	3173	109	80	
宁波市水利局	Ningbo Water Resources Bureau	775	331	54	37	
厦门市水利局	Xiamen Water Resources Bureau	199		7	7	
青岛市水利局	Qingdao Water Resources Bureau	1944	534	511	495	4
深圳市水务局	Shenzhen Water Authority	523	77	188	148	1

9-4 续表 continued

单 位	Institution	中级工（人） Intermediate Workers (person)	#获证人数（人） with Certificate（person）	#当年获证 Getting Certificate of the Year	高级工（人） Senior Workers (person)	#获证人数 with Certificate	#当年获证 Getting Certificate of the Year
地方水利部门	**Local water departments**	**120679**	**115509**	**5753**	**159839**	**152286**	**8185**
北京市水务局	Beijing Water Authority	1164	1150	51	890	877	107
天津市水务局	Tianjin Water Authority	821	804	36	3427	3353	71
河北省水利厅	Hebei Provincial Water Resources Department	6899	6893	69	10971	10971	65
山西省水利厅	Shanxi Provincial Water Resources Department	5322	4206	232	3639	2999	296
内蒙古自治区水利厅	Water Resources Department of Inner Mongolia Autonomous Region	1335	1313	6	5028	4913	30
辽宁省水利厅	Liaoning Provincial Water Resources Department	2557	2492	141	4522	4381	339
吉林省水利厅	Jilin Provincial Water Resources Department	2954	2898	296	1833	1801	193
黑龙江省水利厅	Heilongjiang Provincial Water Resources Department	2409	2229	46	2787	2463	85
上海市水务局	Shanghai Water Authority	644	638	11	164	154	1
江苏省水利厅	Jiangsu Provincial Water Resources Department	4389	4085	263	8095	7733	575
浙江省水利厅	Zhejiang Provincial Water Resources Department	973	973	32	1872	1872	95
安徽省水利厅	Anhui Provincial Water Resources Department	5385	5071	134	9126	8699	225
福建省水利厅	Fujian Provincial Water Resources Department	1792	1779	31	2489	2456	18
江西省水利厅	Jiangxi Provincial Water Resources Department	3495	3433	147	4201	4143	227
山东省水利厅	Shandong Provincial Water Resources Department	4626	4510	168	5551	5436	277
河南省水利厅	Henan Provincial Water Resources Department	10547	10534	698	19179	18912	1144
湖北省水利厅	Hubei Provincial Water Resources Department	5396	5193	246	8360	7933	496
湖南省水利厅	Hunan Provincial Water Resources Department	13005	12208	663	12048	11046	540
广东省水利厅	Guangdong Provincial Water Resources Department	6410	6098	294	6723	6298	347
广西壮族自治区水利厅	Water Resources Department of Guangxi Zhuang Autonomous Region	8077	7829	382	12211	10694	809
海南省水务厅	Hainan Water Authority	740	738	1	484	484	5
重庆市水利局	Chongqing Water Resources Bureau	1008	996	71	699	634	72
四川省水利厅	Sichuan Provincial Water Resources Department	5611	5443	70	7014	6693	151
贵州省水利厅	Guizhou Provincial Water Resources Department	1117	1100	125	952	928	129
云南省水利厅	Yunnan Provincial Water Resources Department	2679	2552	91	4794	4602	70
西藏自治区水利厅	Water Resources Department of Tibet Autonomous Region	173	173	6	181	180	
陕西省水利厅	Shaanxi Provincial Water Resources Department	8539	8356	779	10015	9797	1128
甘肃省水利厅	Gansu Provincial Water Resources Department	5171	5061	256	4737	4626	318
青海省水利厅	Qinghai Provincial Water Resources Department	691	671	40	795	739	81
宁夏回族自治区水利厅	Water Resources Department of Ningxia Hui Autonomous Region	1929	1801	124	1205	1140	113
新疆维吾尔自治区水利厅	Water Resources Department of Xinjiang Uygur Autonomous Region	3493	3029	219	4489	4003	129
大连市水务局	Dalian Water Authority	441	440		702	689	23
宁波市水利局	Ningbo Water Resources Bureau	47	45		187	187	6
厦门市水利局	Xiamen Water Resources Bureau	46	46		134	134	3
青岛市水利局	Qingdao Water Resources Bureau	618	613	24	269	269	17
深圳市水务局	Shenzhen Water Authority	176	109	1	66	47	

9-4 续表 continued

单 位	Institution	技师（人）Technician (person)	#获证人数 with Certificate	#当年获证 Getting Certificate of the Year	高级技师（人）Senior Technician (person)	#获证人数 with Certificate	#当年获证 Getting Certificate of the Year
地方水利部门	**Local water departments**	**26973**	**25695**	**1954**	**1040**	**1024**	**124**
北京市水务局	Beijing Water Authority	12	12	9			
天津市水务局	Tianjin Water Authority	18	18				
河北省水利厅	Hebei Provincial Water Resources Department	3627	3627	39	6	6	
山西省水利厅	Shanxi Provincial Water Resources Department	2308	2086	380	1	1	
内蒙古自治区水利厅	Water Resources Department of Inner Mongolia Autonomous Region	3458	3458	18	359	359	17
辽宁省水利厅	Liaoning Provincial Water Resources Department	218	202	17	4	4	
吉林省水利厅	Jilin Provincial Water Resources Department	473	473	63	23	23	5
黑龙江省水利厅	Heilongjiang Provincial Water Resources Department	1825	1818	81	22	21	2
上海市水务局	Shanghai Water Authority	14	11				
江苏省水利厅	Jiangsu Provincial Water Resources Department	588	579	62	20	17	1
浙江省水利厅	Zhejiang Provincial Water Resources Department	1214	1214	89	72	72	21
安徽省水利厅	Anhui Provincial Water Resources Department	208	201	3			
福建省水利厅	Fujian Provincial Water Resources Department	246	241	2	9	9	3
江西省水利厅	Jiangxi Provincial Water Resources Department	833	826	33	4	4	
山东省水利厅	Shandong Provincial Water Resources Department	256	256	14	36	36	13
河南省水利厅	Henan Provincial Water Resources Department	1133	1114	328	1	1	
湖北省水利厅	Hubei Provincial Water Resources Department	4224	3952	401	330	330	59
湖南省水利厅	Hunan Provincial Water Resources Department	414	371	5	45	45	
广东省水利厅	Guangdong Provincial Water Resources Department	110	99	1	3	3	
广西壮族自治区水利厅	Water Resources Department of Guangxi Zhuang Autonomous Region	1529	1031	90	27	27	1
海南省水务厅	Hainan Water Authority	25	25	1			
重庆市水利局	Chongqing Water Resources Bureau	137	131	27	2	2	
四川省水利厅	Sichuan Provincial Water Resources Department	1263	1195	63	34	29	
贵州省水利厅	Guizhou Provincial Water Resources Department	31	28	12			
云南省水利厅	Yunnan Provincial Water Resources Department	336	332	13			
西藏自治区水利厅	Water Resources Department of Tibet Autonomous Region	14	14				
陕西省水利厅	Shaanxi Provincial Water Resources Department	866	845	57			
甘肃省水利厅	Gansu Provincial Water Resources Department	202	195	41	2	1	
青海省水利厅	Qinghai Provincial Water Resources Department	175	174	41	4	4	
宁夏回族自治区水利厅	Water Resources Department of Ningxia Hui Autonomous Region	577	557	21			
新疆维吾尔自治区水利厅	Water Resources Department of Xinjiang Uygur Autonomous Region	395	371	37	22	19	
大连市水务局	Dalian Water Authority	55	55	5	7	7	2
宁波市水利局	Ningbo Water Resources Bureau	155	155	1	1	1	
厦门市水利局	Xiamen Water Resources Bureau	11	11		1	1	
青岛市水利局	Qingdao Water Resources Bureau	12	12				
深圳市水务局	Shenzhen Water Authority	11	6		5	2	

9-5　2011 年水利部直属单位职工职称情况

Technical Title of Employees of Affiliate Organizations of the Ministry of Water Resources in 2011

单　位	Institution	合计（人）Total（person）	高级 Senior	中级 Intermediate	初级 Elementary
水利部直属单位	**Affiliate Organizations Directly of the Ministry of Water Resources**	**37202**	**11674**	**13863**	**11665**
水利部机关和流域机构	The Ministry and River Basin Commissions	27305	8326	10328	8651
水利部在京直属单位	Affiliate Organizations of the Ministry in Beijing	8044	2682	2894	2468
其他京外直属单位	Affiliate Organizations of the Ministry out of Beijing	1853	666	641	546

9-6 2011年地方水利部门职工职称情况

Technical Title of Employees of Local Water Departments in 2011

单 位	Institution	合计（人）Total（person）	高级 Senior	中级 Intermediate	初级 Elementary
地方水利部门	**Local water departments**	**317573**	**34688**	**124769**	**158116**
北京市水务局	Beijing Water Authority	4745	524	1373	2848
天津市水务局	Tianjin Water Authority	3997	901	1308	1788
河北省水利厅	Hebei Provincial Water Resources Department	13900	1936	4530	7434
山西省水利厅	Shanxi Provincial Water Resources Department	12092	1068	4550	6474
内蒙古自治区水利厅	Water Resources Department of Inner Mongolia Autonomous Region	9550	1609	4556	3385
辽宁省水利厅	Liaoning Provincial Water Resources Department	9741	1281	4299	4161
吉林省水利厅	Jilin Provincial Water Resources Department	1328	167	529	632
黑龙江省水利厅	Heilongjiang Provincial Water Resources Department	9894	1581	3517	4796
上海市水务局	Shanghai Water Authority	12762	2722	5583	4457
江苏省水利厅	Jiangsu Provincial Water Resources Department	1452	131	437	884
浙江省水利厅	Zhejiang Provincial Water Resources Department	13742	1157	5370	7215
安徽省水利厅	Anhui Provincial Water Resources Department	18564	2476	8982	7106
福建省水利厅	Fujian Provincial Water Resources Department	937	89	421	427
江西省水利厅	Jiangxi Provincial Water Resources Department	9986	953	3557	5476
山东省水利厅	Shandong Provincial Water Resources Department	6038	958	2564	2516
河南省水利厅	Henan Provincial Water Resources Department	109	13	60	36
湖北省水利厅	Hubei Provincial Water Resources Department	6359	749	2362	3248
湖南省水利厅	Hunan Provincial Water Resources Department	24454	2593	8654	13207
广东省水利厅	Guangdong Provincial Water Resources Department	2396	166	720	1510
广西壮族自治区水利厅	Water Resources Department of Guangxi Zhuang Autonomous Region	13832	1136	4915	7781
海南省水务厅	Hainan Water Authority	13069	1013	6068	5988
重庆市水利局	Chongqing Water Resources Bureau	22812	1400	12527	8885
四川省水利厅	Sichuan Provincial Water Resources Department	8070	1241	2623	4206
贵州省水利厅	Guizhou Provincial Water Resources Department	434	102	241	91
云南省水利厅	Yunnan Provincial Water Resources Department	14856	844	5657	8355
西藏自治区水利厅	Water Resources Department of Tibet Autonomous Region	2783	96	582	2105
陕西省水利厅	Shaanxi Provincial Water Resources Department	3428	386	1091	1951
甘肃省水利厅	Gansu Provincial Water Resources Department	13581	1576	5209	6796
青海省水利厅	Qinghai Provincial Water Resources Department	7512	503	2853	4156
宁夏回族自治区水利厅	Water Resources Department of Ningxia Hui Autonomous Region	16306	748	6682	8876
新疆维吾尔自治区水利厅	Water Resources Department of Xinjiang Uygur Autonomous Region	549	53	199	297
大连市水务局	Dalian Water Authority	11444	1001	3624	6819
宁波市水利局	Ningbo Water Resources Bureau	9438	1025	3270	5143
厦门市水利局	Xiamen Water Resources Bureau	3108	550	1126	1432
青岛市水利局	Qingdao Water Resources Bureau	4290	646	1809	1835
深圳市水务局	Shenzhen Water Authority	10015	1294	2921	5800

主要统计指标解释

从业人员　指在各级国家机关、政党、社会团体及企业、事业单位中工作，取得工资或其他形式的劳动报酬的全部人员，包括：在岗职工、再就业的离退休人员、民办教师以及在各单位中工作的外方人员和港澳台方人员、兼职人员、借用的外单位人员和第二职业者。不包括离开本单位仍保留劳动关系的职工。

Explanatory Notes of Main Statistical Indicators

Employees　Total staff work in governmental agencies, party and administration organizations, social groups, enterprises and non-governmental organizations at all levels, and obtain paid salaries or other types of labor remuneration, who are on-post employment, re-employed retirees, rural school teachers, hired staff and workers from other countries, Hong Kong, Macao and Taiwan, part-time staff and workers, borrowed staff and second-job staff and workers, and staff and workers who are temporarily absent because of study, disease, and other reasons are excluded.